Tyr in der Unterwelt: Der Zwergenkönig

Alberich, Andwari, Alwis,
Niblung, Thorin, Thror und andere

Band 7 der Reihe   „Die Götter der Germanen"

Bücher von Harry Eilenstein:

- Astrologie (496 S.)
- Photo-Astrologie (428 S.)
- Horoskop und Seele (120 S.)
- Tarot (104 S.)
- Handbuch für Zauberlehrlinge (408 S.)
- Physik und Magie (184 S.)
- Der Lebenskraftkörper (230 S.)
- Die Chakren (100 S.)
- Meditation (140 S.)
- Drachenfeuer (124 S.)
- Krafttiere – Tiergöttinnen – Tiertänze (112 S.)
- Schwitzhütten (524 S.)
- Totempfähle (440 S.)
- Muttergöttin und Schamanen (168 S.)
- Göbekli Tepe (472 S.)
- Hathor und Re:
     Band 1: Götter und Mythen im Alten Ägypten (432 S.)
     Band 2: Die altägyptische Religion – Ursprünge, Kult und Magie (396 S.)
- Isis (508 S.)
- Die Entwicklung der indogermanischen Religionen (700 S.)
- Wurzeln und Zweige der indogermanischen Religion (224 S.)
- Der Kessel von Gundestrup (220 S.)
- Der Chiemsee-Kessel (76)
- Cernunnos (690 S.)
- Christus (60 S.)
- Odin (300 S.)
- Die Götter der Germanen (Band 1 – 80)
- Dakini (80 S.)
- Kursus der praktischen Kabbala (150 S.)
- Eltern der Erde (450 S.)
- Blüten des Lebensbaumes:
     Band 1: Die Struktur des kabbalistischen Lebensbaumes (370 S.)
     Band 2: Der kabbalistische Lebensbaum als Forschungshilfsmittel (580 S.)
     Band 3: Der kabbalistische Lebensbaum als spirituelle Landkarte (520 S.)
- Über die Freude (100 S.)
- Das Geheimnis des inneren Friedens (252 S.)
- Von innerer Fülle zu äußerem Gedeihen (52 S.)
- Das Beziehungsmandala (52 S.)
- Die Symbolik der Krankheiten (76 S.)

- König Athelstan (104 S.)

Kontakt: www.HarryEilenstein.de / Harry.Eilenstein@web.de
Herstellung und Verlag: BoD - Books on Demand, Norderstedt   **ISBN:** 9783744818957

Die Themen der einzelnen Bände der Reihe „Die Götter der Germanen"

Inhaltsverzeichnis

I Der Zwergenkönig in der germanischen Überlieferung

Der Zwergenkönig ist eine der vielfältigeren Gestalten aus der germanischen Mythologie. Ein Zwerg ist ein Toter – das germanische Substantiv „dwergaz" bedeutet wörtlich „Totengeist". Der König der Totengeister ist der Sonnengott-Göttervater Tyr in der Unterwelt.

Diese Funktion des ehemaligen Göttervaters Tyr ist nach seiner Absetzung durch Thor und Odin um 500 n.Chr. in den Hintergrund getreten und in viele einzelne Facetten und Gestalten zerfallen.

Dadurch, daß man alle diese Zwergenkönige in einem Bild zusammenfassen kann, läßt sich das ursprüngliche Bild des „Totenkönigs" jedoch weitestgehend wieder rekonstruieren.

Derselbe Zerfalls- und Umdeutungsprozeß wie bei dem Zwergenkönig läßt sich auch bei „Tyr in der Unterwelt" als Riese beobachten – wobei es bei dem Zwergenkönig im Vergleich zu dem Tyr-Riesen nur sehr wenige Umdeutung gibt.

Ein weiteres verwandtes Motiv ist der „Friedenskaiser im Berg", der einst aus dem Berg zurückkehren soll. Der bekannteste „schlafenden Kaiser" ist Kaiser Friedrich Barbarossa im Kyffhäuser. Der zyklische Wechsel von Tod und Wiedergeburt des ehemaligen Sonnengott-Göttervaters Tyr ist in der Barbarossa-Sage noch deutlich zu erkennen.

I 1. Alberich in der germanischen Überlieferung

Alberich ist den Mythen und Sagen der Germanen meistens, aber nicht immer ein Zwerg, der einige magische Gegenstände besitzt.

I 1. a) Der Name „Alberich"

Dieser Name ist eigentlich ein Titel und bedeutet „König der Alfen". Die „Alfen" sind die Totengeister in Muspelheim im Süden, das ursprünglich vermutlich „Alfheim" genannt worden ist. Nachdem der ehemalige Sonnengott-Göttervater Tyr um 500 n.Chr. von Thor, Odin und Freyr gestürzt worden war, erhielt Freyr dieses „Alfen-Jenseits" als seinen Anteil an der Beute. Ab dem Zeitpunkt wurde „Alfheim" als die Halle des Gottes Freyr aufgefaßt.

Die Bezeichnung „Alfen" für die Totengeister bedeutet „Weiße, Leuchtende" und bezieht sich vermutlich zum einen auf die hellsichtige Wahrnehmung von Totengeistern als leuchtende, milchigweiße Schemen und zum anderen auf das „helle Jenseits" des Tyr am südlichen Himmel (siehe „Asgard" in Band 52).

„Alberich" ist somit der „König der Totengeister im hellen, südlichen Himmelsjenseits" oder, etwas kürzer formuliert, der „Totengott Tyr im Jenseits". „Alberich" ist daher auch ein Name des „Tyr-Riesen" – auch wenn Tyr unter dem Namen „Alberich" nicht als Riese, sondern nur als Mensch oder als Zwerg erscheint.

I 1. b) Wieland-Lied

Wieland der Schmied ist der ehemalige Göttervater Tyr, der in der Unterwelt (Toteninsel) von dem Jenseitsgott Loki (König Nidud) und seiner Frau Sigyn-Hel (König Niduds Frau) während des Winters, in dem Loki über die Welt herrscht, gefangen ist. Die Königin ist die Göttin, um die sich Tyr und Loki in den früheren Mythen endlos gestritten haben, da sie nur nach der Vereinigung mit ihr von ihr wiedergeboren und in das Diesseits zurückkehren konnten. Das Zerschneiden der Sehnen bei Wielands Gefangenschaft ist auch von dem griechischen Göttervater Zeus bei dessen Gefangenschaft in der Unterwelt durch die Riesenschlange Python bekannt.

Loki-Nidud, der hier als der Fürst („Drost") der Niaren bezeichnet wird, nennt Tyr-Wieland „Weiser der Alfen".

Da rief Nidud, der Niaren Drost:
„Wo erwarbst Du, Wölund, Weiser der Alfen,
Unsere Schätze in Ulfdalir?"

Die Schätze des Wieland sind vor allem sein Ring und sein Schwert. Der Ring ist nach Tyrs Absetzung in Odins Besitz übergegangen – er heißt „Draupnir". Das Sonnen-Schwert des Tyr-Wieland ist u.a. auch von dem Tyr-Riesen Surtur bekannt.

Wölund:
„Hier war kein Gold wie auf Granis Wegen,
Fern ist dies Land den Felsen des Rheins.
Mehr der Kleinode mochten wir haben,
Da wir heil daheim in der Heimat saßen."

Mit die „Felsen des Rheins" ist die Loreley gemeint, von der aus der Nibelungen-hort in den Rhein geworfen wurde.

König Nidud gab seiner Tochter Bödwild den Goldring, den er vom Baste gezogen in Wölunds Haus; aber er selber trug das Schwert, das Wölund hatte.

Der Ring als Symbol der Jenseitsreise wechselte bei dem Streit zwischen dem Göt-tervater Tyr und dem Jenseitsgott Loki je nach dem Kampfglück den Besitzer.

Der Ring gehörte eigentlich der Jenseitsgöttin, mit der sich der Göttervater und der Jenseitsgott vereinten (nachdem sie die Göttin dem jeweils anderen geraubt hatten), da sie nur durch diese Göttin anschließend an die Wiederzeugung wiedergeboren wer-den konnten.

Der Wechsel des Ringes zwischen Diesseits und Jenseits wird auch in der Mythe über Baldurs Tod beschrieben, in der Odin seinem Sohn Baldur den Ring Draupnir auf seinem Weg zur Hel mitgibt und der dann später von dem Schamanen-Priester und Odins-Sohn Hermodr als Gruß des Baldur an Odin wieder ins Diesseits gebracht wird.

Eine Variante dieses Themas ist die Mythe über den Streit zwischen Heimdall und Loki um Freyas goldenen Halsreif Brisingamen.

Ursprünglich ist dieser Ring ein Symbol der Sonne gewesen (siehe „Ring" in Band 57).

Da sprach die Königin:
„Er wird die Zähne blecken vor Zorn, erkennt er das Schwert
Und unseres Kindes Ring.
Wild glühen die Augen dem gleißenden Wurm.

So zerschneidet ihm der Sehnen Kraft
Und laßt ihn sitzen in Säwarstad. "

Die Totengeister wurden als Schlangen oder Drachen aufgefaßt. Da die Germanen aufgrund der Bestattungsfeuer zudem die Vorstellung hatten, daß aus den Hügelgräbern Flammen loderten, wenn der Geist des Toten in ihnen anwesend war, ergab sich daraus das Motiv des Feuerdrachens, also des „gleißenden Wurmes".

„Säwarstad" ist eine Insel vor der schwedischen Küste. Ihr Name bedeutet vermutlich „Insel der Meeresgöttin". Inseln waren bei den Germanen und auch bei den meisten anderen Völkern ein beliebtes Symbol für das Jenseits – die bekannteste von ihnen ist sicherlich Atlantis.

So wurde getan, ihm die Sehnen in den Kniekehlen zerschnitten und er in einen
Holm gesetzt, der vor dem Strande lag und Säwarstad hieß. Da schmiedete er dem
König allerhand Kleinode, und niemand getraute sich, zu ihm zu gehen als der König
allein.

Ein „Holm" ist eine Insel (wie z.B. in „Bornholm").

Wölund sprach:
„ Es scheint Nidud ein Schwert am Gürtel,
Das ich schärfte so geschickt ich mochte,
Das ich härtete so hart ich konnte.
Diese lichte Waffe ist mir entwendet:
Säh ich's nur Wölund zur Schmiede getragen!

Bödwild trägt nun meiner Getrauten
Roten Ring: rächen will ich das!"
Schlaflos saß er und schlug den Hammer;
Trug schuf er Nidud schnell genug.

Später in dem Lied spricht König Nidud-Loki Wieland mit „König der Alfen" an:

„Bekenne mir, Wölund, König der Alfen,
Was ward aus meinen wonnigen Söhnen? "

Der Schmied Wieland ist somit mit „Alberich" identisch und ist folglich „Tyr im Jenseits" (siehe den Band 4 über „Wieland").

I 1. c)   Beowulf-Epos

Nun ward Beowulf schnell   /   in die Burg berufen,
Der siegreiche Held.   /   Von den Seinen begleitet
Ging der edle Kämpfer   /   bei Anbruch des Tages
Dorthin, wo der Greis   /   grübelnd weilte,
Ob vom Unheil endlich   /   der Albenkönig,
Der Lenker der Welt   /   ihn erlösen würde.

Das angelsächsische „alf walda" entspricht dem altnordischen „alfregin" (Alberich, Elberich), was „Alfen-König" bedeutet.

Hier ist diese alter Titel des Tyr offenbar für den christlichen Gott benutzt worden – was zeigt, daß er einst für den germanischen Göttervater benutzt worden sein muß, denn sonst hätte man diesen Titel nicht auf den christlichen Gott Vater übertragen können.

I 1. d)   Die Saga über Hervor und König Heidrek den Weisen

Alf war der König, der über Alfheim herrschte. Alfhild war seine Tochter. Alfheim lag zwischen dem Goten-Fluß und dem Raum-Fluß.

An einem Herbsttag veranstaltete König Alf ein großes Disen-Opfer und Alfhild ging zu den Opferungen. Sie war schöner als alle Frauen und auch alle anderen Leute in Alfheim waren schöner anzusehen als andere Menschen zu jener Zeit. Aber in der Nacht, als sie den Altar rötete, raubte Starkad Ala-Krieger die Alfhild und nahm sie mit zu sich heim.

„König Alf"   wird der ehemalige Göttervater Tyr als „Alberich" sein, da „König Alf" und „Alfen-König" miteinander identisch sein werden.

Alfs Tochter Alfhild wird die Jenseitsgöttin sein, die oft zu der Tochter des Göttervaters umgedeutet worden ist.

I 1. e)   Wie Norwegen besiedelt wurde

Alfi der Alte herrschte über Alfheim. Er war der Vater des Alfgeir, Vater des Gand-alf, Vater der Alfhilda; Alfhilda war die Mutter des Ragnar Lodbrök, Vater des Sigurd Schlangen-Auge, Vater der Aslaug, Mutter des Sigurd Hirsch, Vater der Ragnhild,

Mutter von Harald Haarschön.

Auch „Alf der Alte", der als „Herrscher von Alfheim" ein König ist, wird der „alte Tyr in der Unterwelt (Alfheim)", also „Alberich" sein.

I 1. f) Grimnir-Lied

Nach der Absetzung des Tyr als Götterkönig der Germanen erhielt Freyr Tyrs Halle „Alfheim" und wurde dadurch auch zu einem „König von Alfheim", d.h. zu einem „Alberich" – auch wenn Freyr nirgendwo so genannt wird.

Alfheim gaben dem Freyr die Götter im Anfang
Der Zeiten als Zahngeschenk.

I 1. g) Nibelungenlied

In dieser Saga erscheint Alberich an mehreren Stellen in der Gestalt eines Zwerges.

Von wilden Gezwergen hab ich hören sagen,
Daß sie in hohlen Bergen wohnen und Schirme tragen,
Die heißen Tarnkappen, von wunderbarer Art;
Wer sie am Leibe trage, der sei gar wohl darin bewahrt

Vor Schlägen und vor Stichen; ihn mög' auch niemand sehn,
So lang er drin verweile; hören doch und spähn
Mag er nach feinem Willen, daß niemand ihn erschaut;
Ihm wachsen auch die Kräfte, wie uns die Märe vertraut.

Die Tarnkappe führte Siegfried mit hindann,
Die der kühne Degen mit Sorgen einst gewann
Von einem Gezwerge mit Namen Alberich.
Da schickten sich zur Reise Recken kühn und ritterlich.

Wenn der starke Siegfried die Tarnkappe trug,
So gewann er drinnen der Kräfte genug,
Zwölf Männer Stärke, so wird uns gesagt.
Er erwarb mit großen Listen diese herrliche Magd.

Auch war so beschaffen die Nebelkappe gut,
Ein Jeder mochte drinnen tun nach seinem Mut,
Was er immer wollte, daß ihn doch niemand sah.
Damit gewann er Brunhild, durch die ihm bald viel Leid geschah.

Die „Tarnkappe" ist keine „Kappe", sondern im alten Sinne dieses Wortes ein „Cape", also ein Umhang. Die Unsichtbarkeit, die dieser Umhang verleiht, ist eine Analogie zu der der Darstellung der Seele als Vogel: Wenn die Seele (Astralkörper) den physischen Leib verläßt, ist sie unsichtbar und schwebt („wie ein Vogel") über dem physischen Körper. Als Seele ist man zudem unverletzlich, da man keinen physischen Körper mehr hat, der verletzt werden könnte.

Eine Seherin, ein Priester, ein Schamane oder eine andere Person, die in der Lage ist, mit der eigenen Seele willentlich den eigenen Körper zu verlassen und an einen anderen Ort zu reisen, ist während dieser Zeit unsichtbar. Das führte durch die schon damals bestehende Neigung zu „technischen Erklärungen" von magischen Fähigkeiten zu dem Motiv des Unsichtbarkeits-Umhanges.

Die Bezeichnung „Nebelkappe", d.h. „Nebelumhang" ist zum einen ein Bild dafür, daß sein Träger unsichtbar ist, d.h. „wie im Nebel geht", und zum anderen dafür, daß er ein Wesen des Jenseits ist, das man als „Nebelheim" bezeichnete.

Als Symbol der Eigenschaften der Seele befindet sich dieser Mantel logischerweise im Besitz der Zwerge, die die Totengeister sind. Der Held erhält diesen Mantel nach seiner Jenseitsreise.

Auch Mannanan McLir, der keltische Gott der Meeresunterwelt, der dem germanischen Meeresjenseits-Riesen Hler entspricht, besitzt solch einen Unsichtbarkeits-Umhang.

Dazu die reichen Könige die schlug er beide tot.
Er kam durch Albrichen darauf in große Not:
Der wollte seine Herren rächen allzuhand,
Eh er die große Stärke noch an Siegfrieden fand.

Mit Streit bestehen konnt ihn da nicht der starke Zwerg.
Wie die wilden Leuen liefen sie an den Berg,
Wo er die Tarnkappe Albrichen abgewann:
Da war des Hortes Meister Siegfried der schreckliche Mann.

Die sich getraut zu fechten, die lagen all erschlagen.
Den Schatz ließ er wieder nach dem Berge tragen,
Dem ihn entnommen hatten, die Niblung untertan.
Alberich der Starke das Amt des Kämmrers gewann.

Er mußt ihm Eide schwören, er dien ihm als sein Knecht,
Zu aller Art Diensten ward er ihm gerecht.

Alberich bleibt in der Saga der Hüter des Schatzes. Dieser Schatz hat seinen Ursprung in den Grabbeigaben, die die Wikinger beim Plündern in den Hügelgräbern fanden. Auch das Motiv des „Drachens auf dem Schatz" hat seinen Ursprung in dem Grabschatz, den man dem Toten in sein Grab mitgegeben hatte. Dieser Totengeist wurde zu einer Schlange bzw. zu einem Drachen und lag dann als Wächter auf seinem Schatz.

... ...

Später in dieser Sage wird noch einmal über Alberich berichtet. Während Siegfried in der vorigen Textstelle dem Alberich den Unsichtbarkeits-Umhang („Tarnkappe") raubte, besitzt er ihn in der folgenden Stelle bereits, als er dem Alberich begegnet:

Von dannen ging da Siegfried zum Hafen an den Strand
In seiner Tarnkappe, wo er ein Schifflein fand.
Darin stand verborgen König Siegmunds Kind:
Er führt' es bald von dannen, als ob es wehte der Wind.

Den Steuermann sah niemand, wie schnell das Schifflein floß
Von Siegfriedens Kräften, die waren also groß.
Da wähnten sie, es trieb es ein eigner starker Wind:
Nein, es führt' es Siegfried, der schönen Sieglinde Kind.

Nach des Tags Verlaufe und in der einen Nacht
Kam er zu einem Lande von gewaltger Macht:
Es war wohl hundert Rasten und noch darüber lang,
Das Land der Nibelungen, wo er den großen Schatz errang.

Der Held fuhr alleine nach einem Werder breit:
Sein Schiff band er feste, der Ritter allbereit.
Er fand auf einem Berge eine Burg gelegen
Und suchte Herberge, wie die Wegemüden pflegen.

Da kam er vor die Pforte, die ihm verschlossen stand:
Sie bewachten ihre Ehre, wie Sitte noch im Land.
Ans Tor begann zu klopfen der unbekannte Mann:
Das wurde wohl behütet; da traf er innerhalben an

Einen Ungefügen, der da der Wache pflag,
Bei dem zu allen Zeiten sein Gewaffen lag.
Der sprach: „Wer pocht so heftig da draußen an das Tor?"
Da wandelte die Stimme der kühne Siegfried davor

Und sprach: „Ich bin ein Recke: tut mir auf alsbald,
Sonst erzürn ich etlichen hier außen mit Gewalt,
Der gern in Ruhe läge und hätte sein Gemach."
Das verdroß den Pförtner, als da Siegfried also sprach.

Der kühne Riese hatte die Rüstung angetan,
Den Helm aufs Haupt gehoben, der gewaltge Mann:
Den Schild alsbald ergriffen und schwang nun auf das Tor.
Wie lief er Siegfrieden da so grimmig an davor!

Wie er zu wecken wage so manchen kühnen Mann?
Da wurden schnelle Schläge von seiner Hand getan.
Der edle Fremdling schirmte sich vor manchem Schlag;
Da hieb ihm der Pförtner in Stücke seines Schilds Beschlag

Mit einer Eisenstange: so litt der Degen Not.
Schier begann zu fürchten der Held den grimmen Tod,
Als der Türhüter so mächtig auf ihn schlug.
Dafür war ihm gewogen sein Herre Siegfried genug.

Sie stritten so gewaltig, die Burg gab Widerhall:
Man hörte fern das Tosen in König Niblungs Saal.
Doch zwang er den Pförtner zuletzt, daß er ihn band;
Kund ward diese Märe in allem Nibelungenland.

Das Streiten hatte ferne gehört durch den Berg
Alberich der kühne, ein wilder Zwerg.
Er waffnete sich balde und lief hin, wo er fand
Diesen edeln Fremdling, als er den Riesen eben band.

Alberich war mutig, dazu auch stark genug.
Helm und Panzerringe er am Leibe trug
Und eine schwere Geißel von Gold an seiner Hand.
Da lief er hin geschwinde, wo er Siegfrieden fand.

Sieben schwere Knöpfe hingen vorn daran,
Womit er vor der Linken den Schild dem kühnen Mann
So bitterlich zergerbte, in Splitter ging er fast.
In Sorgen um sein Leben geriet der herrliche Gast.

Die „Geißel" scheint eine Art Morgenstern mit sieben „Sternen" zu sein, also mit sieben Kugel mit eingefügten Nägeln o.ä., die an Ketten an der Spitze des Stabes der Geißel hängen.

Den Schild er ganz zerbrochen seiner Hand entschwang:
Da stieß er in die Scheide eine Waffe, die war lang.
Seinen Kammerwärter wollt er nicht schlagen tot:
Er schonte seiner Leute, wie ihm die Treue gebot.

Mit den starken Händen Albrichen lief er an,
Und erfaßte bei dem Barte den altgreisen Mann.
Den zuckt' er ungefüge: der Zwerg schrie auf vor Schmerz.
Des jungen Helden Züchtigung ging Alberichen ans Herz.

Laut rief der Kühne: „Nun laßt mir das Leben:
Und hätt ich einem Helden mich nicht schon ergeben,
Dem ich schwören mußte, ich war ihm untertan,
Ich dient euch, bis ich stürbe," so sprach der listige Mann.

Er band auch Alberichen wie den Riesen eh:
Siegfriedens Kräfte taten ihm gar weh.
Der Zwerg begann zu fragen: „Wie seid ihr genannt?"
Er sprach: „Ich heiße Siegfried: ich wähnt, ich wär euch bekannt."

„So wohl mir diese Kunde," sprach da Alberich,
„An euern Heldenwerken spür ich nun sicherlich,
Daß ihrs wohl verdienet, des Landes Herr zu sein.
Ich tu, was ihr gebietet, laßt ihr nur mich gedeihn."

Da sprach der Degen Siegfried: „So macht euch auf geschwind
Und bringt mir her der Besten, die in der Veste sind,
Tausend Nibelungen; die will ich vor mir sehn.
So laß ich euch kein Leides an euerm Leben geschehn."

Der „Tarnkappe" genannte Unsichtbarkeits-Umhang wurde auch als „Nebel-Umhang" bezeichnet, was ihn als „Jenseits-Gegenstand" kennzeichnet.

Alberich ist als „Alfenkönig" der König des Totenreichs. Seine Burg wird daher ursprünglich ein Hügelgrab gewesen sein.

Die „Nibelungen" sind „Nebel-Leute", d.h. „Jenseits-Männer" und somit Tote, also Zwerge.

Daß Alberich („Totenkönig") der König der Nibelungen („Jenseits-Männer") ist, ergibt sich schon aus den beiden Namen.

Später wurde aus Alberich und seinen tausend Nibelungen Odin und die wilde Jagd.

Albrichen und den Riesen löst' er von dem Band.
Hin lief der Zwerg geschwinde, wo er die Recken fand.
Sorglich erweckt' er die in Niblungs Lehn
Und sprach: „Wohlauf, ihr Helden, ihr sollt zu Siegfrieden gehn."

Diese Szenerie wird die in die Sage übertragene Jenseitsreise des Sigurd-Siegfried sein. Alberich ist der Göttervater Tyr im Jenseits, dem der angehende König bzw. Held im Jenseits begegnete. In der Nibelungen-Sage ist Sigurd-Siegfried nicht mehr der Schützling des Tyr-Alberich, sondern seines Nachfolgers Odin (siehe den Band 38 über „Sigurd/Siegfried").

- - -

Siegfried benutzte seinen Unsichtbarkeits-Umhang noch ein zweites mal. Die folgende Szene ist die Sagen-Version der Reise des Odin zu Gunnlöd, also das Treffen des Jenseitsreisenden mit der Jenseitsgöttin als der Wiederzeugungs-Geliebten.

Da diese Reise in das Jenseits von der Seele unternommen wurde und nicht von dem physischen Leib, war man bei dieser Reise wie Sigurd unsichtbar. Auch die Totengeister, also die Zwerge, sind unsichtbar.

Da die Zwerge bereits tot waren und keinen physischen Leib mehr hatten und somit auch nicht mehr verletzt werden konnten, entstand das Motiv, daß der Unsichtbarkeits-Umhang auch unverletzbar machte. Eine andere Version dieses Motivs ist die Unverletzbarkeit des Siegfried, nachdem er sich mit dem Drachenblut eingerieben hatte und dadurch symbolisch gesehen zu einem Drachen, also zu einem Totengeist geworden war.

Wieder neue Märe erhob sich überm Rhein:
Man sagte sich, da wäre manch schönes Mägdelein.
Sich eins davon zu werben sann König Gunthers Mut.
Das dauchte seine Recken und die Herren alle gut.

Es war eine Königin gesessen überm Meer,
Ihr zu vergleichen war keine andre mehr.
Schön war sie aus der Maßen, gar groß war ihre Kraft;
Sie schoß mit schnellen Degen um ihre Minne den Schaft.

Den Stein warf sie ferne, nach dem sie weithin sprang;
Wer ihrer Minne begehrte, der mußte ohne Wanken
Drei Spiel' ihr abgewinnen, der Frauen wohlgeboren;
Gebrach es ihm an Einem, so war das Haupt ihm verloren.

Die Königstochter hatte das manchesmal getan.
Das erfuhr am Rheine ein Ritter wohlgetan.
Der seine Sinne wandte auf das schöne Weib.
Drum mußten bald viel Degen verlieren Leben und Leib.

Als einst mit seinen Leuten saß der König hehr,
Ward es von allen Seiten beraten hin und her,
Welche ihr Herr sich sollte zum Gemahl erschaun,
Die er zum Weibe wollte und dem Land geziemte zur Fraun.

Da sprach der Vogt vom Rheine: ,,Ich will an die See
Hin zu Brunhilden, wie es mir ergeh.
Um ihre Minne wag ich Leben und Leib,
Die will ich verlieren, gewinn ich nicht sie zum Weib. "

,,Das möcht ich widerraten, " sprach Siegfried wider ihn:
,,So grimmiger Sitte pflegt die Königin,
Um ihre Minne werben, das kommt hoch zu stehn:
Drum mögt ihrs wohl entraten, auf diese Reise zu gehn. "

Da sprach der König Gunther: ,,Ein Weib ward noch nie
So stark und kühn geboren, im Streit wollt ich sie
Leichtlich überwinden allein mit meiner Hand. "
,,Schweigt, " sprach da Siegfried, ,,sie ist euch noch unbekannt.

21

Und wären eurer viere, die könnten nicht gedeihn
Vor ihrem grimmen Zorne: drum laßt den Willen sein,
Das rat ich euch in Treuen: entgeht ihr gern dem Tod,
So macht um ihre Minne euch nicht vergebliche Not."

„Sei sie so stark sie wolle, die Reise muß ergehn
Hin zu Brunhilden, mag mir was will geschehn.
Ihrer hohen Schönheit willen gewagt muß es sein:
Vielleicht daß Gott mir füget, daß sie uns folgt an den Rhein."

„So will ich euch raten," begann da Hagen,
„Bittet Siegfrieden, mit euch zu tragen
Die Last dieser Sorge; das ist der beste Rat,
Weil er von Brunhilden so gute Kunde doch hat."

Er sprach: „Viel edler Siegfried, willst Du mir Helfer sein
Zu werben um die Schöne? Tu nach der Bitte mein;
Und gewinn ich mir zur Trauten das herrliche Weib,
So verwag ich Deinetwillen Ehre, Leben und Leib."

Zur Antwort gab ihm Siegfried, König Siegmunds Sohn:
„Ich will es tun, versprichst Du die Schwester mir zum Lohn,
Kriemhild die schöne, eine Königin hehr:
So begehr ich keines Dankes nach meinen Arbeiten mehr."

„Das gelob ich," sprach Gunther, „Siegfried, Dir an die Hand.
Und kommt die schöne Brunhild hieher in dieses Land,
So will ich Dir zum Weibe meine Schwester geben:
So magst Du mit der Schönen immer in Freuden leben."

Des schwuren sich Eide diese Recken hehr.
Da schuf es ihnen beiden viel Müh und Beschwer,
Eh sie die Wohlgetane brachten an den Rhein.
Es mußten die Kühnen darum in großen Sorgen sein.

... ...

Als man des Schatzes willen vom Rhein Krimhilde kommen sah,
Alberich der Kühne sprach zu den Freunden da:
„Wir dürfen ihr wohl billig den Hort nicht entziehn,
Da sein als Morgengabe heischt die edle Königin.

22

Dennoch sollt es nimmer," sprach Alberich, „geschehn,
Müßten wir nicht leider uns verloren sehn
Die gute Tarnkappe mit Siegfried zumal,
Die immer hat getragen der schönen Kriemhild Gemahl.

Nun ist es Siegfrieden leider schlimm bekommen,
Daß die Tarnkappe der Held uns hat genommen,
Und daß ihm dienen mußte all dieses Land."
Da ging dahin der Kämmerer, wo er die Schlüssel liegen fand.

Da standen vor dem Berge, die Kriemhild gesandt,
Und mancher ihrer Freunde: man ließ den Schatz zur Hand
Zu dem Meere bringen an die Schiffelein
Und führt' ihn auf den Wellen bis zu Berg in den Rhein.

Nun mögt ihr von dem Horte Wunder hören sagen:
Zwölf Leiterwagen konnten ihn kaum von dannen tragen
In vier Tag und Nächten aus des Berges Schacht,
Hätten sie des Tages den Weg auch dreimal gemacht.

Es war auch nichts anders als Gestein und Gold.
Und hätte man die ganze Welt erkauft mit diesem Gold,
Um keine Mark vermindern möcht es seinen Wert.
Wahrlich Hagen hatte nicht ohne Grund sein begehrt.

Der Wunsch lag darunter, ein golden Rütelein:
Wer es hätt erkundet, der möchte Meister sein
Auf der weiten Erde wohl über jeden Mann.
Von Albrichs Freunden zogen mit Gernot Viele hinan.

Die „goldene Rute", die seinem Besitzer Macht über die ganze Welt gab, entspricht vermutlich u.a. dem Zauberstab des keltischen Gottes Mannanan McLir, der mit seinem Stab Menschen und Götter töten und wieder zum Leben erwecken konnte.

Es ist denkbar, daß die „goldene Rute" auch Odins Ring Draupnir entspricht, da der Schatz nicht weniger wird, wenn man etwas von ihm fortnimmt.

Als Gernot der Degen und der junge Geiselher
Des Horts sich unterwanden, da wurden sie auch Herr
Des Landes und der Burgen und der Recken wohlgestalt:
Die mußten ihnen dienen zumal durch Furcht und Gewalt.

Als sie den Hort gewannen in König Gunthers Land,
Und sich darob die Königin der Herrschaft unterwand,
Kammern und Türme die wurden voll getragen;
Man hörte nie von Schätzen so große Wunder wieder sagen.

Dieser „Nibelungen-Hort" ist ursprünglich der Grabschatz in dem Hügelgrab des ehemaligen Sonnengott-Göttervaters Tyr gewesen – der natürlich der größte aller Schätze gewesen ist.

Da „Gold" oft als „Sonne im Meer" umschrieben worden ist, ist der Sonnengott in seinem Grab natürlich das größte „Gold", das überhaupt in einem Grab sein kann. Dieser Schatz liegt in dem Berg des Alberich, der der ehemalige Sonnengott-Göttervater in der Unterwelt, d.h. in seinem Grab ist.

Das wertvollste in diesem Schatz ist der goldene Ring Draupnir, der ursprünglich das Symbol der Sonne und ihrer Wiedergeburt gewesen ist – er ist der „Ring der Nibelungen".

I 1. h) Das Ortnit-Lied

In der Sage über König Ortnit von Lampart wird die Begegnung des Helden mit dem Zwerg Alberich sehr viel ausführlicher geschildert.

Die Bedeutung des Männernamens „Ortnit" ist unsicher; möglicherweise setzt er sich aus „Odd" für „Schwert" und „nid" für „Neid, Groll, Missetat" zusammen.

Das Land „Lampart" ist die heutige Lombardei. Die Hauptstadt von Ortnits Reich war die Stadt Garda („befestigter Ort") am Gardasee, die in den folgenden Versen „Garten" genannt wird. Der Gardasee wird entsprechend als „Gartensee" bezeichnet. Nach seinem Reich „Lampart" wird König Ortnit auch der „Lamparter" genannt.

„Mir träumt' ein Abenteuer: / Vor einer Felsenwand
Da sollt ich gewinnen / ein gutes Sturmgewand."
Mit klagenden Worten / sprach das edle Weib:
„Sohn, willst Du das nicht lassen, / so verlierst Du Leben und Leib."

Ein „Sturmgewand" ist eine Ritterrüstung. „Vor einer Felsenwand" klingt zwar so, als ob Ortnit die Rüstung in den Bergen finden würde, aber mit „Berg" wird ein - gemeint sein.

Ortnits Mutter erkennt die Gefahr, die mit der Suche nach dieser Rüstung verbunden ist. Ein die Zukunft vorhersehender Traum, ein Orakel oder eine Vision ist die

Standard-Eröffnung von germanischen Mythen und Sagen.

Da sprach der Lamparter: / „Frau und Mutter mein,
Es mag ohn alles Unglück / ein Mann wohl nimmer sein.
Dem ich mich befehle, / der möge mich bewahren,
Geruht hab ich mich lange, / ich will wieder irre fahren.

Ich bin auf Abenteuer / nun lange nicht geritten:
Frau und liebe Mutter, / ihr sollt mir Heil erbitten.
Ich hab' Euch nie erzürnet; / doch also steht mein Sinn:
Und wehrt Ihr mir die Reise, / so will ich gleichwohl dahin.

Bringt mir meine Ringe,“ / sprach der kühne Mann,
„Ich muß auf Abenteuer / reiten in die Tann'.
Mir ist so leicht zu Mute, / gewiß gelingt mir wohl;
Auf alle Weis' ein Biedrer / sein Heil versuchen soll.“

Mit den „Ringen“ ist die aus Metallringen zusammengesetzte Rüstung König Ortnits gemeint.
Die „Tann'“ sind die „Tannen“, d.h. der Wald.

Da sprach seine Mutter: / „Willst Du in Sorgen leben
Und Abenteuer suchen, / ein Ding will ich Dir geben,
So wert, daß Du mir immer / mußt desto holder sein:
Wenn Du von hinnen reitest, / so nimm dies Ringelein.

Ich gebe Dir das Ringelein, / das lichte rote Gold;
Gibst Du es anders jemand, / so werd' ich nie Dir hold.“
Da sprach der Lamparter: / „Ich schwör' Euch einen Eid,
Ich geb es anders niemand: / Ich seh, es wär euch Leid.“

Als er das kleine Ringelein / empfing und recht besah,
Er schaut' es an gar lange, / mit Lachen sprach er da:
„Nun nimmt mich immer Wunder, / liebe Mutter mein,
Warum ihr also liebet / dieses kleine Ringelein?“

Sie sprach: „Du weist noch wenig / von dem kleinen Ringelein;
Gib es nicht weg und würden / auch alle Reiche Dein.
Das Gold ist wenig nütze, / doch ist der Stein so stark,
Es frommt in diesem Jahre / Dir wohl achtzigtausend Mark.

Das Ringlein ist so kleine, / es dünkt Dich wenig wert;
Doch suchst Du Abenteuer / wie es Dein Herz begehrt,
Wenn Du von hinnen reitest, / so laß es nicht zu Haus;
Du findest Abenteuer, / die wirkt der Stein Dir aus.

Wenn Du von Garten reitest, / so kehr zur linken Hand,
Durch Wälder und Gebirge / zu Tal die Felsenwand
Und merke wo die Linde / auf einem Anger steht
Und gar ein kühler Brunnen / aus der Steinwand geht.

Grün ist die Linde, / der Anger ist nicht schmal,
Fünfhundert Rittern schattete / der Baum wohl auf Mal.
Und kommst Du zu der Linden, / so magst Du selbst gestehn,
Sollst Du Abenteuer finden, / so muß es hier geschehn."

Mit Dank schied der Werte / da von der Mutter sein.
Sie sprach: „Du sollst nicht bergen, / Sohn, das Ringelein.
Wohin Du immer reitest, / so blink es offenbar:
Du findest Abenteuer, / es weist der Stein Dich dar."

Die magischen Ringe der Germanen besaßen im Gegensatz zu dem Ring von Ortnits Mutter keinen gefaßten Stein.

Der riesige Baum mit dem Brunnen in seiner Nähe, zu dem ein magischer goldener Ring führt, ist offensichtlich die Weltesche Yggdrasil mit der Quelle Hvergelmir und der Ring Draupnir. Das Abenteuer, zu dem sich König Ortnit durch seinen Traum gerufen fühlt, scheint daher ursprünglich eine Jenseitsreise gewesen zu sein.

Diese Jenseitsreise könnte ein Hinweis darauf sein, daß diese Sage ihren Ursprung in den Tyr-Mythen hat, wozu auch der „Schwert-Name" des Ortnit passen würde, da Tyr der Schwertgott gewesen ist.

Wenn diese Deutung zutreffen sollte, wäre Ortnits Mutter die Saga-Nachfolgerin der Jenseitsgöttin als der Wiederzeugungs-Geliebten und der Wiedergeburts-Mutter des Tyr. Zu dieser Auffassung paßt, daß sie ihrem Sohn den magischen Ring gibt.

Da schied der Lamparter / gar unverzagt hindann
Von der Burg zu Garten / und seinem ganzen Bann.
Das war den Getreuen / und den Biedern leid,
Daß er das verschmähte, / daß ihm jemand gab Geleit.

Der „Bann" sind seine Untertanen und insbesondere die Männer auf seiner Burg. Auf diese Leute bezieht sich auch „Getreue" („treue Männer") und „Biedern" ("tapfere Männer").

Da mied er das Gefilde, / wie ihn die Mutter bat,
Und wandte sich zur Wilde / wohl ohne Straß und Pfad.
Stets hielt er vor die Sonne / das Gold an seiner Hand,
Und ritt durch Dick und Dünne / zu Tal die Felsenwand.

Er kam in eine Aue / dort an dem Gartensee,
Da entsprangen auf der Heide / Blumen und süßer Klee.
Die Vögel sangen lieblich, / ihr Schallen wurde groß:
Die Nacht war ihm vergangen, / des Reitens ihn verdroß.

Am Morgen über Berge / die Sonne warf den Schein;
Er besah an seinem Finger / das Gold und auch den Stein.
Da fand er auf dem Anger / das grüne Gras geknickt,
Und sah mit kleinen Füßen / einen schmalen Pfad gedrückt.

Dem Pfade folgt er immer / zu Tal die Felsenwand,
Bis er den kuhlen Brunnen / und auch die Linde fand,
Dazu die breite Heide / unter dem Lindenast:
Da saß auf grünem Reise / so mancher werte Gast.

Die sangen laut zur Wette / und kürzten sich die Zeit.
„Ich bin schon recht geritten," / sprach König Ortneit.
Da freute sich sein Herze, / daß er die Linde fand;
Er stieg von seinem Rosse / und nahm es an die Hand.

Den Baum beschaut' er lange, / sein Mund mit Lachen sprach:
„Das weiß wohl Gott im Himmel, / Du hast ein schönes Dach.
Es ging von einem Baume / nie so süßer Wind."
Unter der Linde, / da sah er ein kleines Kind.

Diese Strophe, in denen Elberich dem König Ortnit wie ein Kind erscheint, ist möglicherweise die früheste Stelle, an der ein Zwerg als „klein" beschrieben wird. Die Kleinheit der Zwerge, also der Totengeister, liegt folglich darin begründet, daß sie die wiedergeborenen Toten, d.h. Kinder sind.

Die Wiedergeborenen als Kinder sind ein sehr altes Motiv, das weit vor die Indogermanen zurückreicht, da es sich aus dem Motiv der Wiedergeburt fast zwangsläufig ergab. Dieses Motiv findet sich u.a. bei den Sonnengöttern der meisten Völker, die sich nachts im Jenseits in der Gestalt deines Stieres o.ä. mit der Muttergöttin als Kuh

27

vereinen und daraufhin am Morgen von ihr als Kälbchen wiedergeboren werden.

Ihre Bärte, die zunächst einmal nicht zu diesem Bild passen und die in den frühen Texten auch nirgendwo erwähnt werden, sind vermutlich aus der Vorstellung, daß die Toten im Jenseits immer älter werden, weil sie dort ja nicht noch einmal sterben können. Daraus ergab sich das Motiv der „alten Kinder", d.h. der „kleinen, bärtigen Menschen".

Das hatte sich gar artig / hier in das Gras geschmiegt:
„Was für ein Kindlein ist es," / gedacht er, „das da liegt?"
Es trug an seinem Leibe / Gewand so wunderschön,
An keinem Fürstenkinde / wirds in der Welt gesehn.

Mit Gold und mit Gesteine / geziert war sein Gewand.
Als er das Kind alleine / unter der Linde fand:
„Weh, wo ist Deine Mutter," / sprach König Ortnit,
„Daß man Dich unbehütet / unter diesem Baume sieht?

Du trägst an Deinem Leibe / Gewand, das ist so gut,
Ich darf Dich nicht erwecken, / ich habe nicht den Mut.
Deiner Kindesschöne willen / wag ich Dir nichts zu tun;
Gern hätt ich Dich zum Sohne, / wollt es nur Gott geruhn.

In kindlicher Weise / vier Jahre scheinst Du alt;
Führt' ich Dich von hinnen, / was hülfe die Gewalt?
Mir brächt' es wenig Ehre, / niemand hütet Dein:
Wo ist nun Deine Mutter, / viel liebes Kindelein?"

Von Gold und von Gesteine / war das Gewand ihm gar;
Der König stund und schaute / seinen Leib und auch sein Haar.
Sein Leib und seine Hülle / schien ihm gar zu schön.
Es kam von einem Steine, / daß er es mochte sehn:

Den trug er allerwegen / mit dem Ring an seiner Hand.
Er stand mit sich im Streite, / da er es liegen fand.
Er sprach: „Du bist so lieblich, / auch ist Dein Kleid so gut:
Find ich Dich gleich alleine, / Du bist nicht ohne Hut.

Ich bin auf Abenteuer / geritten all die Nacht,
Nun hat mich Gott der Gute / zu der Linde hier gebracht.
Da ich Abenteuer suchend / hieher geritten bin,
Und nichts anders finde, / so mußt Du mit mir hin."

Der Ring hat nicht nur die Gabe, König Ortnit zu dem Kind an der Felswand („Hügelgrab" an dem (Welten-)Baum zu führen, sondern der Stein an dem Ring ermöglicht es dem König überhaupt erst, das Kind zu sehen.

Der Stein ist somit eine Entsprechung zu dem Unsichtbarkeits-Umhang, den Alberich dem Sigurd gab:

- der Umhang verbirgt einen Lebenden vor den anderen Lebenden, sodaß der Träger des Umhangs unsichtbar wie ein Totengeist wird,
- der Stein in dem Ring ermöglicht es einem Lebenden, die Toten zu sehen.

Der Stein ist eine Entsprechung zu dem blinden („toten") Auge des Odin, mit dem er im Totenreich sehen kann.

Diese Wirkung des magischen Ringes hat auch der „Eine Ring" in Tolkiens „Herr der Ringe"-Trilogie.

Das Motiv des Steines, der es ermöglicht, die Toten zu sehen, spielt auch in den beiden letzten Bänden des „Harry-Potter"-Romans eine große Rolle.

Sein Roß band der König / an den Lindenast;
Er sprach: „Ich muß versuchen / ob Du wen bei Dir hast.
Wie lange willst Du schlafen?", / der Lamparter rief.
Der Kleine ließ ihn schauen, / daß er so fest doch nicht schlief.

Er wollt in Kindesweise / zu seinem Roß ihn tragen:
Da ward nach seinem Herzen / ein starker Schlag geschlagen.
„Wie schlägst Du ungefüge," / sprach der König hehr,
„So große Leibesstärke, / wo nimmst Du, Kind, sie her?

Du willst mir entrinnen, / das geht nicht so geschwind."
Es verdroß den Großen, / daß er rang mit einem Kind.
Doch half dem seine Stärke, / daß er nicht weit es trug:
Wie stark das Kind den Großen / mit seinen Fäusten schlug!

Da sprach der Lamparter: / „Wer seine Feinde spart
Und seinen Freund erzürnet, / der ist nicht wohl bewahrt.
Er mag von ihnen beiden / wohl großen Schaden nehmen:
Kleiner Feinde, schmaler Wunden / darf sich ein Mann nicht schämen.

Wie bist Du ungefüge," / sprach er, „kleiner Gast?
Wie kommt Dir solche Stärke, / Kind, wie Du sie hast?
Du willst mir entrinnen; / ich halte Dich mit Zwang."
Sich segnet' oft der Große, / da er mit dem Kleinen rang.

„Wie dünk ich Dich so wenig," / sprach da Elberich,
„Ich hieß ein reicher König / eh ich gesehen Dich.
Gesteint ist meine Krone, / das wisse nur, so reich,
Du magst sie nicht bezahlen / mit Deinem Königreich."

Da sprach der Lamparter: / „Dem siehst Du wenig gleich,
Daß Deine Krone besser / wäre als mein Königreich.
Wie Du auch prahlen mögest, / es hilft Dir jetzt nicht mehr,
Ich nehme Dir das Leben," / so sprach der König hehr.

Der Große war im Zorne, / der Kleine sah es froh;
Der Kleine laut erlachte; / dem Großen war nicht so.
Ihm schuf zuletzt die Größe, / die Länge doch Gewinn:
Da betrog den Kleinen / sein allzu hochfährtger Sinn.

Seines Spottens willen / ward ihm der Preis genommen:
Er wär, wenn er nicht lachte, / nicht so zu Fall gekommen.
Der Große nahm den Kleinen / und warf ihn in das Gras:
Dem ward des Sieges Ehre, / weil er zu spotten vergaß.

Zwölf Männer Stärke / hatte der große Mann;
Doch zwang er kaum den Kleinen, / daß er ihm nicht entrann.
Da so er auf der Erde / vor ihm bezwungen lag,
Da griff er nach dem Schwerte, / und wollt ihm geben einen Schlag:

Der Schlag hätt ihm genommen / Leben und Leib.
Der Kleine sprach: „Du schlügest / besser wohl ein Weib.
Du pfändest mich zu teuer, / willst Du mich erschlagen:
Du magst mich lieber fangen, / wenn Du Ehre willst erjagen."

Da sprach der Lamparter: / „So bin ich nicht gesinnt:
Wie brächt es mir wohl Ehre, / daß ich Dich fing, ein Kind?
Wollt ich Dich gefangen / mit mir führen hin,
Des spotteten die Leute, / weil ich der größere bin.

Will mein Schwert Dich schneiden, / so ist es Dein Tod;
Ich kam von einem Manne / nie in so große Not.
Du möchtest mich verraten, / ließ' ich Dich länger leben."
„In Treuen," sprach der Kleine, / „ich will mich Dir gefangen geben."

Da fiel er ihm zu Füßen / und fleht' ans Herzenskraft:
„Laß mich leben, Ortnit, / bei Deiner Ritterschaft!
So geb ich Dir zu Lohne / das beste Sturmgewand,
Das jemals auf Erden / jung oder alt wohl fand.

Wohl achtzigtausend Marken / ist die Brünne wert.
Zu diesem Halsberge / geb ich Dir ein Schwert,
Das jeden Panzer schneidet / als wär er nicht von Stahl;
Wie fest ein Helm auch wäre, / es schlüg ihm manch ein Mal.

Ich wähne, daß auf Erden / kein besser Schwert nun sei.
Ich bracht es aus dem Lande, / das heißet Almarei.
Es ist geziert mit Golde, / und lauter wie ein Glas;
Ich schufs in einem Berge, / der heißet Kaukasas.

Das Schwert will ich Dir geben: / Seine Farbe die ist licht;
Wie viel Du mit ihm streitest, / gewinnt es Scharten nicht.
Es ist geheißen Rose, / den Namen hat das Schwert;
Wo es Schwerter gilt zu ziehen, / da bist Du wohl bewehrt.

Zu dem Halsberge / gehört ein Beingewand,
All seine Ringe wirkt' ich / mit meiner eignen Hand.
Und geb ich Dir die Ringe, / so wirst Du ihnen hold:
Da ist kein Falsch zu finden, / es ist das lautre Gold.

Zu den lichten Ringen / wird Dir ein Helm so schön,
Daß man auf Kaisers Häupten / noch bessern nie gesehn.
Der solchen Helm darf tragen, / wie selig ist der Mann!
Da man in Meilenbreite / sein Haupt erschauen kann.

Zu allem dem Geschmeide / geb ich Dir einen Schild,
So festen und so starken, / gewiß, Du nennst mich mild,
Den kein Geschoß verwundet / und keines Schwertes Schlag;
Auch keines Feuers Hitze / ihn je durchdringen mag."

Der Kampf und das anschließende Erwerben eines Schatzes ist auch das Motiv zu Beginn der Nibelungen-Sage, in der Loki den Zwerg Andvari/Niblung/Alberich fängt und ihm seinen Schatz einschließlich des magischen Ringes raubt. Dies ist auch ein beliebtes Thema in den Isländer-Sagas, in denen der Geist des Toten in seinem Hügel-grab jedoch in der Regel nicht als Zwerg, sondern als Drache (wie Fafnir) oder Mensch erscheint.

Das Schwert mit dem Namen „Rose" entspricht Sigurds Schwert Gram/Mimung, das letztlich das Schwert des Göttervaters Tyr ist, das wie „Rose" das Beste aller Schwerter ist. Elberich hat das Schwert selber geschmiedet – wie Tyr-Wieland.

Die Beschreibung des Schwertes „lauter wie Glas" bedeutet, daß seine Klinge spiegelnd glänzt wie Glas.

Zu dem Schwert gibt es in der Ortnit-Sage noch eine komplette Ritter-Ausrüstung dazu.

Der Ortsname „Kaukasas" ist leicht als „Kaukasus" zu erkennen, was aber vermutlich nur in diffuser Weise „fernes Land" bedeutet und hier letztlich das Jenseits, in dem der Zwergenkönig Elberich lebt, bezeichnet.

„Almarei" ist arabisch und bedeutet „Weide". Es handelt sich dabei somit um ein arabisches Land, daß den abendländischen Rittern möglicherweise im Zusammenhang mit den Kreuzzügen bekannt geworden ist.

Da sprach der Lamparter: / „Wie reiche Gab es ist,
Ich lasse Dich doch nimmer, / Du sagst denn, wer Du bist."
Mit Züchten sprach der Kleine: / „Ich bin ein wilder Zwerg;
Mir dient in Lamparten / manch Tal und mancher Berg."

„So mußt Du Dich doch nennen," / sprach der König reich.
„Du magst mich Elbrich rufen, / so komm ich zu Dir gleich."
Da sprach der Lamparter: / „Noch laß ich Dich nicht frei:
Dir hilft nicht dein Halsberg, / Dein Schwert, wie gut es sei,

Noch was Du sonst verheißen / mir hast und denkst zu geben,
Es kann Dir wenig helfen, / ich nehme Dir das Leben.
Unter der grünen Linden / enthaupt ich Dich sogleich,
Du hilfst mir denn gewinnen / die edle Königin reich."

„Wer ist sie,“ sprach der Kleine, / „die da meint Dein Mut?
Eine edle Königstochter / an Leib und auch an Gut?
Mag sie wohl mit Ehren / geheißen sein Dein Weib?
Ich gewinne Dir die Hehre, / oder nimm mir Leben und Leib.“

„Ihr Vater hat viel Lande / jenseits an dem Meer;
Ich kann sie nicht erwerben, / ihn suche denn mein Heer.
Der unreine Heide / will sie niemand geben,
Niemand darf um sie bitten, / man nähm ihm denn das Leben.

Der König ist gewaltig / über all die Heidenschaft,
Überm Meer dienen / viel Könge seiner Kraft.
Er wohnt zu Montabauer, / das glaube sicherlich.“
„Ei, wie wohl ich ihn kenne!“, / sprach wieder Elberich.

Die Suche nach der Braut ist zwar auch ein romantisches Motiv, aber angesichts der ausgeprägten Jenseitssymbolik in der Ortnit-Sage (Weltenbaum, Quelle, Zwerg, Schwert, magischer Ring u.a.) ist es doch recht wahrscheinlich, daß sich die Suche nach der rechten Braut auf die Wiederzeugung des Jenseitsreisenden mit der Göttin im Jenseits bezieht.

Zu dieser Deutung paßt, daß dieser König einerseits in der Nähe wohnt in Montabauer zwischen Limburg und Koblenz (das Hügelgrab als Ritualort liegt in der Nähe), aber dieser König andererseits zu den in der Ferne jenseits des Meeres lebenden Heiden gehört (Totenreich auf der anderen Seite des Jenseitsflusses).

„Willst Du mich nun lassen,“ / sprach der kleine Mann,
„Was ich verheißen habe, / das wird zumal getan.“
„Ich wähne,“ sprach der König, / „Du scheidest nicht von mir
Bis Du mir Bürgen setzest: / So lang behalte ich Dich hier.“

„Du treibst mich in die Enge,“ / sprach der kleine Wicht,
„Du solltest doch bedenken, / ich habe Bürgen nicht.
Laß mich um Gottes Willen,“ / sprach der kleine Knabe;
„Dir wird wohl geleistet / was ich verheißen habe.“

Da sprach der Lamparter: / „Das tu ich nicht fürwahr,
Ich sehe denn mit Augen / die lichten Ringe klar.“
„Im Treuen,“ sprach der Kleine, / „sie werden nimmer Dein,
So lang von Deinen Händen / ich muß gefangen sein.“

„Nun rate gut uns beiden," / hub der König an.
„Des will ich Dich bescheiden," / sprach der kleine Mann:
„Laß mich auf meine Treue, / Dir mag lieb von mir geschehn. "
„Nein," sprach der Lamparter, / „erst muß ich die Ringe sehn."

„Laß mich auf meine Treue: / So geht Dir Freude zu.
Du magst mich gerne lassen, / der ein König bin wie Du.
Meine Genossen wissen / mich allzumal getreu;
Wie viel Du hast der Lande, / so hab ich mehr als Deiner drei.

Hast Du auf der Erde / der Gewalt so viel,
So hab ich darunter / alles das ich will.
Ich gebe wem mich lüstet / Silber und Gold:
Ich könnt ihn reich wohl machen, / dem ich getreu wär und hold.

Nun laß mich," sprach der Kleine, / „Ich schwöre Dir den Eid,
Gebe mir meine Treue / und meine Sicherheit,
Daß ich die Wahrheit spreche," / sprach der kleine Mann.
„Ich wags auf Deine Treue," / hub da der König an.

Elberichs Reich liegt unter der Erde, d.h. im Inneren des Hügelgrabes und somit im Jenseits.

Da ließ er frei den Kleinen: / Vor ihm stand er nun
Mit Furcht und schönen Züchten / wie die Gefangnen tun.
Da sprach der Lampartner: / „Ich halte Dich nicht mehr:
Was Du mir hast versprochen, / wohlan, das bring mir her."

Mit Züchten sprach der Kleine: / „Ein Ding gewähre mir
Bei aller Fürsten Ehre, / eh Du mich läßt von Dir."
Da sprach der König Ortnit: / „Was soll die Bitte sein?"
„Gleichviel," sprach der Kleine, / „Dein Schade wird's nicht sein."

„Nein, erst laß mich vernehmen / was Du zu bitten hast."
„Ich bin nun so gesonnen," / sprach der kleine Gast,
„Daß ich all mein Leben / Dir will zu Diensten sein.
Bei aller Frauen Ehre, / gib mir dies Ringelein."

Da sprach der Lamparter: / „O weh, das darf ich nicht:
Ich gäbe Dir es gerne, / doch wehrt es mir die Pflicht.
Was Du sonst verlangest, / des will ich Dich gewähren;
Das Ringlein gäb ich gerne, / doch kann ich sein nicht entbehren."

Da sprach der Kleine wieder: / „Wozu ist es Dir gut?
Was soll ein reicher König, / hat er nicht milden Mut?
Da Dich so sehr erbarmet / das kleine Ringelein,
Wenn ich Dein Roß erbäte, / es würd' auch nimmer mein."

„Mein Roß gäb ich Dir eher, / eine Burg und ein Land,
Als daß ich Dir gäbe / das Gold von meiner Hand.
Da Dir das Herz so heftig / nach diesem Golde tobt,
Ich gäbe Dir es gerne; / doch hab ich's nicht zu tun gelobt.

Mir gab es meine Mutter, / der hab ich's zugeschworen:
Gäb ich es Dir, so hätt ich / ihre Huld verloren."
„Pfui," sprach der Kleine, / „was soll Dein großer Leib,
Und zwolf Manner Stärke, / daß Du fürchtest ein Weib?

Darf ich König scheuen / eines Weibes Gertenschlag?
So zweifl ich, ob vor Wunden / Dein Leib genesen mag."
Er sprach: „Ich bin wohl lange / mit Ruten nicht geschlagen:
Doch lieb ich so die Mutter, / ich wollt es gerne ihr vertragen.

Ich sähe Kummer ungern / in ihrem Angesicht:
Nun lache oder zürne, / das Ringlein wird Dir nicht."
„In Treuen," sprach der Kleine: / „Da sieht man sicherlich,
Wenn Du mir es gäbest, / Deine Mutter schlüge Dich.

Ward jemals einem König / so lieb ein Ringelein?
Laß mich es nur beschauen / bei aller Tugend Dein."
Er sprach: „Da Du so heftig / nach diesem Golde strebst,
So gib mir Deine Treue, / daß Du mir's wiedergebst."

Er wollt es ihm nicht lassen, / erst sollt es Eide schwören;
Es griff ihm nach dem Finger, / er konnt es ihm nicht wehren.
Als es ihm das Ringlein / gezogen von der Hand,
Er sah nicht mehr den Kleinen, / mit dem Ringlein er verschwand.

Ohne den Stein an dem magischen Ring konnte König Ortnit den Zwerg und andere Wesen des Totenreiches nicht mehr sehen.

Da sprach der Lamparter: / „O weh, wo kamst Du hin?"
Da sprach der Gast, der Kleine: / „Gleichviel wo ich bin.
Daß Du mich hast bezwungen, / daß Du mich mochtest sehn,
Von diesem Stein, dem kleinen, / ist Dir die Ehre geschehn."

Er sprach: „Du hast ein Ringlein / aus Deiner Hand gegeben,
Ein solches wird Dir nimmer, / dieweil Du hast das Leben.
Ich mußte Kraft des Ringes / Dein Diener ewig sein;
Nun fahr, wohin Du wollest, / so wird's nie wieder Dein."

Auch das Motiv des „Dieners des Ringes" ist ein wesentliches Element in Tolkiens „Herr der Ringe".

Da sprach der Lamparter: / „Nun ist mir Recht geschehn:
Nun mög' es Gott erbarmen, / daß ich Dich nicht mag sehn,
Und daß ich muß vernehmen / Deinen Spott und auch dein Dreun:
Bis ich an Dir mich räche, / kann sich mein Herz nicht mehr freun."

Da lachte der Kleine; / die Rede deucht ihn gut.
Er sprach zu dem König: / „Du hast doch Mannesmut.
Noch manchem wird geschehen, / was Dir geschehen ist,
Daß man sein Gut, sein bestes, / ihm abgewinnt mit List."

Des erschrak der König, / sein Herz groß Leid erlitt.
„Nun mög es Gott erbarmen, / daß ich je von Garten ritt!
Als Du bezwungen lagest, / nahm ich Dir da das Leben,
So war mir wohl gelungen / und große Ehre gegeben."

Der Kleine sprach: „Du dünkst mich / noch keines Weibes wert,
Noch daß Du solltest führen / solchen Halsberg und solch Schwert.
Ich kann mich nicht verlassen / auf Deinen großen Leib:
Du läßt Dich ja erbitten / recht wie ein armes Weib."

Da sprach der Lamparter: / „Es wär jedoch mein Rat,
Daß Du die Treue löstest, / die Dein Mund verpfändet hat,
Und mir wiedergäbest / mein kleines Ringelein."
Mit Zorne sprach der Kleine: / „Wohl wird es nimmer Dein."

Da sprach der Lamparter: / „So bist Du treulos,
Und wirst all Dein Leben / keines Biedermanns Genoß.
Ich hätt' es wissen sollen / – Deine Rede klang so fein –
Nie hätt ich Dir gegeben / mein golden Ringelein."

Noch sprach von Lamparten / der König Ortneit:
„Nun laßt mich des genießen, / daß Ihr ein König seid,
Und daß ich so getreulich / nach Eurem Rat getan:
So will ich mit Euch teilen / was ich je Gutes gewann."

Mit Züchten sprach der Kleine: / „Du hast nicht weisen Mut;
Was Vater oder Mutter / Dir raten, das ist gut.
Was gabst Du aus den Händen / je solch gewonnen Spiel?
Der Stein ist mir so nütze, / daß ich ihn Dir nicht geben will."

Da sprach der Lamparter: / „So bleib ich ungewährt.
Willst Du mir aber bringen / den Halsberg und das Schwert?
Was Du mir hast verheißen, / das mache mir doch wahr."
„An Deine Rede kehr ich mich," / sprach der Kleine, „nicht ein Haar."

Da sprach der Lamparter: / „Übel ist mir geschehn.
Könnt ich Dich erlaufen / oder möcht ich Dich nur sehn,
Du müßtest das Verheißne / mir her zur Seite tragen,
Oder würdest mit den Beinen / hier um die Felswand geschlagen."

„Was sollten Dir die Ringe?", / sprach Elberich sogleich:
„Was frommt einem Thoren / wohl solch ein Königreich?
Die Ringe geb ich einem, / der ihrer mehr bedarf."
Mit ungefügen Steinen / er nach dem König warf.

Sein Roß begann zu gürten / Ortnit der König gut,
Das hatt er bald beschritten / mit grimmigem Mut:
Von dannen wollte scheiden / im Zorn der König reich.
„Guter Mann verbleibet," / rief Elberich sogleich.

„Wem wolltest Du nun lassen / Dein liebes Ringelein?
Wer soll Dir Huld gewinnen / bei der lieben Mutter Dein?
Du darfst es nicht verlieren, / der Stein, der ist so gut:
Wie erbarmen mich die Schläge, / die Deine Mutter Dir tut!"

Da sprach der Lamparter: / „Ich mag davor genesen:
Ich bin bei meiner Mutter / so manchen Tag gewesen,
Die ich darum soll leiden, / ich dulde gern die Not:
Wir sind so gute Freude, / sie schlägt mich schwerlich zu Tod."

„Ich will Dich besser trösten," / sprach Elberich sogleich.
„Gib mir Deine Treue, / biedrer König reich,
Dass Du mir nicht zürnest, / was von der Mutter Dein
Ich immer möge sprechen: / So geb ich Dir das Ringelein."

Da sprach der Lamparter: / „Eh ließ' ich Dir das Gold:
Du möchtest so viel reden, / daß ich Dir nie würd hold,
Möchtest so übel schelten / das tugendreiche Weib,
Könnt ich Dich ergreifen, / ich nähm Dir Leben und Leib."

Mit Züchten sprach der Kleine: / „O wohl Dir, selig Kind:
Du hast die Treu, die immer / Glück und Heil gewinnt."
Da sprach der Lamparter: / „Ich muß es Dir vertragen
Was Du auch von ihr redest: / Wohlan, so magst Du es sagen."

„Von Deiner Mutter sag ich / Dir nur die Wahrheit;
Du zürnst wohl eine Weile; / hernach ist Dir's nicht leid.
Ich mach es Dir so süße, / daß Du es hören mußt:
Doch gib mir Deine Treue, / daß Du mir drum nichts tust."

Da sprach der Lamparter: / „Mein Wort will ich Dir geben,
Daß ich Dir nicht zürne / so lang mir währt das Leben.
Ein Mann darf der Wahrheit / sagen noch so viel;
Du darfst so lange reden / bis ich nicht weiter hören will."

Mit Züchten sprach der Kleine: / „Du gabst die Treue Dein:
Darauf will ich vertrauen: / Nimm hin Dein Ringelein."
Da sprach der Lamparter: / „So bin ich Dir hold:
Nicht frag ich was Du klaffest, / wird mir nur wieder mein Gold."

Groß war die Stärke / und die List, die er besaß.
Das Gold mußt er ihm bieten, / da warf er ihn ins Gras
Und bog sich zu ihm nieder: / „Nun sage, böser Geist,
Eh ich Dich heute lasse, / sag mir alles was Du weißt."

Das Gold der Lamparter / sich an den Finger stieß:
Er sah den Kleinen wieder, / den er nicht von sich ließ.
Da sprach der Zwerg, der Weise: / „Herr König, wie ihr tobt!
Hütet eurer Ehre: / Was habt ihr mir gelobt?"

Da sprach der Lamparter: / „Zu Leid Dir nichts geschieht:
Es freut sich nur mein Herze, / daß Dich mein Auge sieht.
Du bist mir viel lieber / als das Ringelein:
Sag was Du wissen mögest / von der lieben Mutter mein."

„Nun sag ich Deine Mutter / alles Falsches frei,
Und daß in ganz Lamparten / so werte Frau nicht sei.
Sie hat in ihren Tagen / jedoch ein Ding getan:
Nun sieh, wer ist Dein Vater? / Sie hatte mehr als einen Mann."

Da griff er nach dem Messer, / da griff er nach dem Schwert:
Er hätte nun die Freiheit / dem Kleinen nicht gewährt.
Er wechselte die Farbe, / man sah ihn bleich und rot.
Er sprach: „Nun sprich nicht weiter / und laß mich ohne Not."

„Ich fürchte mich gar wenig," / sprach Elberich sogleich;
„Nun hüte Deiner Treue, / biedrer König reich.
Du wechselst oft die Farbe, / so wechselst Du den Mut;
Doch ist so treu Dein Herze, / daß Deine Hand mir nichts tut.

Wie klein ich Dich dünke, / wie groß Du bist vor mir
(Du gleichst vor allen Königen / einen Riesen schier),
Wie nach des Leibes Gliedern / wir zwei so ungleich sind,
Wie groß Du Dich auch dünkest, / so bist Du doch mein Kind."

Da sprach der Lamparter: / „Nun hast Du gelogen:
Bräch ich nicht meine Treue, / und wär nicht ungezogen –
Das Herz ist mir grimmig, / gern zahlt' ich Dir den Lohn."
Er sprach aus zorngem Munde: / „Und bin ich denn Dein Sohn?"

Mit Züchten sprach der kleine: / „Du bist mein Kindelein."
„So werd auf einer Hürde / verbrannt die Mutter mein,
Daß bei ihr ein andrer / noch als mein Vater lag;
Ergreif ich sie zu Garten, / so lebt sie keinen Tag."

Mit Zorne sprach der Kleine: / „So hast Du Thorensinn:
Du bist davon nur werter, / daß ich Dein Vater bin.
Dein Heil und Deine Ehre, / die sind Dir unbekannt:
Du hast von meiner Lehre / jetzo Burgen und Land.

Da ich zum ersten Male / bei Deiner Mutter lag,
Das geschah im grünen Maien / um einen mitten Tag.
Sie weinte heiße Tränen, / als ich mich Zwangs vermaß:
Du darfst ihr drum nicht zürnen, / ohn ihren Willen geschahs.

Deinen Vater, Deine Mutter / hört ich flehn und bitten
Nach ihrer alten Weise / mit trauriglichen Sitten,
Daß ihnen Gott vom Himmel / verlieh' ein Kindelein:
Sehr bat darum Dein Vater / und die liebe Mutter Dein.

Wie lieb sich beide hatten, / so will ich Dir doch sagen,
Es mochte diesem Manne / kein Kind die Fraue tragen;
Doch kor sie keinen andern, / weil sie die Treue band.
Sie klagten stets aufs neue, / daß erblos bleib ihr Land.

Ich dacht in meinem Mute: / Stirbt ihr nun der Mann,
So wird alsbald verstoßen / die Fraue wohlgetan;
Das Reich muß ohne Erben / in großen Sorgen schweben.
Da gewann ich sie zum Weibe: / Das soll mir Gott vergeben.

An ihrem schönen Bette / sie eines Tages saß,
Nach einem Kinde weinend, / ihre Augen wurden naß.
In ihrer Kemenate / saß die Frau allein:
Wenn sie weinen wollte, / so ließ sie niemand herein.

Ich stand vor ihrem Bette, / ich hörte was sie sprach:
Bald hatt' ich sie bezwungen, / ihre Wehr war allzu schwach.
Wie sehr sie widerstrebte, / so ward sie doch mein Weib:
Denn wißt, ich habe Kräfte / für dreier Könige Leib.

Ich mag mehr bezwingen / als Du und all Dein Heer:
Kein reicher König setzte / sich wider mich zur Wehr."
Da sprach der Lamparter: / „So muß ichs übersehn:
Was ich darum ihr täte, / es ist nun doch geschehn."

Elberich und Ortnit stehen im selben Verhältnis zueinander wie Hymir und sein Sohn Tyr: der alte Sonnengott-Göttervater, der am Abend stirbt, und der junge Sonnengott-Göttervater, der der von der Jenseitsgöttin wiedergeborene alte Sonnengott-Göttervater ist.

„Nun harr eine Weile: / Behalt das Ringelein;
So will ich Dir leisten / all die Gelübde mein.
Ich will auf meine Treue / Dir keine Lüge sagen:
Ich will Dir her die Ringe / auf Deinem Schilde tragen."

So schied von ihm der Kleine / und hob sich in den Berg.
Da nahm er aus der Essen / ein wonnigliches Werk,
Lichtgoldner Panzerringe / einen neuen Schildrand voll,
Wie sie ein Held zu Nöten / im Streite tragen soll.

Der „Berg" ist ursprünglich ein Hügelgrab gewesen.
Die Schmiede-Esse bestätigt noch einmal, daß Elberich auch mit Tyr-Wieland, der auch „Alberich" genannt wurde, identisch ist.

Lauter wie ein Brunnen, / licht wie ein Spiegelglas
Schüttet' er die Ringe / vor ihn auf das Gras.
Zu dem Halsberge / einen festen Helm so licht,
So stark und so gehärtet, / ein Schwert verschnitt' ihn nicht.

Sich freute der Lamparter / der schönen Ringe sein;
Kaum mocht er sie beschauen, / so licht war ihr Schein.
Er sprach: „Es ist ein Wunder / allhier vor mir geschehn:
Ich kann vor lichtem Glanze / diese Ringe nicht besehn."

Auch das Schwert und der Schild sowie vermutlich auch der Helm des ehemaligen Sonnengott-Göttervaters Tyr leuchtete wie die Sonne.

Als er sie recht beschaute, / sie waren nicht von Stahl,
Von dickem, starkem Golde, / wohl fingersgroß zumal.
Er hatte sie betrachtet, / nun legt' er sie sich an:
Gerecht war ihm der Harnisch: / Des freute sich der Mann.

Er war von rechtem Maße, / zu kurz noch zu lang,
Zu weit noch zu enge, / daß er drin fröhlich sprang.
Am Helme das Gespänge / gab lichten goldnen Schein;
An jeglichem Ende / lag ein Karfunkelstein,

Aber mitten inne / stand ein Adamant;
Die Kette war von Golde. / Den Helm er überband.
„Gott lohne Dir die Gabe," / hub der König an.
„Sind Dir gerecht die Ringe?", / so frug der kleine Mann.

„Mir ward bei meinen Zeiten / nie so gemäße Tracht."
„Eh ich Dich je gesehen, / hatt' ich sie Dir gemacht.
Nun hab' ich wohl geziert, / Lamparter, Deinen Leib:
Willst Du, daß ich Dir diene, / so erzürne nicht das Weib.

Bei meiner Treu, erzürnst Du / darum die Mutter Dein,
So müssen voneinander / wir zwei geschieden sein."
Da sprach der Lamparter: / „Gern leist ich Dein Gebot:
Eh daß ich die erzürnte, / ich erzürnte lieber Gott.

Gott lohne meiner Mutter, / die Gaben dank ich ihr!
Auf Gnad in allen Dingen / ergeb ich nun mich Dir.
Mein Herz und mein Gemüte / soll wider Dich nicht streben;
Dein genieße meine Mutter / so lang ihr währt das Leben."

Da griff er nach dem Rosse / mit frohem Ungestüm;
Der Kleine war behende: / Den Bügel hielt er ihm.
Da sprach der Lamparter: / „Hier steh ich einen Tag,
Wenn ich Dir nicht anders / Den Dienst erwehren mag."

Das Roß zu gürten eilt' er / gar vermessentlich;
Bis daß er saß im Sattel, / der Zwerg ihm nicht entwich.
Da sprach der Lamparter: / „Den Schild nun reiche mir."
„Ich sehe," sprach der Kleine, / „Du willst nun fort von hier."

Eh er den Schild empfangen, / besah er recht das Schwert:
Er sprach: „Ich bin zum Streite / für alle Not bewehrt.
Wer mit der Rose fliehet, / wie mag der Ehre lieben?"
Er fand zu beiden Seiten / seinen Namen geschrieben.

„Rose" ist der Name des Schwertes des Ortnit.

Die Scheide war von Golde; / was die Fessel sollte sein,
War eine Seidenborte / mit Gold durchschlagen fein.
Oben am Gehilze, / wo der Knauf zu stehen pflegt,
Da war ein Karfunkel / zwei Fäuste groß eingelegt.

Er nahm den Schild zu Halse / und wollte nun hindann.
„Dich gesegne Gott im Himmel," / sprach der kleine Mann.
„Du sollst mich nicht vermeiden, / bedarfst Du künftig mein;
Du magst mich nicht verlieren, / hast Du das Ringelein."

Da ritt der Lamparter / in einen grünen Wald
Mit fröhlichem Gemüte; / seine Lust war mannigfalt.
Er sprach: „Ich bin zum Streite / für alle Not bewehrt;
Wie soll ich nun versuchen / meinen Halsberg und mein Schwert?"

Der Zwerg als Vater des Helden ist nur eine geringfügige Veränderung des ursprünglichen Motives des Sonnengott-Göttervaters, der des Abends stirbt, sich in der Nacht im Jenseits zusammen mit der Jenseitsgöttin wiederzeugt und dann am Morgen als sein eigener Sohn wiedergeboren wird. Der Vater des wiedergeborenen Göttervaters wurde zu dem jungen Helden und der Vater selber zum Zwerg im Jenseits.

Die ältere Variante dieses Themas ist die Umdeutung des toten Göttervaters in einen Riesen: Der Riese Hymir ist der Vater des ehemaligen Göttervaters Tyr, während der Riese Bör zusammen mit der Riesin Bestla den Odin und seine beiden Brüder Vili und Ve zeugte.

Innerhalb dieser mythologischen Szenerie wurde die Göttin im Jenseits als Mutter des Wiedergeborenen zu der realen Mutter des Königs/Helden umgedeutet.

Die Gaben des Zwerges Alberich/Elberich sind:

- der Ring, der das Sehen im Jenseits ermöglicht (Draupnir, Jenseitsreise-Symbol); vermutlich hat Ortnits Mutter den Ring von Elberich erhalten;

- der Unsichtbarkeits-Umhang, der letztlich das Verlassen des eigenen Körpers durch die (unsichtbare) Seele darstellt (weitere Varianten zu dem Motiv der Unsichtbarkeit finden sich in dem Kapitel „Unsichtbarkeits-Umhang" in Band 67);

- eine Rüstung und einen Helm;

- das Schwert „Rose", das die wichtigste Waffe des Tyr gewesen ist; dies ist auch die wichtigste Gabe des Göttervaters bei der Krönung eines Königs gewesen (wie z.B. das Schwert Gram, das Sigmund von Odin erhielt).

43

I 1. i) König Ortnits Meerfahrt und Tod

Dieses Lied ist die Fortsetzung des Ortnit-Liedes. Es ist hier vollständig angeführt, da der Zwerg Elberich in dem ganzen Abenteuer eine tragende Rolle spielt: Er ist der Weise, der Magier und derjenige, der sich vehement für ein menschliches und ritterliches Verhalten einsetzt.

„Getreuer Freunde Lehre / war stets in Nöten gut.“
Sich segnete der Reuße, / erschreckt war ihm der Mut.
„Wer ist, der uns die Lehre / und seine Räte beut?
Willst Du Dich nicht segnen, / reicher König Ortneit?

Von zweien ist es eines, / der Teufel oder Gott.
Sag an, bist Du geheuer, / so leist ich Dein Gebot.“
Da sprach der Lamparter: / „Es ist ein wild Gezwerg;
Ihm dient in den Landen / manch Tal und mancher Berg.“

Da sprach der Reußenkönig: / „Das sprichst Du überlaut;
Doch kann ich es nicht glauben, / ich hab es denn geschaut.“
Da sprach der Lamparter: / „Hörst Du es denn nicht?“ –
„Ich weiß nicht was es sein mag, / ich schau es denn von Angesicht.

Es mag mit Zauberlisten / ein Gespenst wohl sein.“
Willst Du es gerne schauen, / so nimm dies Ringelein,
Und stoß es an den Finger, / so wird es Dir bekannt.“
Der Reuße laut erlachte, / da er den Kleinen fand.

„Rus“ oder in der neueren Form „Reuße“ bedeutet „Ruderer“ und ist ursprünglich ein Name der Wikinger gewesen, der vor allem im Osten benutzt worden ist. Von ihm leitet sich der Name „Rußland“ ab.

Er sprach mit süßen Worten: / „Von wannen kommst Du, Kind?
O weh, daß Deine Freunde / Dir doch so ferne sind!“
„Und dünk ich Dich so kleine, / doch glaube mir fürwahr,
Ich trag auf meinem Rücken / mehr denn fünfhundert Jahr.

Folget meinem Rate, / das ist euch beiden gut:
Wer nach des Freundes Räten / und seiner Lehre tut,
Mißlingt ihm dann, so hat er / keine Schuld daran;
Es lehrt ein Freund den andern / was er von selber nicht kann.

Ein König darf auch lügen,   /   gebeut des Lebens Not;
Gefüge Rede hilfet   /   manchem vor dem Tod.
Fragt man euch um Märe   /   woher ihr kommen seid,
So sprich, Du wärst ein Kaufmann,   /   und bätest um ihr Geleit. "

Das Alter des Elberich von 500 Jahren ist eine Umdeutung des „ewigen Lebens" der Toten im Jenseits.

Der König sprach: „Wie wenig   /   der Rat mir Heil verspricht!
Ich spräche gern mit ihnen,   /   ich kann die Sprache nicht;
Sie können nicht die meine, "   /   so sprach der König reich.
„So muß ich Dich sie lehren, "   /   sprach Elberich sogleich.

Du wirst mirs immer danken: /   Hier hast Du einen Stein,
Der lehrt Dich alle Sprachen,   /   wie fremd sie immer sei'n.
Wenn Du ihn verborgen   /   trägst in Deinem Mund,
Was man zu Dir redet,   /   das ist Dir alles kund. "

Dieser Stein könnte auf die Fähigkeit der Schamanen-Priester, beim „Utiseta" mit den Toten zu sprechen, zurückgehen.

„Wie soll ich das glauben? ",   /   sprach König Ortneit,
„Daß Gott einem Steine   /   solche Kraft verleiht,
Daß man aller Völker Sprache   /   mag durch ihn vernehmen:
Du willst mich nur betrügen,   /   des solltest Du Dich schämen. "

„Schweig, " sprach der Kleine,   /   „Du strafst mich allzuviel.
Gott tut mit Steinen   /   und Kräutern was er will.
Ihm ist nichts unmöglich,   /   das glaube sicherlich,
Er wirkt alle Wunder, "   /   so sprach da Elberich.

Er ließ den Stein sich geben: /   Der galt wohl manches Pfund.
Da sprach der Lamparter: /   „Das ist ein süßer Fund. "
Da wollt ihn behalten   /   der edle König hehr,
bis die wilden Heiden   /   ihm begegneten auf dem Meer.

Als er den Stein so heimlich   /   verbarg in seinen Mund,
Er sprach: „Laß mich versuchen,   /   tu Deine Kraft mir kund. "
Da trat der Lamparter   /   hin an des Kieles Bord,
Da deucht' ihn, er vernehme   /   schon aller Leute Wort.

„Kiel" ist hier eine Umschreibung für „Schiff", die sich auch in den Liedern der nordgermanischen Skalden mehrfach findet.

Da rief der Schiffsführer: / „O weh dieser Not!
Vierzig Raubgaleeren / seh ich mit Bannern rot.
Was sie damit auch meinen, / sie steuern auf uns her:
Wer reden kann mit ihnen, / der bescheide sie der Mär."

Die wilden Heiden schifften / schnell auf der wilden See;
Laut klangen ihre Segel, / weiß wie der Schnee,
Beiderseits der Kiele; / gern sah es Ortneit.
Da rief ein wilder Heide: / „Nun saget an, wer ihr seid."

Da sprach der Lamparter: / „Ich bin ein Kaufmann,
Der reichen Kaufschatz führet / und großes Gut gewann."
Er winkte seinen Leuten, / das Volk verbarg sich da
Mit Helmen und mit Schilden, / daß man es nicht mehr sah.

Unterm Decke bargen / sich die Herren so;
Daß er die Sprache konnte, / des waren alle froh.
Das kam ihm von dem Steine, / den ihm das Kind gegeben:
Man sah den Lamparter / in vollen Freuden leben.

„Wer hieß euch so nahe / zu dieser Veste fahren?
Ihr hättet," sprach der Heide, / „davor euch sollen wahren."
„Ich will noch näher führen / mich selber und mein Gut:
Ich weiß, die Kaufschatz bringen, / daß ihr denen doch nichts tut.

Von Kerlingen bring ich / das köstliche Gewand,
Das ich zu kaufen / in welschen Landen fand.
Damit hab ich die Kiele / gefüllt und beladen:
Nun gebt mir Geleite, / und helft mir zu den Gestaden.

Das schafft diesem Lande / Frommen immerdar:
Helft mir in die Mauern, / dabei ist nicht Gefahr."
„Wer solche Schätze bringet, / der soll willkommen sein,"
Sprachen da die Städter, / und fuhren wieder hinein.

Da kam der Stadtrichter   /   an das Gestad heran.
Da fragte sie um Märe   /   der mächtige Mann.
Sie sprachen: „Herr, von Kaufschatz   /   sind ihre Kiele voll,
Sie bitten um Geleite: /   Ob man es gewähren soll?"

Er sprach: „Wer Kaufschatz führet,   /   dem tue niemand Zwang,
Das will ich gebieten   /   bei Hals und bei Strang."
So sprach der Stadtrichter: /   „Ich kann sie wohl bewahren:
Daß niemand sie beschädige,   /   will ich selbst mit ihnen fahren."

Da hieß er sich bereiten   /   eine kleine Raubgaleer,
Vierzig Posauner   /   darin oder mehr.
Eine Fahne mit dem Kreuze   /   er an den Mastbaum band,
Damit die Christen sähen,   /   sie hätten Frieden im Land.

Da rief der Schiffsführer,   /   der auf dem Mastbaum stand:
„Gehabt euch wohl, da unten: /   Es ist nun wohl bewandt:
Wir fließen mit den Kielen   /   schön in den Hafen ein:
Der Stadtmeister selber   /   will unser Geleite sein."

Da fuhr der Stadtrichter   /   vor allen Heiden her;
Viel Posaunen klangen   /   von seiner Raubgaleer.
Er brachte sie zum Hafen   /   und hieß sie willkomm sein.
Er sprach: „Wenn ihr nun wollet,   /   so fahrt in Barken herein."

Da blieb er auf dem Wasser   /   den Tag bis an die Nacht,
Bis er seine Kiele   /   zusammen all gebracht.
„Nun gib mir Rat und Lehre,   /   lieber Elberich, sogleich,
Wie wir die Stadt gewinnen,"   /   so sprach der König reich.

Die Pforte steht offen,   /   und niemand tut uns Wehr:
Wir dringen, wenn sie schlafen,   /   herein mit unserm Heer,
Und lassen sie's entgelten,   /   dass sie Heiden sind:
Wir schlagen in der Veste   /   sie zu Tod mit Weib und Kind."

Im Zorne sprach der Kleine: /   „Wer lehrte Dich die List?
So wär es gar übel,   /   daß Du ein König bist.
Willst Du ihn so erzürnen,   /   der Dich empfangen hat,
Nicht erst ihm wider sagen,   /   das wär unlöbliche Tat."

Da sprach der Lamparter: / *„Das muß man mir vertragen:*
So zornig ist der Heide, / *wer wollt ihm wider sagen?*
Ich schick ihm keinen Boten / *auf seine Gnade dar:*
Tu ich ihm was zu Leide, / *er wird es so wohl gewahr."*

„In Treuen," *sprach der Kleine,* / *„so wär die Schande Dein.*
Eh man Dich ewig schelte, / *wollt ich der Bote sein.*
Gedenke doch der Ehre; / *wie bist Du so verzagt?*
Willst Du mir es danken, / *so hab ich bald ihm wider sagt."*

Da sprach der Lamparter: / *„So wär ich immer froh.*
Ich will Dir wieder dienen, / *fügt es sich einmal so.*
Soll ich Dich hier erwarten?", / *sprach der König reich.*
„Ich komme morgen wieder." / *Da fuhr er hin sogleich.*

Da ließ alsbald ihn schauen / *das wilde Gezwerg,*
Daß er wohl Kunde hatte / *hier von Tal und Berg,*
Von jeder Burg, wie ferne / *sie bei den Heiden lag.*
Er kam gen Montabauer, / *bevor es wurde Tag.*

Er setzte bei der Mauer / *sich hin auf einen Stein:*
Da mußt er lange harren, / *bis an des Tages Schein,*
Wollt er die Botschaft werben, / *die man ihn werben bat.*
Der Heid am frühen Morgen / *ob ihm an die Zinne trat.*

Er dachte sich zu kühlen / *da oben an der Luft:*
Er hatte vor der Hitze / *geräumt der Kammer Gruft.*
Mit Züchten sprach der Kleine: / *„Wer ists, der oben steht?*
Ich bäte gern um Kunde, / *wenn er es nicht verschmäht.*

Wo ist der Herr des Hauses?" / *Da sprach er: „Das bin ich."*
Er sah nicht den Kleinen / *und fürchtete sich.*
„Was ists, das zu mir redet, / *das ich nicht sehen kann?"*
Er sprach: „Bist du der Teufel? / *Was willst Du? Sage mir an."*

„Nein," *sprach der Kleine,* / *„ein Bote kam ich her:*
Von Gott und meinem Meister / *künd ich Dir gute Mär."*
„Nach Deines Gottes Märe / *frag ich nicht fürwahr:*
Was er mag mir entbieten, / *das acht ich nicht ein Haar.*

Mich kümmert auch gar wenig / seine Bitte, sein Gebot.
Ich fürchte nur Apollen / und Machmet, meinen Gott.
Denen dien ich gerne, / sie gebieten mir allein."
Im Zorne sprach der Kleine: / „Wie lang willst Du unselig sein?

Daß Du an den nicht glaubest, / der Höh und Tiefe mißt,
Und daß Du ihn nicht fürchtest, / der allein gewaltig ist,
Der alles hat erschaffen, / und Dich ihm selber gleich.
Machmet und Apollo, / wo ist ihr Himmelreich?"

„Machmet" ist Mohammed, d.h. der Islam. „Apollo" steht hier für die alten Religionen aus dem Mittelmeerraum (außer Judentum, Christentum und Islam).

„Es sei wo es wolle," / der Heide sprach da so,
„Mich und meine Gesellen / machen sie alle froh."
Im Zorne sprach der Kleine: / „Du bist an Witz ein Kind:
Ich bin wohl selber stärker / als alle Deine Götter sind."

Da sprach der Heide wieder: / „Nun mache mir bekannt,
Was sollst Du bei mir werben, / wer hat Dich ausgesandt?"
Er sprach: Mich hat gesendet / zu Dir der Meister mein:
Einem reichen König geben / sollst Du die liebe Tochter Dein."

„O weh," rief der Heide: / „Daß ich je geboren ward!"
Vor Zorn und vor Leide / rauft' er sich den Bart.
„Nie um meine Tochter / warb ein Mann, das glaubt,
Ich ließ ihm niederschlagen / zur Stelle gleich das Haupt."

Da sprach der Kleine wieder: / „Das lassen wir nun stehn:
Es hat sich oft begeben, / was nie mehr wird geschehn.
Ich sags auf meine Treue, / gibst Du ihm nicht die Magd,
Mit Gewalt wird er sie nehmen: / Dir sei von ihm wider sagt."

Laut schrie der Heide, / mit Weinen sprach er da:
„Daß mir so große Schande / im Leben je geschah!
Nie durfte noch auf Erden / ein Mann mir wider sagen:
Daß ich es nun muß hören, / das will ich meinen Göttern klagen."

„Das glaube wahrlich, hätt ich / Dich in meiner Hand
Und wäre Dein der Himmel, ich schlüg Dich um die Wand.“
Einen Stein so ungefüge / stieß er in den Graben:
Damit wollt er zu Tode / den Kleinen geworfen haben.

Im Zorne sprach der Kleine: / „Was hilft Dir Deine Wehr?
Gib ihm Deine Tochter, / sonst nimmt sie Dir sein Heer.
Wenn Du sie ferne meinest, / so brechen sie hervor:
Er nimmt sie Dir zum Trotze / und hängt Dich auf vor dem Tor.“

So laut schrie der Heide, / es schallte Berg und Tal,
Dazu die Burg, die weite, / von seiner Stimme Schall.
Die Heiden in der Veste / erwachten von dem Schrei:
Sie kamen all verwundert / zu schauen was da sei.

Da sprach die alte Heidin: / „Du mußt von Sinnen sein.“
„Nicht doch,“ sprach der Heide, / „man begehrt die Tochter mein.
Jetzt hat mir eine Stimme / so Frevel wider sagt,
Daß ich es nicht rächen kann, / das sei Machmet geklagt.“

Die alte Heidin weinte / darüber zornesvoll:
„Nun helfet meinem Herren, / Machmet und Apoll!
Sollt ich so verlieren / mein herzliebes Kind,
Darüber müßt ich weinen, / daß meine Augen würden blind.“

Da tröstete die Heidin / der heidnische Mann:
„Von Machmet und Apollo / wird uns schon Hilfe nahn.
Du sollst Dich wohl gehaben, / liebe Herrin mein,
Ich will ihn bald bezwingen, / das sollst Du sicher sein.“

Da sandt er seine Heiden / zum Burggraben hin:
„Den sollt ihr mir stellen, / und laßt ihn nicht entfliehn.“
Da ließen sich die Heiden / nieder in den Klee:
Sie schlugen und stachen / und taten Elberich nicht weh.

Hinter des Helden Rücken / barg sich das Zwergelein:
„Gebeut nun, daß die Deinen / das Werfen lassen sein.
Vor Schlägen und vor Würfen / zu bergen weiß ich mich:
Wenn sie nach mir nun zielen, / so treffen sie, König, Dich.“

„Laßt es, " sprach der König, / „mit Wurf und mit Schlag:
Wie wollt ihr den wohl treffen, / den niemand schauen mag?
Was er nun klaffen möge, / das muß man ihm vertragen. "
Da sprach der Kleine wieder: / „Was soll ich dem König sagen?

Möge Gott mir richten / über euer Leben!
Ich will Dir nicht glauben: / Du mußt mir Briefe geben. "
„Da ich Botenbriefe / nicht übergeben mag,
Hiebei gedenke seiner!" / Da gab er ihm einen Schlag:

Die Leute hörtens alle, / so laut scholl seine Hand.
Unsinnig ward der Heide, / daß man ihn wütend band.
Niederfiel da Mutter / und Tochter zum Gebet:
Sie klagten ihre Schande / Apollen und Machmet.

Da hatte wohl geworben / die Botschaft Elberich:
Aus dem Graben hob er / zu Ortniten sich.
Wie viel sie nach ihm warfen, / so war er anderswo.
Von Ortnits Abenteuern / das dritte endigt so.

Da kam er zu den Kielen / vor Anbeginn der Nacht.
Der König sprach: „Was hast Du / für Botschaft mitgebracht? "
„Ich bringe leide Märe / von der edeln Maid:
Du gewinnst sie nimmer, / Du gewinnst sie denn mit Streit.

Sie banden ihren Vater, / so bracht ich ihn in Wut. "
Da sprach der Lamparter: / „Nun rate mir gut. "
„Gewinnen wir die Veste, / so haben wir das Land.
Ich getrau euch wohl in Barken / zu schaffen an den Strand.

Die Nacht ist jetzo finster, / die Fahne sieht man nicht;
Die Wächter auf der Mauer / sind voller Zuversicht:
Da mögen wir in Barken / gar leicht zu den Gestaden.
Sie fürchten auf dem Wasser / jetzt keinen Feindesschaden.

Wollt ihr mit Züchten schweigen / und meine List verhehlen,
So weiß ich es zu fügen, / daß wir die Barken stehlen. "
Die beiden Könige folgten / gern dem kleinen Mann:
Fünfhundert Barken Elberich / bald bei der Mauer gewann.

Die der Barken hüteten, / die wurden all betrogen:
Sie wähnte, Winde hätten / sie auf das Meer gezogen.
Sie sprachen zueinander: / „Wo nur die Barken sind?
Die Ketten brechen alle: / So entführt sie uns der Wind."

Sie sprangen aus den Kielen / in die Barken nieder;
Die leer gekommen waren, / die kamen voll herwieder.
Des Morgens früh jedweder / sein Schifflein wieder fand;
Achtzigtausend Helden / trugen sie Nachts an den Strand.

Da sprangen von den Barken / die Helden auf den Grund:
Daß sie erlöst sich sahen, / ward ihnen Freude kund.
Ortnit von Lamparten / und von Reußen Ilias,
Die sprangen miteinander / von dem Schifflein auf das Gras.

Da sprach der Lamparter: / „Nun gib uns Lehr und Rat,
Wie man dem reichen König / zerstören mag die Stadt."
„Ihr seht wohl," sprach der Kleine, / „daß die Pforte offen steht:
Wißt ihr nicht selbst zu helfen, / so kommt mein Rat zu spät."

Da sprach der Lamparter: / „Daß er mich zwier nicht mahne,
Lieber Oheim Ilias, / nimm Du die Sturmfahne:
Wem ich sie sonst beföhle, / das wär nicht wohl bewandt;
Sie komm in diesem Streite / nicht mehr aus Deiner Hand."

Da sprach der Reußenkönig: / „Das erlaß mir, König hehr:
Fünftausend schneller Helden / führt' ich mit mir hieher,
Denen ich nach Kräften / raten und helfen soll.
Eine solche Menge / bedarf ihres Herren wohl."

Da sprach der Lamparter: / „Nicht erlaß ich's Dir:
Ich habe mir zu Hilfe / Dich hergeführt mit mir.
Wir alle mögen streiten / unter einer Fahne licht:
Von allen, die uns folgten, / entweicht doch keiner nicht."

„Wohlan," sprach der Reuße: / „Gebt mir sie in die Hand!"
Eine schwere Fahne / man ihm zum Arme band,
Darauf ein Löwe glänzte / von lichtem Golde rot.
Die beiden Könge führten / manchen Helden in den Tod.

Sie standen kampfgerüstet / bevor es wurde Tag.
Laut rief ein Heide, / der auf der Mauer lag:
„Wohlauf nun, wachet alle, / ein Kaufschatz ist gekommen;
Wer zu dem Kaufe gehet, / dem wird das Leben genommen.

Er mag es wohl entgelten / mit Kind und Kindeskind:
Achtzigtausend Helden / vor der Mauer sind
In lichten Stahlringen, / weiß wie der Schnee:
Von diesem Kaufschatze / geschieht uns allen noch Weh."

Da weckt' er manchen Helden, / der noch im Schlafe lag:
Zu Leid erschien ihm heute / die Sonne wie der Tag.
Von dem Kaufschatze / ward mancher Held verlorn.
Ortneit drang in die Pforte / und blies sein Heerhorn.

Da scharten sich die Heiden, / gewaltig ward ihr Heer:
Das zog auf die Gäste / vermessen bald einher,
Wohl sechzigtausend Helden / vor einen weiten Saal,
Wo der Richter wohnte, / der ihnen allen befahl.

Den Gästen er entgegen / mit großer Menge ritt;
Gewaltig bei dem Reußen / der Lamparter stritt.
Bald maßen sich die Scharen / in angstvollem Streit.
Da rief der Reußenkönig: / „Wehr Dich, frommer Ortneit!"

Da hub sich ins Gedichte / von Reußen Ilias;
Wer Christ war oder Heide, / niemand wußte das.
Der wilden Heiden Menge / niemanden vorwärts ließ,
Bis der Reußenkönig / die Fahne vor den Pallas stieß.

Der „Pallas" ist der Rittersaal oder eine Halle.

Da drang durch die Heiden / der Degen ausersehn:
Dem mocht im Gedränge / niemand widerstehn.
Ortneit durch die Heiden / eine weite Gasse schlug;
Mit Gewalt der Reuße / die Fahne hinter ihm trug.

Da tat der Lamparter / manchem Heiden Schaden:
Sie hatten üble Gäste / geführt zu den Gestaden.
Wem der Lamparter / gab einen Schlag
Mit seines Schwertes Schneide, / wie bald der fiel und lag!

Die Heiden wichen alle / vor dem kühnen Mann:
Es wagt' ihm im Gedränge / keiner mehr zu nahn.
Manchen kühnen Heiden / schickt' er in den Tod;
Auch die Christen kamen / nicht ohne Schaden aus der Not.

„Nun lassen wir dies Streiten,“ / sprach da Elberich,
„Sonst fällt uns in den Rücken / der Heide sicherlich
Wir ließen leider hinter uns / die Pforten unbesetzt:
Die früher offen standen, / verschlossen siehst Du sie jetzt.

Magst Du das noch wenden, / Ortneit, König hehr?
Sie verbrennen uns die Kiele / und das Gut all auf dem Meer.
Das bringt Dir wenig Ehre, / dazu viel großen Schaden.
Du kämst mit Ehren nimmer / heim zu römischen Gestaden. “

Wie bald der Lamparter / einen Heiden zwang!
Der schloß ihm auf die Pforte, / durch die er bald entsprang.
Sie mußten vor ihm weichen, / so stark war seine Wehr,
Er schlug sie meist zu Tode / und ertränkte sie im Meer.

Als der Lamparter / so von dem Reußen wich,
So schwach vor den Heiden / im Streite zeigt' er sich,
Er nahm großen Schaden, / den mocht er ewig klagen:
Er verlor fünftausend Helden / und ward zu Boden geschlagen.

Da kam auf einem Rosse / der Kleine nachgeritten.
Er sprach zu dem Lamparter: / „Hier ist genug gestritten.
Nun kehre bald zurücke / und räche Deinen Zorn:
Du hast den Reußenkönig / und seine Helden verlorn. “

Da sprach der Lamparter: / „Weh, Oheim Ilias!
Nun mög es Gott erbarmen, / daß ich Dein vergaß.
Ich muß nach Deinem Tode / immer traurig sein. “
Da wandt er sich zurücke / und half ihm noch gedeihn.

Wie bald der Lamparter / den Schild zu Rücken warf!
Er nahm zu beiden Händen / die gute Waffe scharf.
Mit feindlichem Toben / er auf die Heiden schlug:
Die erst den Reußen drängten, / die ließen Raum ihm genug.

An keine Hilfe hatte / der Reuße mehr gedacht:
Mitten unter Feinden / lag er in der Schlacht.
So lang er immer mochte / hatt er sich gewehrt;
Nun ihm Ortneit kam zu Hilfe, / da blieb er unversehrt.

Der Reuße trug das Banner / noch in der einen Hand,
Das Schwert in der andern, / als er ihn liegen fand.
Er war von harten Schlägen / betäubt und ungesund:
Für tot lag er am Boden / und war doch nirgend wund.

Mit kläglicher Stimme / sprach der Reuße da,
Als er aus dem Helme / den Neffen ob ihm sah:
„Nun mög es Gott erbarmen, / dass ich jemals ward geboren!
Das Liebste, das ich hatte, / das hab ich leider verloren!“

Doch freute sich der Kühne, / daß er ihn lebend fand.
Er hob ihn von der Erde / geschwinde mit der Hand.
„Es kann solche Reise / nicht ohne Schaden sein:
Ich will ihn Dir vergüten, / getraust Du noch zu gedeihn.“

„Wie willst Du mir vergüten / was mir ist geschehn?
Fünftausend schneller Helden / sah ich zu Grunde gehn.“
Der Reuße sprach mit Jammer: / „Ich selbst genese wohl;
Doch weiß ich Unseliger / nicht was das Leben mir soll.“

„Liebes und Leides,“ / sprach der König Ortneit,
„Des muß man sich getrösten, / geht man in den Streit.
Wie viel er da verliere, / er klage nicht deswegen.
Du kannst nicht mehr streiten: / Laß mich der Fahne pflegen.“

„Nein,“ sprach der Reuße, / „die geb ich nicht von mir,
Bis die mir sind vergolten, / die mir erlagen hier.
Ich will Dir wieder helfen, / trau mir Dein Banner an:
Du siehst mich heut noch sterben / oder rächen meinen Bann.“

Spähend gegenüber / stand ihm die Heidenschaft,
Ob sie bald wieder sollten / versuchen ihre Kraft.
Da sprach der Lamparter: / „Wieder an sie müssen wir:
Diese Toten blieben / ungerochen übel hier."

Da rannten sie zusammen, / sich mischte Schar und Schar;
Von Blut mißfarbig wurden / die lichten Ringe klar.
Da mußten doch die Christen / das Heldenvolk besiegen:
Man sah viel der Toten / vor dem kühnen Reußen liegen.

Sie hatten an den Boden / der Feinde viel gebracht:
Nun bargen sich die Heiden / und mieden fernre Schlacht.
Da sprach der wilde Reuße: / „Ach ich unseliger Mann,
Daß ich meine Helden / nicht besser rächen kann!"

„Eh daß Du Dich immer / gehübst so jämmerlich,
Zeigt' ich Dir tausend Heiden," / so sprach da Elberich,
„Die sich verborgen haben: / Die Deinen rächst Du so."
Der Reuße sprach: „O gerne, / komm mit, Du machst mich froh."

Da führt' ihn der Kleine / zu einer Felsenwand,
Wo er wohl tausend Heiden / verborgen sitzen fand.
Da stieß er mit den Füßen / den Riegel von der Tür:
„Unreine Sarazenen, / ihr müsset all doch herfür!"

Sie fielen ihm zu Füßen: / „Herr, lasst uns leben:
In eures Gottes Gnade / wollen wir uns ergeben."
„Gerne," sprach der Reuße: / „Nur zahlt mir Mann für Mann:
Mit diesem Besenreise / schlag ich euch aus dem Bann.

Ich setz euch eine Buße, / die bricht man nicht geschwind:
Man soll euch liegen sehen, / wie sie erlegen sind.
Wem ich mit diesem Reise / geb einen Schlag,
Der muß zur Buße fasten / bis an den jüngsten Tag."

Mann für Mann der Heiden / er hin zu Lichte trug:
Er faßt' ihn bei dem Haare, / sein Haupt er niederschlug.
Sie mussten alle sterben, / die er darinne fand:
„Wie viel ich ihrer fände, / sie erschlüge meine Hand."

Da drang durch die Toten / der Reuße fürbaß:
Er kam an ein Gewölbe, / das voller Frauen saß.
Sie fielen ihm zu Füßen: / „Laßt uns Erbarmen schaun;
Es bringt euch wenig Ehre, / erschlagt ihr uns arme Fraun."

„Fürbaß" ist ein altes, heute ungebräuchlich geordenes Wort. „Baß" ist der Komperativ zu „wohl", so wie „besser" der Komperativ zu „gut" ist. „Baß" bedeutet „besser". „Fürbaß" bedeutet wörtlich „besser voran" im Sinne von „weiter, vorwärts".

„Gleich gilt mir alles, / Weib, Mann und Kind;
Ihr müßt mir die bezahlen, / die mir erschlagen sind."
Er nahm sie bei dem Haare, / gab ihnen auch den Tod.
Darob erzürnte Elberich / wie ihm die Milde gebot.

Im Zorne sprang der Kleine / vor die Felsenwand
Durch der Toten Haufen, / bis er den König fand.
„Dein Oheim schlägt die Frauen, / das magst Du Dich wohl schämen;
Die gerne Christen würden, / denen will er das Leben nehmen."

Wie bald der Lamparter / zu dem Reußen sprang!
„Du bist unsinnig: / Des sag ich Dir nicht Dank.
Wes zeihest Du die Frauen, / denen Du das Leben nahmst?
Du solltest doch gedenken, / daß Du auch von Frauen kamst."

„Willst Du keiner Güte / von Frauen sein gewährt,
So tu es mir zu Liebe, / stoß wieder ein Dein Schwert.
Du bist in deinem Sinne / leider gar ein Kind.
Komm mit und hilf mir taufen, / die da gerne Christen sind."

Im Zorne sprach der Reuße: / „Da bin ich nicht zu Haus:
Einen andern Pfaffen suche / Dir zu dem Taufen aus.
Die ich zum Wasser führe, / die werden ungesund,
Alle die ich taufe, / die stoß ich tief an den Grund." –

Er konnt ihm kaum erbitten, / daß er sein Schwert einstieß
Und die armen Frauen / ungemordet ließ.
Die Christen wollten werden, / taufte Herr Ortneit;
Dabei war ihm zu helfen / der kleine Elberich bereit.

Der Reuße kehrte zornig / von ihm auf das Wall:
Die sich aufgerichtet hatten, / die riß er all zu Tal,
Ob Christen oder Heiden, / er trat sie in den Mund:
Die wohl genesen wären, / die macht' er ungesund.

Elberich der Kleine / zu dem König sprach
„Wir haben vor dem Teufel / heute kein Gemach,
Er will auch den Christen / keinen Frieden geben:
Die wohl genesen möchten, / denen nimmt er das Leben."

Wie bald der Lamparter / hin zu dem Reußen sprang!
Er sprach wohl gezogen, / wie ihn die Treue zwang:
„Wes zeihtest Du die Christen, / die von Dir erstorben sind?
Du bist auf meine Treue / des übeln Teufels Kind."

Hatt er ihm den einen / Unfug jetzt benommen,
So war ihm schon ein andrer / in den Sinn gekommen.
Er lief zu dem Bethaus, / wo er die Götzen fand:
Er nahm sie bei den Beinen / und schlug sie um die Wand.

Noch sprach der Lamparter: / „Gott mag Dir Sinn bescheren!
Wie lange soll ich heute / Dir deinen Unfug wehren?
Nun treibe fort Dein Wesen / wie es Dich dünket gut;
Du willst um meinetwillen / nicht lassen Deinen Übermut."

„Nun folge mir, Lamparter," / sprach da Elberich,
„Laß uns die Toten suchen, / so gebührt es sich.
Die noch genesen möchten / unter diesem Heer,
Die senden wir in Barken / zu den Kielen auf das Meer."

Da gingen sie und suchten / die Wunden auf dem Plan
Und fanden da der Christen / wohl fünfhundert Mann,
Die noch genesen mochten: / Die sandt er auf die See.
Da tat dem Lamparter / der Jammer herzlich weh.

Da sprach zu ihm der Kleine: / „Du nahmest großen Schaden:
Hierher ward leider mancher / auf seinen Tod geladen.
Wie lange willst Du warten? / Blas dein Heerhorn:
Nun lache oder weine: / Neuntausend hast Du verlorn."

„Das lasse Gott mich büßen," / *sprach der König hehr,*
„Daß um meinetwillen / *erlag solch Christenheer.*
Es zieht sich auf den Abend, / *daß ich nicht weiter mag,*
In der Stadt muß ich verbleiben / *bis mir morgen kommt der Tag."*

„Nun sieh," *sprach er zum Reußen,* / *„was hilf mich mein Zorn?*
Wie ungefüg ich wäre, / *sie blieben doch verlorn.*
Es bringt so lange Heerfahrt / *niemand Gewinn."*
Von Ortnits Abenteuern / *ist nun das vierte hin.*

Besetzt ward die Veste; / *Nachts schuf man gute Hut.*
Was den Lamparter / *und den Reußen deuchte gut,*
Das taten gern die Heiden, / *wie sie der König bat;*
Sie ergaben ihm auf Gnade / *das Leben und auch die Stadt.*

Sie lagen ohne Sorgen / *die Nacht bis an den Tag.*
Da sprach der Lamparter: / *„In diesen Mauern mag*
Ich länger nicht verbleiben: / *Wohl auf, es ist Zeit;*
Ich muß gen Montabauer," / *sprach der König Ortneit.*

„Wohl auf, kühner Reuße, / *wir rächen unsern Zorn*
Und unser Volk. Wir haben / *hier allzu viel verlorn.*
Die Toten liegen immer / *mir in dem Herzen mein.*
Des vergeß ich nimmer, / *mir werde denn das Mägdelein."*

Die noch bei ihm waren, / *die säumten länger nicht:*
Manchen weißen Harnisch / *und viel der Helme licht,*
Der harten Stahlringe / *trugen sie zum Streit:*
Sie zogen aus der Vesten / *auf die grüne Heide breit.*

Da sprach der Lamparter: / *„Wohlauf, mein kühner Bann:*
Nun will ich erst streiten, / *da ich sie rächen kann.*
Ich muß die Burg gewinnen / *und die darinnen sind;*
Das Leben will ich lassen, / *mir werde denn das schöne Kind.*

Die mir hieher gefolgt sind, / *die ruf ich alle auf,*
Mit der Sturmfahne schreite / *Ilias vorauf,*
Sechzehntausend Helden / *zum Graben folgen ihm,*
Die Burg mag der Heide / *nicht wehren unserm Ungestüm."*

Mit Jammer sprach der Reuße: / „Ich kenne mich nicht wohl:
Wie gern ich euch wiese, / weiß nicht, wohin ich soll.
Sie führen mit mir irre / wohl auf der Straße hin;
Ich weiß auf meine Treue / selber nicht wo ich bin."

„Willst Du mir es danken," / so sprach das Gezwerg,
„So weis ich mit dem Heere / Dich über Tal und Berg
Auf des Gebirges Höhe, / wo Montabauer ragt."
„Das lohnt Dir Gott vom Himmel," / sprach der König unverzagt.

„So gib, das man Dir nachzieht, / das Roß mir unverwandt:
Die Fahne will ich führen / bis in des Königs Land.
So Dich die Leute fragen, / wer auf dem Rosse sei,
Und wer die Fahne führe, / so sprich, daß es ein Engel sei."

Da gab man dem Zwerglein / des Rosses Gewalt:
Es sprang in den Sattel, / seine Lust war mannigfalt.
Die Fahne trug es herrlich / und ritt voraus dem Heer:
So wies es die Helden / die Straße sonder Wehr.

Die Leute sprachen alle / und segneten sich:
„Edler König Ortnit, / willst Du nicht segnen Dich?
Siehst Du nicht das Wunder, / das Gott Dir hat beschert?
Was ist's, das mit der Fahne / dort auf dem Rosse fährt?"

Darob erlachten heimlich / die beiden Könge hehr:
Sie sahen ihn alleine / und anders niemand mehr.
„Es ist der Engel Gottes," / sprach König Ortneit,
„Der gen Montabauer / uns geben will Geleit.

Daran sollt ihr gedenken: / Die Todes hier verfahren,
Die führt er in den Himmel: / Drum dürft ihr euch nicht sparen."
Da waren die Lamparter / der Märe herzlich froh:
„Wir mögen gerne streiten," / sprachen alle, „ist dem so."

Da folgten sie der Fahne; / sie nahmen all sein wahr,
Und sprachen einhellig: / „Brächt er nur bald uns dar!"
Er wies die Unverzagten / zu einem weiten Feld.
Laut rief der Kleine: / „Hier schlaget auf das Gezelt."

„Willst Du die Burg erschauen, / so reit her unverzagt:
Jetzt will ich Dir zeigen, / wo Montabauer ragt.
Gib jetzt dem Reußen wieder / die Fahn in seine Hand:
Ihr seht nun wohl die Höhe / und auch die Felsenwand. "

Da nahm der starke Reuße / das Banner in die Hand;
Als sie die Burg ersahen, / sie freuten sich gesamt.
Der Reuße wollt im Zorne / nirgend Ruhe haben:
Er trug das Banner kühnlich / bis an den Burggraben.

In des Berges Halde / der Held das Banner stieß,
Wo er des Königs Leute / Herberge fassen hieß.
Da hütteten die Herren / auf das weite Feld,
Sie spannten auf den Anger / manches herrliche Gezelt,

Die ihm der reiche Heide / zu Messin gegeben;
Zwei waren Gold und Seide, / von köstlichen Geweben:
Sah man sie aufgeschlagen, / so schattete das Dach,
Daß wohl hundert Helden / darunter funden Gemach.

Von Elfenbein die Stangen, / hell wie ein Spiegelglas;
Auf jeglichem Giebel / ein Knauf von Golde saß.
Mitten auf dem Golde / lag ein Karfunkelstein,
Der im Gezelt des Königs / gab kerzenhellen Schein.

Sie hatten sich der Vesten / ein Teil zu nah gezogen:
Da wollten sie die Heiden / vertreiben mit den Bogen.
„Wir sind der Burg zu nahe, " / sprach der König reich.
„Das weiß ich wohl zu wenden, " / rief Elberich sogleich.

„Ihr sollt hier vor der Mauer / ungefährdet liegen:
Ich schaffe, daß ihr Schallen / noch heute wird verschwiegen.
Was sie auf der Mauer / Geschützes mögen haben,
Das brech ich all zu Stücken / und werf es her in den Graben. "

Da ließ er sie wohl schauen / wie listig war der Zwerg:
Er nahm vom König Urlaub / und hob sich an den Berg.
Da sucht er auf der Mauer: / Was er Geschützes fand,
Das brach er all zu Stücken / und warf es von der Felsenwand.

Da sprach von Lamparten / Ortnit der König hehr:
„Seht, wie hier all im Graben / liegt der Heiden Wehr.
Nun schlafen wir mit Freuden / bis an den Morgen früh:
Wir sind ohne Sorgen, / daß man uns viel zu Leide tu.“

Die Heiden alle riefen: / „Der Teufel ist gekommen:
Was wir zur Wehr bedurften, / das hat man uns genommen.
Du solltest diesem König / Deine Tochter gerne geben:
Wenn er Dich überwindet, / er nimmt uns allen das Leben.“

Da rief des Königs Fraue, / die gute Heidin:
„Gibst Du ihm Deine Tochter, / so hast Du klugen Sinn.
Du magst es wohl entgelten, / willst Du sie ihm versagen,
Der Suders hat gebrochen / und die Leute drin erschlagen.“

Die Faust hob der Heide / und schlug sie an den Mund:
„Und rätst Du solches wieder, / so wirst Du ungesund.“
Da sprach die alte Königin: / „Nun gebe Gott ihm Kraft,
Daß er ob uns beiden / sich noch den Sieg verschafft.“

Da rief ein wilder Heide: / „Nun nehmt euch weisen Rat,
Da unsre Burgveste / kein Geschütz mehr hat.“
Der Heide sprach: „Wir haben / noch vierzigtausend Mann:
Draußen vor dem Graben / greif ich morgen ihn an.“

Wohl vernahm der Kleine / was der König jetzt gelobt.
Er sprach zu dem Heiden: / „Herr König, wie ihr tobt!
Euch helfen nicht mehr alle, / die jetzt am Leben sind:
Er hängt Dich an die Zinnen, / gibst Du ihm nicht Dein Kind.“

„Hat Dich wieder,“ sprach der Heide, / „der Teufel her gebracht!
Was ihr zu tun gedenket, / wird nimmermehr vollbracht.
Daß ihr so nah uns kamet, / das mögt ihr Gott wohl klagen:
Bald soll meine Mauer / euer aller Häupter tragen.“

„Des sollst Du inne werden,“ / sprach Elberich sogleich:
„Ob vor der Burg nicht läge / Ortnit der König reich,
Du müßtest mir alleine / Deine Tochter geben:
Niemand kann Dich beschirmen, / ich benehme Dir das Leben.“

Mit großen Steinen warfen / sie nach der Stimme hin.
Elberich verirrte / dem König den Sinn.
Sie konnten ihn nicht treffen, / der nicht gesehen ward;
Elberich dem König / brach von dem Munde den Bart.

„Wehe,“ sprach der König, / „daß ich je geboren ward!
Er hat mir ausgebrochen / mein Haar und meinen Bart.
Daß ich es nicht mag rächen, / das will ich Machmet klagen.“
Da schied von ihm der Kleine / und ging die Märe sagen.

Da hob sich der Kleine / von der Felsenwand
Hin wieder zu dem Heere, / wo er Ortniten fand.
„Dir entbeut der üble Heide / im offnen Felde Streit.“
„Ich begehr es ja nicht anders,“ / sprach der König Ortneit.

Da schlief er in den Sorgen / die Nacht bis an den Tag.
Ortnit erwachte, / da mancher Schlafs noch pflag.
Mit mannlicher Stimme / der Lamparter rief,
Da der Reußenkönig / noch immer lag und schlief:

„Wie lange willst Du schlafen, / von Reußen Ilias?
Laß uns das Gras begießen / mit dem roten Blute naß.
Wohlauf, daß wir den Wallplatz / behaupten, es ist Zeit:
Vor den Burggraben / ruft uns der Heide zum Streit.“

Da kleideten sich alle / in lichtes Sturmgewand
Und kamen mit der Fahne / der Pforte zugerannt,
Die der starke Reuße / zu allervorderst trug.
Hei, was der Lamparter / bald der Heiden niederschlug!

Die Heiden drinnen riefen: / „Nun setzet euch zur Wehr!
Unsrer Pforte nahet / der König und sein Heer.“
Innerhalb der Mauer / ward das Lärmen groß:
Die Heiden wollten streiten, / die Pforte man erschloß.

Da drang des Kampfs begierig / zusammen Heer und Heer:
Sie wollten sich versuchen / und niemand schied sie mehr.
Da erwehrten sich die Gäste / des Wirtes unverzagt;
An die Brüste schlug sich / die kaiserliche Magd.

Das Haar glich der Seide, / das sie vom Haupte brach,
Als sie den großen Jammer / sah und das Ungemach.
Da fielen ihr die Tränen / vor Leid in den Schoß:
Sie bangte für den Vater: / Der Heere Streit war so groß.

Ihr Mund braun wie die Rosen, / wie ein Rubin so klar;
Gleich dem vollen Monde / schien ihr Augenpaar.
Sie hatte sich mit Rosen / gekränzt das schöne Haupt
Und mit edeln Perlen; / doch war ihr Trost geraubt.

Sie war von rechter Größe, / zu beiden Seiten schmal,
Gedreht wie eine Kerze / von den Armen hin zu Tal.
Nicht viel an Arm und Händen / gebrach der Königin;
Ihre Nägel waren lauter, / man sah sein Bild darin.

Ein seidenes Gebände / trug sie um ihr Haar;
Das ließ hernieder hangen / das edle Mägdlein klar.
Es fiel ihr von den Nacken / herab bis auf den Fuß
Zerrauft und verworren; / jämmerlich war ihr Gruß.

Auf dem Haupt die Krone / trug sie von Golde rot;
Elberich dem Kleinen / war zu der Jungfrau Not.
Zuoberst an der Krone / stand ein Karfunkelstein,
der warf im Königssaale / wie eine Kerze den Schein.

Ihr Hals schien durch die Zöpfe / weiß wie der Schnee;
Da tät dem kleinen Elberich / der Jungfrau Jammer weh.
Die Mutter nahm die Tochter / bei ihrer weißen Hand,
Und führte die Schöne / hin wo ihr Bethaus stand.

Da fielen sie vor Leide / nieder zum Gebet,
Sie klagten ihre Schande / Apollen und Machmet.
Gar groß war ihr Jammer / und außer maßen stark:
Sie fielen auf die Knie / gar manchmal vor dem Sarg.

Sie schlug sich und raufte, / das Mägdlein wonniglich:
Da fing ihr die Hände / der kleine Elberich.
Die minniglichen Hände / in den seinen schloß er ihr.
Die Tochter sprach zur Mutter: / „Wer ist denn hier bei mir?

Befangen hat mich eines," / sprach das Mägdelein,
„Es bringt ihm immer Schande: / Was läßt es mich nicht sein?
Was will es mich verhindern / an meinem Gebet?
Bist Du Apollo, / oder bist Du Machmet?

So sollst Du mir es sagen, / wenn Du mein Gott bist, sprich!"
Der Kleine sprach: „Vom Himmel / ein Bote bin ich."
„Wie darfst Du mich berühren / vor meinen Göttern hie?"
„Warum nicht?", sprach der Kleine: / „Ich bin viel stärker als sie."

„Nun sage, was für Botschaft / Du bringest," sprach die Magd.
Mit Züchten sprach der Kleine: / „Das ist Dir bald gesagt:
Mein Meister von den Himmeln / hat mich zu dir gesandt,
Du solltest Königin werden / über alles welsche Land."

Da sprach die Jungfrau wieder: / „Daran bist Du betrogen:
Ich bin in der Heidenschaft / erwachsen und erzogen
Und will darin ersterben: / Wo sollt ich anders sein
Als bei meinem Vater / und bei der Mutter mein!"

Da sprach der Kleine wieder: / „Die Rede frommt Dir nicht.
Du wirst Schaden nehmen / an Deinem Angesicht,
Den Du nicht überwindest / wie lange Du noch lebst,
Da Du so unerkenntlich / wider Deinen Schöpfer strebst."

Da sprach die schöne Jungfrau: / „Ich weiß nicht, wer er ist,
Der mich hat erschaffen." / Er sprach: „Der heißet Christ.
Über Erd und Himmel / herrscht er gewaltiglich
Und über alle Wesen," / so sprach da Elberich.

„Was Du magst erdenken, / das ist ihm untertan.
Willst Du den Lamparter / nicht zu Deinem Mann,
Versagst Du ihm den Willen, / so dünkst Du mich dumm:
An Händen und an Füßen / macht Dich Christ zur Strafe krumm.

Er nimmt Dir Deine Schöne / und macht dazu Dich blind.
Du sollst an ihn glauben: / Du bist ja doch sein Kind.
Von ihm hast Du die Schöne / und diese Farbe licht."
Da sprach die Jungfrau: / „Deinen Gott fürcht ich nicht."

Es mocht ihn wenig frommen, / wie er das Mägdlein bat.
Dem Streite zuzuschauen / der Zwerg aus Fenster trat,
Wer sich dort am Besten / möcht im Sturm gehaben:
Da trieben die Christen / die Heiden über den Graben.

Der Lamparter Lücken / zu beiden Seiten schlug;
Ihm nach der kühne Reuße / das Kriegsbanner trug
Bis an die Burgpforte: / Da lehnt' ers an die Wand;
Die Helden nahmen beide / die Schwerter wieder zur Hand.

Da sprach zu der Jungfrau / der Zwerg mit klugem Sinn:
„Willst Du den Streit nicht schauen, / reiche Königin?
Was Dir mein Gott gebietet, / läßt Du das nicht geschehn,
Du mußt in diesem Streite / Deinen Vater sterben sehn."

Da sprach die Jungfrau: / „Der Heiden sind doch viel." –
„Ich helfe meinen Freunden, / das ist mir nur ein Spiel."
Die Mutter und die Tochter / traten ihm beide nah:
Wohl konnte sie nicht freuen / der Streit, der da geschah.

„Siehst Du," sprach der Kleine, / „meines Gottes Zorn?
Willst Du Dich nicht bekehren, / dein Vater ist verlorn.
Du magst den Lamparter / gern kiesen Dir zum Mann.
Eh heut noch größrer Schaden / euch allen würde getan."

Da sprach die Magd in Züchten: / „Zum Manne, was ist das?
Soll ich des inne werden, / so bescheide mich fürbaß."
„Du erfährst," sprach die Mutter, / „der Männer Brauch noch wohl:
Tu was er Dich bittet, / eh Dein Vater sterben soll."

Mit Züchten sprach der Kleine: / „Gut ist ein Mann fürwahr;
Bist Du sein Weib geworden, / so wirst Du's bald gewahr.
Gewohnst Du's eine Weile / die Nacht bis an den Tag,
Du lernst ihn also lieben, / daß ihn niemand Dir verleiden mag."

„Nun sei mir's wie es wolle / lieb oder leid,
Ich will mich doch nicht kehren / an Deine Schalkheit.
Nimmer will ich leisten / Deine Bitte, Dein Gebot,
Ich seh denn, daß Du selber / stärker wärst als mein Gott.

Du bist doch wohl nimmer / so kühn noch so stark,
Daß Du meine Götter / berührst noch ihren Sarg."
Da wurden von dem Kleinen / die Särge bald erhaben,
Er schlug sie um die Mauern / und warf sie dann in den Graben.

Die „Särge" scheinen hier die Statuen der heidnischen Götter zu sein. Der Dichter dieses Liedes hatte anscheinend nur eine sehr ungenaue Vorstellung vom Islam.

„Schau," sprach der Reuße, / „der Streit ist wonniglich,
Den auf der Mauer streitet / der kleine Elberich.
Wer ihm auch helfen möge, / er hat den Streit erhaben:
Der Heiden Abgötter / liegen all im Burggraben."

Da sie sah wie sieglos / die Heiden vor ihr stritten,
Da begann die Jungfrau / den kleinen Gast zu bitten.
Sie sprach zu dem Zwerge: / „Nun schaff ihm Frieden erst:
Daß nicht mein Vater sterbe / tu ich was Du nur begehrst."

Diese erpresserische Brautwerbung erinnert sehr daran, wie Skirnir für Freyr um Gerdr geworben hat und wie Odin mit List, Gewalt und Magie um Rindr nach der Vereinigung mit Rindr gestrebt hat.

Diese Brautwerbung erinnert ebenso daran, daß König Olaf die Schweden u.a. dadurch zum Christentum bekehrt hat, daß er ihre Götterstatuen zerstört hat.

Mit Züchten sprach der Kleine: / „Das tut Dir wahrlich Not,
Willst Du Deinen Vater / erretten vor dem Tod.
Und soll ein steter Friede / zwischen uns beiden sein,
So wähle den Lamparter / und schick ihm zu Dein Ringelein.

Ich hab es ihm verheißen: / So muß es auch geschehn."
„Eh ich zum Freund ihn kiese, / zuvor laß mich ihn sehn."
„Siehst Du, der im Streite / sich so männlich hält
Und der so viel der Toten / hat vor sich nieder gefällt;

Dessen Harnisch leuchtet / vor anderm Sturmgewand
Als wär im finstern Hause / eine Kerze hell entbrannt:
Er ficht vor ihnen allen, / blutig ist sein Schwert."
„Er ist wohl," sprach die Mutter: / „Eines biedern Weibes wert."

Da sprach die Jungfrau: / „Nun bring ihm hin mein Gold,
Und sage dem Lamparter, / ich sei ihm treulich hold.
Bitt ihn, daß er weiche / von der Burg mit seinem Lehn:
Ich tu was er gebietet / meinen Vater heil zu sehn."

Der Rede ward er Kleine / gar außermaßen froh.
Sie gab ihm das Ringelein, / von dannen schied er so.
„Nun freue Dich der Märe, / König Ortneit,
Daß bald in Deinen Armen / liegt die herrliche Maid."

Der König ward getröstet, / daß er des Streits vergaß.
Da sprach der Lamparter: / „Nun sage mir fürbaß,
Was erbietet mir die Jungfrau, / die edle Königin?"
„Sie entbeut Dir holde Minne, / hier nimm ihr Ringlein hin.

Nun heiß den Reußen enden, / ihr habt genug gestritten:
Sie und ihre Mutter / lassen Dich drum bitten,
Daß Du die Veste meidest / und die Heiden lässest leben:
Sie will an Deine Gnade / ihren schönen Leib ergeben."

Da sprach der Lamparter: / „Fürwahr, das soll geschehn;
Wär ich nur so selig, / daß ich sie sollte sehn!"
Der Reuße sprach im Zorne: / „Laß es ohne Frieden sein.
Dir wird doch wohl das Mägdlein: / Laß mich zum Tor nur herein."

Mit Züchten sprach der Kleine: / „Reuße, laß Dich fragen:
Soll sie zum Freund ihn kiesen, / der den Vater ihr erschlagen?
Er mag wohl tun mit Ehren / was sich die Frau erbat:
Nomine domini Amen! / Du wirst nimmer Fechtens satt."

Da sprach der Lamparter: / „Ich will ihr nichts versagen."
Die Heiden wurden flüchtig / vor der Christen Jagen.
Sie wollten nicht mehr streiten / und schlugen zu das Tor:
Ortnit und die Seinen / blieben alle davor.

Da blies der reiche König / sein kleines Heerhorn:
Da hatt er seiner Helden / ein großes Teil verlorn:
Von dreißigtausend zählte / sechstausend noch sein Lehn;
Doch wagten die Heiden / die Christen nicht zu bestehn.

Da wandte von der Veste   /   der biedre König sich.
„Wir wollen uns verbergen,“   /   sprach da Elberich:
„In einem Wiesengrunde   /   weiß ich einen Bach,
Da kann uns niemand finden: /   So haben wir gut Gemach.“

Da nahm der Reuße wieder   /   das Banner in die Hand:
Man sah ihn traurig reiten   /   von der Felsenwand.
In eine Wildnis kehrt' er,   /   auf eine Heide breit,
Die ihm der Kleine zeigte: /   Da ruhten sie nach dem Streit.

„Wir müssen hinwieder   /   selbander,“ sprach der Zwerg:
„Ortnit, Du sollst allein   /   mit mir vor den Berg.
So getrau ich Gott vom Himmel,   /   dazu den Listen mein,
Eh wir herwieder reiten   /   wird uns das Mägdelein.

Wir kommen nicht herwieder,   /   wir haben denn gestritten.
Du sollst den Reußenkönig   /   und seine Helden bitten,
Daß sie, wenn ich rufe,   /   Dir zu Hilfe kommen:
Säumen sie sich lange,   /   so wird die Magd Dir genommen.“

Da eilten diese beiden   /   zurück zur Felsenwand:
Sie kamen unvermeldet   /   vor die Burg gerannt.
Mit Züchten sprach der Kleine: /   „Hier harre, König, mein.“
Über den Burggraben   /   klomm er mit Listen hinein.

Oben bei der Zinnen   /   erreicht' er bald sein Ziel:
Da fand er beieinander   /   der Heidinnen viel.
Da war in großem Leide   /   manch heidnisches Weib:
Sie waren bei den Toten   /   und beklagten ihren Leib.

Da saßen beieinander   /   /   die Königinnen reich;
An ihre Seite schmiegte   /   sich Elberich sogleich.
Zu der Königstochter   /   sprach leis der kleine Gast:
„Wann willst Du nun leisten   /   was Du mir versprochen hast?“

Da sprach das edle Mägdlein: /   „Wann es Dein Mund befiehlt:
Der Teufel hat den Heiden   /   hier übel mitgespielt.
Willst Du mir's nicht erlassen,   /   so gib mir Deinen Rat,
Wie ich dem Helden werde,   /   der mich so kühn erstritten hat.“

Da sprach der Kleine wieder: / „Erfüllst Du mein Gebot,
So sage deiner Mutter, / gekommen sei Dein Gott –.“
„Ich hab es wohl vernommen,“ / fiel die Heidin ein,
„Mir bangt, wenn ich ihr helfe, / mein Ende müßt es sein.“

Mit Züchten sprach der Kleine: / „Nun höret was ihr tut,
Folget meinem Rate, / das ist euch beiden gut.
Laßt das edle Mägdlein / an den Graben gehn:
Sie soll die Götter bitten, / daß sie wieder auferstehn.

Sie soll sie alle flehen, / daß sie es rächen bald
Was euch ist geschehen / von feindlicher Gewalt,
Und daß sie wieder kommen / zu ihrem Bethaus hin.“
„Der Gang sei ihr verstattet,“ / sprach die alte Königin.

Es half sie freilich wenig, / wie sie die Götter bat;
Das Mägdlein alleine / hin an den Graben trat:
Elberich der Kleine / nahm sie bei der Hand,
Er führte sie von dannen, / hin wo er Ortniten fand.

Der hatte heut im Streite / sein Schwert so oft gezogen,
Daß er müde war entschlafen / auf seinem Sattelbogen.
Er wollt ihn leise wecken; / als er ihm das vertrug
Und nicht erwachen wollte, / mit der Faust der Zwerg ihn schlug.

Er sprach: „Willst Du verschlafen / so guten Zeitvertreib?
Nun wache, Fürst, ich bringe / Dir ein schönes Weib.“
Wie erschrak er vor Freuden! / Der Schlaf verließ ihn da:
„O wohl mir nun und immer, / daß ich diesen Tag ersah!

Läg ich schon am Tode, / so würd ich noch gesund.“
Er halste sie und küßt' ihr / wohl tausendmal den Mund.
„Ich will Dir das erlauben,“ / sprach da Elberich,
„Umhalse nur und küsse / das Mägdlein minniglich;

Nur gewinne nicht zum Weibe / die junge Königin
Bis sie empfing die Taufe: / Sie ist noch Heidin.
Hebe Dich von hinnen, / das rat ich Dir, bei Zeit.“
Da sprang er in den Sattel / und hob vor sich die Maid.

Von der Burghalde / ritten sie in Hast;
Die Rosse liefen schnelle; / sie hielten nirgends Rast.
Da neckte die Heiden / der Zwerg, er war so klug:
Der Abgötter einen / in die Burg zurück er trug.

Das tat er, mit den Heiden / zu treiben seinen Spott.
Da wähnten sie, es spräche / Machmet ihr Gott:
Er rief aus dem Sarge, / es mocht ihn niemand sehn
(Die Heiden zu äffen / war das alles geschehn):

„Fallet alle nieder / und sprechet euer Gebet.
Danket der Jungfrau: / Hier komm ich heim, Machmet.
Ihr mögt alle danken / der jungen Königin rein:
Sie hat mich erflehet / und den Gesellen mein,

Daß wir nun kehren wollen / zu unsrer Felsenwand:
Seht, ich stehe wieder, / wo ich weiland stand.
Die Maid soll niemand suchen, / darum läßt sie euch bitten;
Sie wußt uns wohl zu flehen / mit trauriglichen Sitten."

Sie fielen vor die Götzen / mit manchem harten Fall
Nach ihrem alten Glauben; / in der Burg war groß der Schall.
Der Kleine sahs mit Lachen / und hob sich bald davon.
Von Ortnits Abenteuern / ist dies das fünfte schon.

Wie übeln Heiden hatt er / geäfft so säuberlich:
Da hob sich von den Zinnen / der kleine Elberich
Über Stöck und über Steine / hin wo er Ortnit fand;
Dem war sein Roß ermüdet, / also hatt er es gerannt.

Noch saß der alte Heide / versperrt in seinem Haus,
Vor Zorn und vor Grimme / rauft' er den Bart sich aus:
„Dass ich dem Lamparter / die Schande muß ertragen!"
„Tut auf," rief ein Kämmrer, / „ich will euch gute Märe sagen."

„Sag an," sprach der Heide, / „sind die Mären gut."
„Ich will eur Herz erleichtern / und euern trüben Mut:
Unsre Götter beide / sind wiederum herein;
Des hat sie erbeten / die jungen Königin rein."

Im Zorne sprach der Heide: / „Ja Herr! Wo ist mein Kind?"
„Sie ist noch vor der Pforte, / wo ihre Götter sind."
„O weh," sprach der Alte, / „wie ich unselig bin!
Wohlauf nun zu den Rossen, / meine Tochter ist dahin!"

Die da bei ihm waren, / die säumten länger nicht:
In manchen festen Panzer, / in gute Helme licht
Wurden sie gewappnet, / ihr Leib darin bewahrt:
Zwanzigtausend Heiden / in Ringen ritten geschart.

Auf schnellen Rossen setzten / sie all den Christen nach:
Das schuf dem Lamparter / bald großes Ungemach.
Der sah ihn fernher reiten / bei hellem Mondenlicht;
Sein Roß war so ermüdet, / er konnte weiter nicht.

„Nun rat uns Zwein das Beste, / lieber Elberich.
O weh, wem soll ich lassen / das Mägdlein wonniglich?
Nun müssen lichte Ringe / von Blute werden rot.
Eh ich mich von ihr schiede, / eh läg ich neben ihr tot."

Mit Züchten sprach der Kleine: / „Das hab ich nicht bedacht
Wie ich Dich weiter bringe, / Du flöhest dann mit Macht.
Doch weiß ich in der Nähe / einen ungefügen Bach:
Willst Du hinüber weichen, / wir finden jenseits Gemach."

„Weh," sprach die Königstochter, / „es ist wohl nur Dein Spott:
Wie magst Du so Dich fürchten? / Hilft Dir denn nicht Dein Gott?
Wie bin ich dem entronnen, / der mich so lang erzog?
Ist's ein Gespenst gewesen, / das mich her zu Dir betrog?"

„Doch rat ich Dir das Beste," / sprach die Königin,
„Den sollst aus allen Kräften / meinen argen Vater fliehn:
Dein Leben ist verloren, / ergreift Dich seine Hand;
Ich mag euch nicht mehr folgen, / setzt mich herab auf das Land."

Da sprach der Lamparter: / „Das tu ich nimmermehr,
Und stünd ich ganz alleine / vor Deines Vaters Heer.
Von solchen Dingen sollst Du / mir, schöne Magd, nicht sagen.
Eh ich von Dir ließe, / lieber ließ' ich mich erschlagen."

Da wies ihn hin der Kleine / wo er das Wasser fand.
Da sprang der Lamparter / vom Sattel auf das Land.
Das Roß ließ er laufen, / es war nicht hoch genug:
Die Magd er in den Armen / über das tiefe Wasser trug.

Ferne von dem Bache / setzt' er sie ans Land,
Und nahm den Schild zum Arme, / das Schwert an die Hand:
Wie viel der Feinde kamen, / er setzte sich zur Wehr;
Hinweg ritt der Kleine / und wollt ihm bringen das Heer.

Daß sie das Wasser fanden, / das kam ihm zu Statten:
Der Heiden waren wenig noch, / die es durchwatet hatten.
Bald aber kam der Heide / im Grimm mit seiner Schar;
Seine Güte nahm Urlaub, / der vergaß er ganz und gar.

Der Zwerg dem Freund zu helfen / war schnell und unverzagt:
Er hätte gern dem Reußen / die Märe gleich gesagt;
Da war ihm allzu ferne / der König mit dem Heer:
Ortnit ward bestanden / mit gar ingrimmiger Wehr.

Vom Wasser kam der Heide / gezogen mit Gewalt:
Da schlug der Lamparter / alleine Jung und Alt.
Er mußte mächtig streiten, / das erließ man ihm nicht:
Er schlug soviel, das Wasser / dämmte schier der Leichen Schicht.

Zuletzt bezwang ihn Müde / noch also langer Schlacht;
Ihm wich aus den Armen / alle Kraft und Macht.
„Ich kann nicht ferner streiten: / o weh, wo soll ich hin!
Heran von allen Seiten / seh ich die Heiden ziehn."

Da wär der Lamparter / eines Friedens gern gewährt.
Er sprach zu den Heiden: / „Nehmet hin mein Schwert,
Ich gebe mich gefangen, / laßt ihr mir das Leben:
Auf Eure Gnad und Treue / will ich das Schwert euch übergeben."

„Nein, meiner Tochter willen / geht es Dir an den Leib."
„Warum?", sprach der König, / „sie ward doch nie mein Weib."
„Alle die da leben / erretten Dich nicht mehr."
Da sprach der Lamparter: / „So setz ich noch mich zur Wehr,

Ihr sollt mein Leben gelten   /   so teur ich immer mag.“
Da sah er Leute reiten,   /   vernahm der Hufe Schlag
Da sprach der Lamparter: /   „Ich weiß nicht wie ich tu:
Von allen Seiten drängen   /   die übeln Heiden herzu.“

Sein Roß durch das Wasser   /   schwemmte mancher Held.
Zuvorderst ritt der Reuße   /   und schwang sich auf das Feld,
Wo der Lamparter   /   der Freude gar vergaß.
„Wehr Dich, Ortnit, wehr Dich,“   /   sprach von Reußen Ilias.

Da sprach der Lamparter: /   „Ich bin zu schwach zum Streit.
Ihr Helden sollt mir helfen,   /   da ihr geruhet seid.
Ich fand noch all mein Leben   /   nie größere Beschwer.
Oheim, nimm die Rose,   /   ich kann nicht streiten mehr.“

Wohl freute sich der Reuße,   /   da er die Rose fand:
Er nahm dem Lamparter   /   das Schwert aus der Hand.
Von Christen und von Heiden   /   ward der Streit noch groß.
Da fiel der Lamparter   /   der schönen Magd in den Schoß.

Die Maid auf seine Bitte   /   den Helm ihm niederband:
Einen seidnen Schleier   /   nahm sie in die Hand.
Wohl war dem edeln Fürsten   /   im Streit geworden heiß:
Sie wischt ihm von den Augen   /   den Staub und auch den Schweiß.

Als ihn der üble Heide   /   im Schoß ihr liegen sah,
Daran geschah ihm leider   /   als ihm noch je geschah:
Aller seiner Sinne   /   ward er bloß und bar,
Urlaub nahm seine Güte,   /   der vergaß er ganz und gar.

Wohl fürchtete die Tochter   /   des argen Vaters Zorn;
Da sprach wohl gezogen   /   das Mägdlein hochgeboren:
„Nun fürcht ich erst von Herzen   /   den armen Vater mein:
Siegt er in dem Streite,   /   es muß euer Ende sein.

Er sieht euch gar ungern   /   auf meinem Schoße liegen:
Er martert euch zu Tode,   /   kann er euch besiegen.“
„Ich wollt, ich wär euch näher   /   gelegen, schöne Maid:
Was mir darum geschähe,   /   das schüfe mir wenig Leid.

Uns mag noch wohl gelingen," / sprach der König hehr:
„Ihr schaut nun wohl im Leben / Suders nimmermehr.
Ich getraue Gott vom Himmel / und den edeln Helfern mein,
Ihr sollt in Lamparten / gewaltge Königin sein. "

Da sprach das schöne Mägdlein: / „Das schmerzte mich zu sehr,
Sollt ich meinen Vater / schauen nimmermehr
Und meine liebe Mutter," / sprach die stolze Maid.
„So müßt ich es entgelten; / es wär auch Machmet leid. "

Da sprach der Lamparter: / „Edle Königin,
Vater und Mutter / schlag Dir aus dem Sinn:
Die will ich Dir ersetzen: / Du sollst mir werden hold.
Du hast im Lamparten / auch Silber und rotes Gold. "

„Um Gold will ich nicht klagen," / sprach das Mägdelein,
„Doch müssen die mich reuen, / die um mich allein
Hier vor mir das Leben / so jämmerlich verloren.
Drum klag ich Apollen, / daß ich je ward geboren.

Was um meinetwillen / hier Mordes ist vollbracht,
Das erbarme Machmet! / Daß mein je ward gedacht,
Daß ich je ward geboren, / das sei Apollen leid!"
Also sprach mit Weinen / diese kaiserliche Maid.

Da sprach der Lamparter: / „Es wird nicht anders mehr:
Du sollst Dein Weinen lassen, / Königstochter hehr.
Wird aber in dem Streite / zuletzt der Sieg noch mein,
So soll der üble Heide / fürwahr genießen Dein. "

Des sprach ihm Dank von Herzen / die herrliche Magd.
Sie küßt' ihn vor Liebe, / den Fürsten unverzagt.
Da mochten doch die Christen / die Heiden nicht besiegen,
So viel man sah der Toten / vor dem kühnen Reußen liegen.

Auch hatt er von dem Heiden / große Not erlitten.
Da kam der Reußenkönig / aus dem Streit geritten.
„Bereite Dich, mein Neffe, / es ist wieder an der Zeit:
Ich kann nicht mehr fechten, / hebe Du Dich in den Streit. "

Da sprach der Lamparter: / „Fürwahr, das soll sein!
Du sollst mir Heil erflehen, / liebe Herrin mein.
Ich weiß wohl was sie wollen: / Des werden sie gewährt."
Da sprach er zu dem Reußen: / „Nun gib mir wieder mein Schwert!"

Der edle Lamparter / sprang empor zuhand:
Mit unverzagtem Mute / den Helm er überband.
Da empfing die Rose wieder / der Degen lobesam:
„Man sieht mich heut noch sterben / oder rächen meinen Bann."

Da hob sich bald der Degen / hin an die Heidenschaft:
Die er erreichte, starben / vor seiner Heldenkraft.
In dem harten Sturme / fiel mancher hin zu Tal;
Doch fielen auch die Christen / vor den Heiden ohne Zahl.

Da sprach der Lamparter: / „O weh dieser Not!
Es liegen meiner Helden / viertausend wieder tot!"
Da schlug er auf die Heiden / mit wachsendem Zorn:
Es mußten vor ihm weichen / die das Banner trugen vorn.

Da sprach zu der Jungfrau / der kleine Elberich:
„Jetzt muß dein Vater sterben, / das wisse sicherlich."
Da ward um den Vater / der Jungfrau Angst so groß,
Ihr fielen von den Augen / die Zähren in den Schoß.

„Soll mein Vater sterben, / so sei es Gott geklagt.
Doch kann ich's nicht verdenken," / so sprach die schöne Magd.
„Er mag wohl kaum genesen, / so grimmig ist sein Mut;
Auch weiß er's zu verdienen / was er ihm zu Leide tut."

Da sprach der Lamparter: / „Nun gilt es Dein Leben:
Du wolltest mir nicht Frieden / auf mein Bitten geben."
Die Heiden faßt' ein Schrecken / vor seiner Hiebe Wucht.
Sie warfen hin das Banner / und nahmen jählings die Flucht.

Man sah den Lamparter / seinen Schwäher jagen;
War nicht die Jungfrau', / so hätt er ihn erschlagen.
Sie flohn gen Montabauer / und schlossen zu das Tor;
Ortnit und die seinen, / die standen alle davor.

Da waren die Heiden / vom Streiten stumm und taub;
Die Christen aber nahmen / reichlichen Raub,
Viel der lichten Ringe, / Roß und Gewand.
Da eilte der Lamparter / hin wo er die Jungfrau fand.

Da sprach der Lamparter: / „Nun wie gehabst Du Dich,
Herrin und Freundin? / Steh auf, und küsse mich."
Sie sprach: „Das tu ich nimmer: / Erst mußt Du mir sagen
Auf Deine Treue, König: / Ist mir mein Vater erschlagen?"

„Ihr sollt mir hold sein," sprach er, / „viel minnigliche Maid.
Ich ließ euern Vater / genesen in dem Streit;
Wenn ihr nicht wart, ich hätt ihm / das Leben genommen."
Da sprach die Jungfrau wieder: / „So sei mir herzlich willkommen!"

Wie lieblich sie den König / mit Armen umschloß!
Daß noch ihr Vater lebte / war ihre Freude groß:
Sie küsste den Lamparter / an seinen roten Mund.
Da hob sich von dannen / das Heer in kurzer Stund.

Die noch genesen mochten, / die führten sie hindann.
Siecher und Gesunder / hatt er kaum tausend Mann;
Sie konnten sich in Suders / nicht schützen und bewahren:
Sie mußten mit den Frauen / wohl nach den Kielen fahren.

Da führte man sie fröhlich / in Barken auf das Meer:
Da hatt er vor den Heiden / keine Sorge mehr;
Sie mochten auf dem Wasser / vor Streit wohl sicher sein.
Elberich und der Reuße / tauften ihm das Mägdelein.

Nach christlichem Glauben / man sie ins Wasser stieß;
Auf der Burg zu Garten / Frau Sidrat man sie hieß.
Eh sie zu Lande kamen, / ward ein Weib die Maid;
Vater und Mutter / vergaß sie beide nach der Zeit.

Sie schwebten auf dem Meere / wohl gegen zwanzig Tagen
Eh sie zu Lande kamen, / so hören wir sagen.
Am zwanzigsten Morgen / kamen sie gen Messin:
Da empfing ihn wohl der Heide, / willkommen hieß er ihn.

In Garten ihm entgegen / eilte Weib und Mann,
Sie empfingen wohl die Fraue / und den Kaiser lobesam.
Auch empfing mit Ehren / seine liebe Mutter ihn;
Da ward die Königstochter / eine gekrönte Kaiserin.

Da sandte der Lamparter / Boten rings ins Land
Zu Freunden und Verwandten: / denen macht' er das bekannt,
Wer da schauen wollte / das schöne Mägdelein;
Dem milden König werd er / lieb und willkommen sein.

Da kamen bald die Besten / herbei aus allem Land.
Eine große Hochzeit / hub sich da zuhand.
Es ward an dem Hofe / das Gelag so groß,
Der Fahrenden gar mancher / dieser Hochzeit wohl genoß.

Das Hofgelage währte / bis an den neunte Tag,
Daß man an dem Hofe / großer Freude pflag.
Turnieren, Stechen, Rennen, / wes nur das Herz begehrt,
Des würden sie gerne / von dem reichen Kaiser gewährt.

An dem vierten Morgen / sprach die Kaiserin:
„In großen Freuden bringen / wir, Herr, die Tage hin
So gar ohn alle Sorgen: / Das will ich Dir gestehn;
Wo ist Dein Gott verborgen? / Wann läßt Du mich den sehn?"

Da sprach der Lamparter: / „Meinen Gott kann niemand sehn:
Wer ihn will erkennen, / muß seine Kraft erspähn.
Er gibt mir mehr des Gutes / als ich verdienen kann;
Er gab mir Gut und Ehre / und alles was ich gewann."

Sie sprach: „Lieber Herre, / mach mir ihn doch bekannt:
Eh ich Dich noch gesehn / in meines Vaters Land,
Hat er um mich geworben / wie es Dein Wille war,
Hat an den Hals geschlagen / meinen lieben Vater gar."

Da sprach der Lamparter: / „Königstochter hehr:
Das ist kein Gott gewesen, / Elberich hieß der:
Er weiß mehr der Listen / als ich Dir sagen mag."
Sie sprach: „Sollt ich den schauen, / so hätt ich fröhlichen Tag."

Da sprach der Lamparter: / „Lieber Elberich,
Laß die Königstochter / doch heute schauen Dich;
Die Ritter und die Knechte, / die laß Dich alle sehn:
Mir kann zu diesen Zeiten / wenig Lieberes geschehn."

Das wollt er ihm gewähren. / Er zeigt ihm manchen Stein,
Der aus dem lichten Golde / warf sonnenhellen Schein.
Von Rubinen und Karfunkeln / war die Krone reich genug,
Die auf seinem Haupte / der kleine Elberich trug.

Da ließ das Gezwerge / sich von den Leuten schaun;
Sie sahn es alle gerne, / die Männer und die Fraun.
Aus rotem Munde sprachen / viel schöner Frauen da:
„Ich wähne, daß keine Auge / schöner Bild noch ersah."

Da sprach die Königstochter / zu ihm gezogenlich:
„Wer half Dir bei dem Wunder, / lieber Elberich,
Da Du meine Götter / warfest in den Graben?
Wie Du das vollbrachtest, / des muß mich Wunder haben."

Mit Züchten sprach der Kleine: / „Die Kraft hab ich wohl:
Hättest Du drei Kiele / Deiner Götter voll,
Ihrer setzte Keiner / sich gegen mich zur Wehr:
Mit meinen beiden Händen / würf ich sie all ins Meer."

Da sprach die Königstochter: / „So muß ichs übersehn,
Was auch meinen Göttern / von Dir ist geschehn.
Auf der Burg zu Garten / sollst Du bei mir sein,
So vergeß ich meines Vaters / und der lieben Mutter mein."

Da sprach mit großen Züchten / der kleine Elberich:
„Dir sitzt der Lamparter / zur Seite: Sicherlich,
Es kürzt Dir wohl die Weile / die Nacht und auch den Tag,
Der Vater und Mutter / Dir gar wohl ersetzen mag."

Da trug der kleine Elberich / eine Harfe in den Saal:
Er rührte so geschwinde / die Saiten allzumal,
Und mit so süßem Tone, / daß ihm der Saal erscholl:
Die ihn sahn und hörten, / ihre Freude wurde voll.

Da sprach der reiche Kaiser: / „Ich wähl euch Frauen klar,
Die Euch zur Seite gehen / und sitzen immerdar,
Die Euch den Psalter lehren / schrieben und lesen:
So mögt ihr an der Seelen, / edle Frau, wohl genesen."

Sie sprach: „Lieber Herre, / das tut immerhin."
Christenglauben lehrte / man da die Königin:
Pfaffen und Mönche / lehrten sie Gottes Wort;
Dem heidnischen Orden / entsagte sie hinfort.

„Nun rat ich," sprach der Kleine: / „Du hast hieher geladen
So manchen fremden Waisen: / Dem ersetze seinen Schaden.
Silbers und Goldes / geb ich Dir also viel,
Reich machen kannst Du jeden, / der es von Dir nehmen will.

Dem die Freude liegen / um deinetwillen tot,
Dem sollst Du das vergüten / mit meinem Golde rot;
Die keine Kinder ließen, / gedenk an ihre Fraun."
Da mochte man getröstet / manchen Trauernden schaun.

Roß und lichte Ringe / gab der Kaiser hehr:
Froh wurde von der Gabe / der traurig war bisher.
Er gab so viel des Goldes / und also reich Gewand,
Des Königs Hofgelage / ward kund in manchem Land.

Da er seine Gabe / so mildiglich gegeben,
Da sah man die Leute / gar wonniglich leben,
Bis ihnen Urlaub gaben / Kaiser und Kaiserin.
Von Ortnits Abenteuern / ist nun das sechste hin.

I 1. j) Zusammenfassung

„Alberich" bedeuten „Alfen-König" und ist ein Titel des ehemaligen Sonnengott-Göttervaters Tyr, dem Herrn von Alfheim, das zur Zeit seiner Herrschaft bis 500 n.Chr. das Totenreich gewesen ist.

„Elberich" ist eine Variante des Zwergennamens „Alberich".

Er wurde in den Sagen zu einem Zwerg, der dem Helden, nachdem er von ihm besiegt worden war, treu diente.

Entsprechend den Jenseitsreisen des Tyr und des Odin sowie der Könige bei ihrer Krönung begegnet der Held dem Zwerg auf seiner Reise in das Hügelgrab, d.h. in das Jenseits, also bei seinem Kampf mit dem Tyr-Riesen, bei seinem Kampf mit dem Drachen und bei seiner Befreiung der Jungfrau und der anschließenden Vereinigung mit ihr (Wiederzeugung).

Als Gestalt des Tyr-Odin ist Alberich auch der Vater des Helden – der Held ist der wiedergeborene Göttervater.

Aufgrund der Jenseitsreise-Symbolik begegnet der Held dem Zwerg unter dem Weltenbaum, auf dem Weg zu dem Drachen und in ähnlichen Situationen. In dem Schatz des Alberich befand sich auch ein Zauberstab, der die Macht über die ganze Welt verlieh.

Alberich schenkt dem Helden einen Umhang, der unsichtbar macht. Dies ist eine ins Handwerkliche übertragene Deutung der Unsichtbarkeit der Seele, die bei der Jenseitsreise den physischen Körper vorübergehend verläßt. Diese Art der Übertragung findet sich oft bei dem Übergang eines Motives von der Mythe der Götter zur Sage der Königs-Helden.

Dieser Umhang wird auch „Nebel-Umhang" genannt – das „Nebelheim" ist die Unterwelt.

Eine Variante des unsichtbar machenden Umhanges ist der magische Ring, der es ermöglicht, das Unsichtbare zu sehen – dies ist die ins handwerklich-magische übertragene Fähigkeit der Seherinnen und Seher, die Welt der Geister und der Götter wahrzunehmen („Visionen"). Dieser Ring ermöglicht es seinem Träger, den Weltenbaum, also den Weg ins Jenseits zu finden und dort die Geister des Toten und die Götter zu sehen.

Weitere Gaben des Alberich sind neben dem Unsichtbarkeits-Umhang und diesem magischen Ring die Rüstung und das Schwert, das dem Schwert des ehemaligen Göttervaters Tyr entspricht.

Alberich ist ein Zwergenkönig, ein Weiser, ein Magier, ein Schalk und er tritt mit großem Nachdruck für Menschlichkeit und ritterliche Ideale ein.

I 2. Billing in der germanischen Überlieferung

Der Name dieses Zwerges aus der Sippe des Durin findet sich auch als Name eines Riesen, der den Göttervater Tyr in der Unterwelt verkörpert.

I 2. a) Der Name „Billing"

Die vier Zwergennamen „Billing", „Billung", „Bilunc" und „Bild" bedeuten „Schwert". Dieser Name leitet sich von dem altnordischen Substantiv „bildr" für „Opfermesser, schmales Messer" ab, das seinerseits von dem germanischen Substantiv „bilja" für „ Beil, Hacke, Schwert" abstammt.

„Billing" wird vermutlich ein Name für das Schwert des Gottes Tyr sein. Als Sonnengott-Göttervater ist Tyr in der Nacht und im Winter ein Gott/Riese der Unterwelt (siehe „Billing" in Band 5).

Das deutsche Wort „Bild" ist ursprünglich ein „Bildnis" bzw. „Gebilde" gewesen, also keine Gemälde, sondern eine Statue, die man mit einem „bilja" (Beil) oder mit einem „bildr" (Messer) hergestellt hat.

Es wäre auch denkbar, daß dieser Zwergenkönig als „Bildner" bezeichnet worden ist – vermutlich als der Schmied Tyr-Wieland.

I 2. b) Die Vision der Seherin

Die vier Strophen in diesem Lied, in der „Billing" und „Bild" aufgeführt werden, lauten:

Da ward Modsognir der mächtigste
Dieser Zwerge und Durin nach ihm.
Noch manche machten sie menschengleich
Von den Zwergen in der Erde, wie Durin sagte.

Nyi und Nidi, Nordri und Sudri,
Austri und Westri, Althiof, Dwalin,
Nar und Nain, Niping, Dain,
Bifur, Bafur, Bömbur, Nori;
Ann und Anarr, Ai, Miödwitnir.

Weig, Gandalf, Windalf, Thrain,
Theck und Thorin, Thror, Witr und Litr,
Nar und Nyrad; nun sind diese Zwerge,
Regin und Raswid, richtig aufgezählt.

Fili, Kili, Fundin, Nali,
Hepti, Wili, Hannar und Swior,
Billing, Bruni, Bild, Buri,
Frar, Hornbori, Frägr und Loni,
Aurwang, Jari, Eikinskjaldi.

I 2. c) Wolfdietrich

In der Sage über den Ritter Wolfdietrich tritt ein Zwerg mit dem Namen „Billunc"
auf.

Wolfdietrich wurde in Konstantinopel geboren und hatte zwei Brüder. Er erbte als
Kind von seinem früh verstorbenen Vater diese Hauptstadt des oströmischen Reiches.
Zunächst wurde er jedoch in Meran von Herzog Berchtung erzogen. Während dieser
Zeit nahmen ihm seine beiden Brüder Konstantinopel mit dem Argument ab, daß
Wolfdietrich ein uneheliches Kind sei und im Wald von den Wölfen aufgezogen
worden sei.

> Dieses Wolfs-Motiv ist vermutlich eine Erinnerung an die Ulfhedinn-
> Ekstasekrieger.

Wolfdietrich und Berchtung versuchen, als sie davon erfahren, vergeblich, Konstantinopel zurückzuerobern und müssen am Ende in die Wildnis in einen Wald fliehen.
In dem Wald kommt die auf allen Vieren laufende Riesin mit dem Namen „rauhe
Else" und verlangt von Wolfdietrich, daß er sie heiratet und verspricht ihm dafür ein
großes Reich. Er weigert sich jedoch und wird daraufhin von ihr mit einem Schlaf-
zauber belegt. Sie raubt ihm sein Schwert und sein Pferd.

> Diese Szene ist eine Sagen-Variante der Wiederzeugung im Jenseits, in der
> die Jenseitsgöttin als die gefürchtete Totenherrin Hel erscheint.
> Der Verlust von Roß und Schwert entspricht dem Zerbrechen von Tyrs
> Schwert und dem Tod seiner beiden Pferdesöhne bei seinem Eintritt in die
> Unterwelt.

Wolfdietrich such nach der Riesin und findet sie schließlich an einem Brunnen. Die rauhe Else verlangt wieder, daß Wolddietrich sie heiratet, was er wieder ablehnt und dafür diesmal von ihr mit einem Verwirrungs-Zauber belegt wird, der ein halbes Jahr lang anhält, in dem er durch die Wildnis streift.

> Dieser Brunnen wird der Eingang zur Unterwelt in der Quelle zwischen den Wurzeln der Weltesche entsprechen.
> Das halbe Jahr Verwirrung in der Wildnis ist vermutlich die Sagen-Variante der neunmonatigen Gefangenschaft des Tyr in der Unterwelt während des Winters.

Berchtung sucht vergeblich nach Wolfdietrich. Schließlich sandte Gott einen Engel, der der rauhen Else befahl, freundlich zu Wolfdietrich zu sein. Die Riesin löst den Bann, den sie über den Ritter gelegt hatte und fragt ein drittes mal, ob er sie heiraten wolle. Diesmal willigt er unter der Bedingung ein, daß sie sich vorher taufen läßt.

Daraufhin fuhren sie zusammen nach Troja, wo sich die rauhe Else, die von ihrer Stiefmutter verzaubert worden war, in dem Jungbrunnen badet und sich in eine wunderschöne Frau verwandelt und sich Siegeminne („Sieg-Liebe") nennt.

> Diese beiden Gestalten der rauhen Else entsprechen u.a. Freya und Hel oder den beiden Müttern des Tyr im Hymir-Lied: sie sind die schöne Wiedergeburts-Geliebte und die grausige Herrin der Toten.
> Der Jungbrunnen ist die Wasserunterwelt, aus der die wiedergeborene Sonne am Morgen aufsteigt – die die „verjüngte alte Sonne" ist, die am Abend zuvor gestorben und in der Wasserunterwelt versunken ist.

Wolfdietrich kämpft mit König Ortnit von Garten (Garda am Gardasee) und besiegt ihn, aber dessen Frau überzeugt die beiden, daß sie Freunde werden sollten.

> Auch König Ortnit begegnet in seiner Sage einem Zwerg, der Elberich heißt und sich als sein Vater herausstellt.

Wolfdietrich jagt im Wald einen Hirsch, mit dem der Riese Drasian ihn von seiner Frau fortgelockt hatte. Der Riese entführt daraufhin Wolfdietrichs Frau (die ehemalige rauhe Else) und hielt sie ein halbes Jahr im Wald gefangen. Der Ritter sucht sie zunächst zusammen mit seinem Freund König Ortnit, aber verläßt diesen schließlich, damit dieser in sein Reich zurückkehrt.

Drasian hält Siegeminne in einem großen Marmorstein gefangen, vor dem eine Quelle sprudelt. Wolfdietrich gelangt schließlich zu diesem Stein und wurde von dem Riesen eingeladen, ohne daß er ahnt, daß seine Frau in seiner Nähe ist.

Der „Stein" des Riesen ist ein Hügelgrab.

In dem Stein des Drasian hat der Riese Zwerge als Diener:

Da sprach der alte Drasian: / „Wir wollen schlafen gehn. "
So sprach er in Freuden; / ihm war groß Heil gescheh'n.
Die Zwerge nahmen Urlaub; / er griff sie bei der Hand.
Wie bald da Wolfdietrich / der rauen Kutte sich entwand!

Wolfdietrich erkennt, daß der Riese seine Frau gefangenhält und fordert ihn zum Zweikampf heraus. Als Drasian den Ritter zum vierten male zu Boden schlug, wollten ihn die Zwerge des Riesen töten:

Der wilden Zwerge waren / viel auf den Saal gekommen;
Sie hätten Wolfdietrichen / das Leben gern genommen:
sie warfen und schossen / auf den liegenden Mann;
Doch half ihm Gott vom Himmel, / daß er den Sieg noch gewann.

Nach dem Sieg des Ritters flohen die Zwerge:

Da der Hausherr also / erlegen war im Tod,
Von dannen flohn die Zwerge, / sie zwang dazu die Not,
Und bargen in den Winkeln / sich vor dem kühnen Mann.
Wolfdietrich und die Königin / huben bald sich hindann.

Sie sprach: „Die Zwerge haben / mir viel zu Leid getan. "
„Des sollen sie entgelten, " / sprach der kühne Mann.
Alsbald nahm Wolfdietrich / einen Feuerbrand:
Da ward in kurzer Weile / die Burg mit ihnen verbrannt.

Auf dem Heimweg treffen sie König Ortnit und berichten ihm von ihren Erlebnissen:

Das geschah vor einem Berge, / der war innen hohl;
Der wilden Leut und Zwerge / stak er übervoll.
Da zündeten sie Schwefel, / Pech dazu und Harz:
Von dem übeln Dampfe / bin ich geworden so schwarz.

Wolfdietrich und seine Frau Siegeminne leben daraufhin ein halbes Jahr in Troja. Dann starb Siegeminne.

Dieses so oft wiederkehrende „halbe Jahr" wird eine Umdeutung des Jahreszeitenzyklus sein.

Ortnits Reich wird von dem Riesen Velle und seiner Frau Rütze sowie von zwei Drachen, die zudem noch viele Junge haben, heimgesucht. König Ortnit besiegt zwar die beiden Riesen, aber wird von dem Drachen getötet.

Diese beiden Kämpfe sind nur noch sehr diffuse Entsprechungen zu den Riesen- und Drachenkämpfen aus den Mythen der Germanen.

Wolfdietrich reitet in das Morgenland und begegnet der Tochter eines muslimischen Königs, die mit ihm ihr Lager teilen will. Der Ritter verweigert ihr dies, solange sie nicht getauft ist, worauf hin ein Streit entsteht, wer den beiden den Glauben des anderen annimmt. Schließlich reitet der Ritter wieder fort.

Er kommt in das Reich des Ortnit und erschlägt den Drachen, die König Ortnit getötet hatten.

Als er in einem Wald schlief, wurde ihm sein Schwert von einem „wilden Mann" gestohlen. Als dieser jedoch Wolfdietrich erkennt, schließt er sich ihm an. Auch dieser Riese ist der Herr von einer Schar von Zwergen.

Der „Herr der Zwerge" kann auch ein Riese sein, da Tyr, der „König der Toten" in der Unterwelt sowohl als Zwerg als auch als Riese erscheint.

Siehst Du dort im Walde / den wonniglichen Berg?
Da gehorcht mir zu fünfhundert / manch wildes Gezwerg,
Und zweiundsiebzig Riesen / gar gewaltiglich:
Damit will ich Dir dienen, / wenn Du willst, Wolfdieterich."

Der Riese als Herr der Zwerge ist letztlich der Tyr-Riese als Vater der beiden Zwerge, zu denen seine beiden seine beiden Pferde-Söhne im Jenseits wurden.

Wolfdietrich rettet einen Löwen vor einem Drachen und schenkt ihn der Witwe des Königs Ortnit und heiratet sie. Sie wird von der Frau des Drachen, der ihren Mann getötet hat, geraubt, aber von ihrem Mann wieder befreit.

Danach wandern beide Richtung Heimat durch den Wald zurück. Unterwegs setzen sie sich, um auszuruhen.

"Nun stillet eure Klage, " / sprach der Weigand.
Sie setzten miteinander / sich nieder auf das Land.
Er entschlief in ihrem Schoße, / da kam ein kleiner Mann
Und stahl ihm die Fraue; / eine Tarnkappe hatt er an.

Dieser Zwerg ist offensichtlich mit Alberich identisch, der in der Nibelungensage eine Tarnkappe, d.h. einen Umhang („Cape") der unsichtbar machte, besitzt.

Durch den Wald entführte / die schöne Frau der Zwerg,
Bis wo ein schöner Brunnen / sprang aus einem Berg.
Er legt' ihr an die Kappe, / eine Wurzel in den Mund,
Und führte durch den Brunnen / sie in der Erde Grund.

Diese Wurzel hat die Königin offenbar in einen magischen Schlaf versetzt. Diese Wurzel entspricht daher Odins Schlafdorn, mit dem er u.a. die Walküre Brünhilde in einen tiefen Schlaf gebannt hat.
Auch das Tarn-Cape ist ein Symbol der Jenseitsreise – die Seele ist unsichtbar.

Als er nun erwachte / und die Frau nicht wieder fand,
Da gab er auf zu Garten / die Burg und das Land,
Das Schwert in einer Kutte / verbarg er, das ist wahr,
Und wallte nach der Frauen / wohl in das vierte Jahr.

Die Entführung der Frau in die Unterwelt und die Suche des Helden nach ihr sind in diesem Lied das Hauptmotiv.

Da kam im vierten Jahre / Wolfdieterich dahin
Gegangen zu dem Brunnen / wo die Kaiserin
War hindurch geleitet / von dem Gezwerg.
Da setzte zu dem Brunnen / sich der Held vor den Berg.

Da hatte sich nicht lange / Wolfdieterich geruht,
So kam zu einem Fenster / im Berg die Fraue gut.
Als sie bei dem Brunnen / den Getreuen sitzen sah,
Nun mögt ihr gerne hören, / wie sie sprach, die Fraue, da.

Sie sprach: „Lieber Herre / (Billunc hieß der Zwerg)
Ein irdischer Mann ist / gekommen vor den Berg.
Aus welchen Landen immer / er sei hieher gekommen,
Er weiß viel fremder Märe: / Die hätt ich gerne vernommen."

Da sprach das Gezwerge: / „Liebe Herrin mein,
Alles was Dir lieb ist, / das soll geschehen sein."
Da nahm es um die Kappe, / die Wurzel in den Mund,
Und fuhr durch den Brunnen / empor zur selbigen Stund.

Es fuhr empor geschwinde / und kam dahin zuhand,
Wo es bei dem Brunnen / den Getreuen sitzen fand.
Als es nun von ferne / Wolfdietrichen sah,
Es empfing ihn gütlich; / nun hört, wie sprach es da:

„Sei willkommen, Waller, / hier vor diesem Berg.
Ich will Dich gern bewirten," / sprach das Gezwerg.
„Und willst Du, edler Pilgrim, / heute bei mir sein,
Gern will ich mit Dir teilen / mein Brot und meinen Wein."

Sowohl „Waller" als auch „Pilgrim" bedeuten „Pilger" und im weiteren Sinne auch „Wanderer",

Wolfdietrich sprach: „So lohne / Gott vom Himmel Dir
Der Treue und der Güte, / die Du begehst an mir."
Es gab ihm um die Kappe, / eine Wurzel in den Mund,
Und führt' ihn durch den Brunnen / hinab zur selbigen Stund.

Als sich nun im Berge / Wolfdietrich umgesehn,
Da fand er in dem Berge / eine schöne Veste stehn.
In der Veste sah er / zweihundert Türme gar;
Die Mauerzinnen glänzten / wie der lichte Tag so klar.

Die Beschreibung der Burg des Zwerges Billung in der letzten Zeile könnte eine vage Erinnerung an die leuchtende Unterwelt-Halle Sindri des Tyr sein.

Das Gezwerg nahm den Fürsten / bei seiner starken Hand
Und wies ihn, wo der Degen / ein Ziergärtlein fand,
Da war ein Gesiedel / von Marmelstein bereit;
Darob stand eine Linde, / die war grün zumal und breit.

Ein „Gesiedel" ist ein Gebäude o.ä.
„Marmel" ist „Marmor".

Bei derselben Linde / stand ein ehrner Mann,
Zwei Blasbälge rührt' er, / die waren wonnesam.
Fünfhundert goldne Röhren / gingen aus dem Baum,
Und fünfhundert Vöglein / sah man sitzen in dem Raum.

Es war gar schöne Zierde, / das glaubet sicherlich.
Dahin oft Kurzweil willen / begab das Zwerglein sich.
Wenn das Bild die Bälge / rührte mit der Hand,
So sangen auf der Linde / die Vöglein allesamt.

Nun stand auf jener Seite / ein Pallas, der war weit.
Da sah man gerichtet / zu derselben Zeit
Wohl fünfhundert Tische, / das sag ich euch fürwahr,
Fünfhundert Zwerg an jedem, / sie all zu Wunsche gar.

„Pallas" („Palast") war die Bezeichnung für den Rittersaal in einer Burg
und im weiteren Sinne auch jede Art von Palast.

In demselben Pallas / stand ein goldner Mann,
Ein Gießfaß in den Händen, / das war auch wonnesam:
Das Gießfaß war so künstlich / geschaffen und so groß,
Daß dasselbe Bildnis / hundert Mannen Wasser goß.

Das viele Gold in der Halle des Zwerges Billung wird seinen Ursprung in
der goldenen Halle Gimle des Tyr haben. Eine Zwischenstufe ist das goldene,
leuchtende Sonnenschwert des Tyr, das Odin als Beleuchtung von Walhalla
benutzte, und das leuchtende Gold in der Halle des Ägir, daß ebenfalls
entweder Tyrs Sonnenschwert oder sein Sonnenschild ist.

Nach dem Mahle wurden / die Tische hingetragen.
Da sprach die Herrin: „Waller, / kannst Du mir sagen:
Weist Du Bescheid auf Garten? / Das sag mir sicherlich:
Da saß vordem ein König, / der hieß Wolfdieterich.

„Garten" ist die Stadt Garda am Gardasee, in der einst König Ortnit
herrschte und die jetzt König Wolfdietrich und seiner Frau gehörte.

89

Es sind wohl vierthalb Jahre, / wenn ichs erkennen kann,
Da hat mich ihm gestohlen / dieser kleine Man.
Doch hab ich es mit Listen / also getrieben,
Daß er meines Leibes / nie Meister ist geblieben."

Da sprach zu ihr Wolfdietrich: / „Ich hab ihn nie gesehn,
Auch nie von ihm vernommen, / das muß ich euch gestehn."
Da sprach in großem Zorne / zu ihm der kleine Mann:
„Der Rede willen ist es / um euer Leben getan."

„Wes hast Du mich zu zeihen?", / sprach Wolfdieterich.
„Ich kam zu Deinem Brunnen, / das weißt Du sicherlich;
Du ludest mich zu Hause / und gabst mir Brot und Wein:
Welcher Schuld nun weißt Du / mich armen Waller zu zeihn?"

Sie sprach: „Du sollst ihn schonen, / es ist ein armer Mann."
„Nein, Herr Wirt," versetzt' er, / „kehre Dich nicht daran.
Ich war in meinem Lande," / sprach der kühne Held,
„Wohl ein werter Ritter, / und habe manchen gefällt."

Ein Kopf stand auf dem Tische, / der war von Golde ganz;
Wolfdieterich der Treue / sah manchmal nach dem Glanz.
Er hob den Kopf vom Tische; / er war erzürnt genug,
Als er dem Wirt des Landes / ums Haupt den Becher schlug.

Der Zwerg begann zu schreien, / weit scholl es in den Tann:
„Das klag ich Gott dem Guten, / daß ich Dich zu Gast gewann!
Es muß mich immer reuen, / auf die Treue mein:
Ein beschwerlicher Pilgrim / magst Du in Wahrheit sein."

Das Gezwerg ließ seinen Harnisch / alsbald zur Stelle tragen:
Wolfdietrich ward bestanden, / das will ich euch sagen,
Von zweien wilden Riesen / in des Zwerges Bann.
Da stand in Ungnaden / der tugendreiche Mann.

Es ist ungewöhnlich, daß ein Zwerg Riesen unter seinen Dienern besitzt. Hier ist das Motiv „Tyr und seine beiden Pferde-Söhne", das sich zunächst zu „Riese mit zwei Zwergen-Dienern" weiterentwickelt hatte, zu „Zwerg mit zwei Riesen-Dienern" umgekehrt worden.

Wohl mußte mühsam streiten / der Held um sein Leben:
Das Schwert aus den Händen / geschlagen ward dem Degen.
Da stand der Held von Griechenland / wehrlos in großer Not.
Kam sie ihm nicht zu Hilfe, / so war es jetzt sein Tod.

Die Herrin legt' ihm wieder / das Schwert in seine Hand,
Und half so aus den Nöten / dem kühnen Weigand.
Sie bot ihm willig Dienste, / das stand der Frau wohl an.
Er dankt' es ihr gutlich, / der tugendreiche Mann.

Da stritt so heldenmäßig / der Degen auserkannt:
Viel der edeln Zwerge / bezwang da seine Hand.
Der Streit währt' in der Veste / bis an den dritten Tag,
Da der Wirt und sein Gesinde / vor ihm erschlagen lag.

Da ward erst von der Kaiserin / Wolfdieterich erkannt:
Sie fiel ihm zu Füßen, / die edle Frau, zuhand.
Er hob sie auf und küßte / sie lieblich auf den Mund:
Da weinte sie vor Freuden / um den unverhofften Fund.

Diese Ermordung des Zwerges und seines Gefolges durch den Helden
erinnert an die Mythen, in denen Thor den Tyr-Riesen und sein Gefolge
erschlägt.

Da nahm er seine Herrin, / an der kein Tadel lag,
Und wollte durch den Brunnen / sie führen an den Tag.
Da kam ein Gezwerge, / das war licht und schön,
Aus dem Berg gelaufen / und hieß ihn stille stehn.

Nur dieser Zwerg und Elberich aus der Ortnit-Saga werden als „schön"
beschrieben. Möglicherweise ist dies eine letzte Erinnerung daran, daß diese
Zwerge einst der Sonnengott-Göttervater bzw. seine Söhne gewesen sind.

Wolfdietrich sprach erschrocken: / „Wo will das wieder hin?
Will mich armen Waller / noch ein Heer überziehn?"
Der Zwerg fiel ihm zu Füßen / und küßt' ihm die Hand:
„Siehst Du, Wolfdietrich, / dies wonnigliche Land?

Das war mein eigen / und war mir untertan,
Bis mir es Billung / mit Untreu abgewann.
Willst Du nun Zierde schauen, / die laß ich Dich sehn:
Reichtum und Ehren / magst Du wohl mir zugestehn. "

Billung hat anscheinend die Rolle des alten Tyr-Riesen inne und der „schöne Zwerg" die Rolle des jungen, wiedergeborenen Tyr.

Er nahm ihn an die Seite / und hieß ihn mit sich gehn:
In einem Wurzgärtlein / eine Linde sah er stehn.
Sie saßen zueinander / nieder auf das Land;
Das Gezwerg hatt ein kleines / Schlüsselein in seiner Hand.

Auf schloß er ihm die Linde, / das wisset sicherlich:
Da gingen aus der Linde / zwölf Maide wonniglich
Je zwo beieinander / Hand gefügt in Hand;
An ihrem Leibe trugen / sie manch herrliches Gewand.

Die silbernen Kleider / waren reich genug;
Ein gülden Band jedwede / auf dem Haupte trug.
Da sprach das Gezwerge: / „Tugendreicher Held,
Ich will Dich schauen lassen / alles was mein Baum enthält. "

Er nahm ihn an die Seite / und bat ihn einzugehn:
Da sah er in der Linde / eine Zeder stehn.
Die Zeder in der Linde / trug allgoldnen Schein;
Daraus schenkte man den Herren / beides Morass und Wein.

„Morass" ist ein Getränk aus Maulbeeren und Kirschen.

Der Baum des Zwerges ist offenbar der Weltenbaum, der als „Glasir" („Gleißender") auch in der Edda goldene Blätter/Nadeln trägt.

Der Morass und der Wein entsprechen dem Trunk aus der Quelle des Mimir zwischen den Wurzeln des Weltenbaumes.

Der Hausherr sprach: „Ich will Dir / eine Gabe geben,
Die sollst Du mir danken / so lang Dir währt das Leben.
Ich lüge Dir nimmer, / das sollst Du glauben mir. "
„Du bist getreu, das weiß ich, / und gern vertrau ich Dir.

Des sollst Du Dank empfahen, / das will ich Dir sagen."
Da hieß das Gezwerge / ein Büchse vor sich tragen,
Und schenkte dem Herren / die Büchse zuhand.
Er sprach: „Ich will Dir melden, / wie es ist um sie bewandt.

Dreimal in dem Jahre, / Degen lobesam,
Nimmst Du aus der Büchse / gewappnet fünfzig Mann,
Und welcherlei Kleider / sie gerne wollen tragen.
Noch will ich Dir ferner / von derselben Büchse sagen:

Wenn Dich vertreiben wollen / die Herrn in Deinem Lehn,
In der Büchse findest Du / fünfhundert Ritter stehn.
Nun warte hier ein Weilchen." / Da ging es hindann
Und versperrt' ihn in der Linde / mit der Frauen wohlgetan.

Ein sehr ähnliches Motiv findet sich auch in der Saga über Thorstein Vikinsson, in der der Zwerg Sindri dem Thorstein zu Hilfe eilt, wenn er ihn ruft (siehe „Sindri" in Band 32).

Da rief es hinwieder: / „Lieber Herre mein,
Wie willst Du Dich erledigen? / Du mußt gefangen sein."
„Wes möchtest Du mich zeihen?", / sprach Wolfdieterich.
„Ich kam zu Deiner Linde, / das weißt Du sicherlich,

Im Vertraun auf Deine Güte; / was rächtest Du an mir?
Du bist getreu, das weiß ich, / und vertrauen will ich Dir."
„Wes wollt ich Dich zeihen?", / sprach das Gezwerg:
„Du bist mir zu Frommen / gekommen her in den Berg.

Meines Vaters ganzes Erbe, / die Burg und das Land,
Damit will ich Dir dienen, / Degen auserkannt."
Da bracht es in den Händen / ein kleines Hörnelein
Und sprach: „Du Getreuer, / das soll Deine Gabe sein.

Kämst Du fern ins zehnte Land, / und dräute Dir Gefahr,
So brauchst Du nur zu blasen, / das sag ich Dir fürwahr.
Denn so ist es bewendet / um dieses Hörnelein,
Ich komme Dir zu Hilfe / mit dreihundert Mannen mein."

Da sprach zu ihm Wolfdietrich: / „Kannst Du mir nicht sagen,
Von wem hast Du die Kostbarkeit? / Das möcht ich gerne fragen."
Da sprach das Gezwerge: / „Das tu ich Dir kund,
Ich will Dich des bescheiden / allhie zu dieser Stund.

Mein Vater hieß Thernück, / und war ein Gezwerg;
Ihm dienten der Genossen / zwölfhundert hier im Berg.
Von Gott hatt er drei Wünsche, / tugendreicher Degen,
Die wußt er nicht besser / denn also anzulegen:

Einen an die Linde, / den andern an das Horn,
Den dritten an die Büchse. / Nun heb ich an von vorn:
Meines Vaters ganzes Erbe, / die Burg und das Land,
Die biet ich Dir zu eigen, / edler Degen auserkannt."

  Das Horn des Zwerges ist eine Variante von seiner Büchse.
  Der Name „Thernück" lautet im Originaltext „Tarnunc" und ist eine
Bildung zu dem Adjektiv „tarni" für „heimlich". Dieser Name bezieht sich
recht sicher auf die „Tarnkappe", die eigentlich ein „Tarn-Cape", also ein
„Unsichtbarkeits-Umhang" ist und die dem Zwergenkönig Alberich gehört
(Tyr).

Der Zwerg nahm den Fürsten / bei seiner starken Hand
Und führt' ihn aus dem Berge: / Da war es wohl bewandt.
Auf eine breite Straße / kam der kühne Mann:
Da wandt er sich gen Garten / mit der Frauen wohlgetan.

  Wolfdietrich und seine Frau kehren nach Garten zurück. Dort besiegt Wolfdietrich
mit den Männern von Garten das Heer von Bern.
  Mit der Hilfe des Zwerges, den er mit dessen Horn herbeirief, erobert Wolfdietrich
sein Erbe Konstantinopel, daß ihm seine beiden Brüder geraubt hatten, als er noch ein
Kind war, zurück.

Da trafen sie zusammen / mit großer Heftigkeit;
Bis früh am andern Morgen / dauerte der Streit.
Als das ersah Wolfdietrich, / daß der Streit kein Ende nahm,
Das Horn zu Munde setzte / und blies der kühne Mann.

Zweitausend und achthundert / bracht ihm das Gezwerg,
Dem er gewonnen hatte / den wonniglichen Berg.
Als da Wolfdietrich / das Gezwerg ersah,
Er empfing es freudig; / all sein Leid verging ihm da.

Da fing seine Brüder / Wolfdietrich beidesamt:
Sie ergaben ihm in Griechenland / die Burg auch und das Land.
Sie zogen gen der Pforte: / Die ward ihm aufgetan;
Da wurde schön empfangen / der tugendreiche Mann.

I 2. d)   Zusammenfassung

Der Name „Billing/Billung/Bilunc/Bild" bedeutet „Schwert" und bezeichnet sowohl einen Riesen als auch einen Zwerg – beides war letztlich eine Umschreibung für „Totengeist", wobei die Vorfahren der Götter meistens Riesen und die Vorfahren der Menschen meistens Zwerge sind.

Der Zwerg Billing besitzt einen sehr großen Teil der Dinge, die mit dem ehemaligen Sonnengott-Göttervater Tyr verbunden gewesen sind:

- den Weltenbaum,
- den Brunnen zwischen dessen Wurzeln,
- den Göttermet aus diesem Brunnen („Wein"),
- die Vögel auf dem Baum (Seelenvögel),
- die leuchtende Burg (Tyrs leuchtende, goldene Halle),
- Gold (ursprünglich Tyrs Sonnenschwert),
- einen Hügelgrab-Stein,
- den Unsichtbarkeits-Umhang („Tarnkappe"),
- ein magisches Horn (erst Tyrs, dann Heimdalls und Odins Horn),
- einen schönen Sohn (wiedergeborener Tyr),
- zwei Diener (die beiden Pferde-Söhne des Tyr),
- das Motiv der Entführung der „schönen Frau" (Streit zischen Tyr und Loki um Freya), und
- indirekt auch das Schwert (Bedeutung des Namens „Billing").

Dieser Zwerg wurde bei der Systematisierung der Zwerge in dem Lied „Die Vision der Seherin" der Sippe des Durin zugerechnet.

I 3. Andvari in der germanischen Überlieferung

Der Zwerg Andvari tritt nur in den Texten auftritt, die über den Ringfluch berichten, der zu der Tragödie geführt hat, die u.a. im Nibelungenlied besungen wird.

I 3. a) Der Name „Andvari"

Dieser Name bedeutet „Antwortender". Er könnte zum einen wie der Zwergen-Name „Alwis" („Alleswissender") und der Odin-Name „Fiölswin" („Listenreicher") auf die Weisheit des Zwerges hinweisen. Da es jedoch auch Schwerter mit dem Namen „Antworter" gab, könnte „Antworter" auch „Verteidiger, Rächer" bedeuten.

Sowohl die Assoziation mit der Allwissenheit als auch die Verbindung mit dem Schwert weisen darauf hin, daß Andvari ein „Tyr-Zwerg", d.h. ein Zwergenkönig sein könnte.

I 3. b) Völsungen-Saga

In dieser Saga wird der Zwerg Andvari beschrieben. Diese Saga bezieht sich oft auf ältere Quellen, die sie zum Teil auch zitiert. Die Völsungen-Saga ist somit nicht die ursprüngliche Fassung der hier berichteten Ereignisse.

„Nun," sprach Regin, „gab es einen Zwerg, der Andvari genannt wurde, der immer in der Gestalt eines Hechtes in den Stromschnellen lebte, die Andvari-Stromschnellen genannt werden, und hatte dort genug Fleisch für sich selber, denn in dem Wasserfall lebten viele Fische.

Nun ging Otter wie gewohnt in diese Stromschnellen und bracht Fische an Land und legte sie nebeneinander ans Ufer. Und so kam es, daß Odin, Loki und Hönir, als sie ihres Weges gingen, zu den Andvari-Stromschnellen kamen. Otter hatte gerade einen Lachs gefangen und gegessen und schlummerte nun am Ufer. Da nahm Loki einen Stein und warf ihn auf den Otter, so daß er ihn damit tötete. Die Götter waren mit ihrer Beute sehr zufrieden und begannen dem Otter das Fell abzuziehen."

Hier wird zunächst eine Stromschnelle erwähnt, die nach Andvari benannt worden ist – sie ist vermutlich die Wasserunterwelt. Fische als Symbole der Totengeister in der Wasserunterwelt finden sich auch auf den beiden Goldhörnern von Gallehus.

Es stellt sich jedoch heraus, daß der Otter ein Mensch war, der sich in ein Tier verwandelt hatte. Hreidmar, der Vater des Otters, verlangt daher von den drei Göttern ein Wergeld für diesen Mord.

Da sandten sie Loki aus, um das Gold für sie zu sammeln. Er kam zu Ran und erhielt von ihr ihr Netz und ging damit zu den Andvari-Stromschnellen, warf das Netz vor den Hecht und der Hecht schwamm in das Netz und war gefangen.
Da sprach Loki:

„Welcher Fisch aller Fische
schwimmt kräftig in der Strömung,
aber hat nicht den Verstand vorsichtig zu sein?
Dein Haupt mußt Du auslösen,
sonst schicke ich es zur Hel:
Finde für mich die blassen Flammen des Wassers!"

„Flammen des Wassers" ist eine Umschreibung für „Gold", die sich auf die goldene Sonne in der Wasserunterwelt bezieht.

Er antwortete.
„Andvari nennt mich das Volk,
nennen meinen Vater Oinn;
durch viele Stromschnellen bin ich gezogen,
denn eine Norne des bösen Schicksals
hat mir in diesem Leben bestimmt,
durch wässrige Wege stets zu waten."

Das von einer Norne bestimmte „böse Schicksal" ist der Tod – was die Deutung der Stromschnellen als die Wasserunterwelt bestätigt.

Loki frug:
„Sage mir, Andwari, wenn Du noch länger
Unter Menschen leben willst:
Welche Strafe erhalten Menschensöhne,
Die sich mit Lügen verletzen?"

Andwari antwortete:
„Harte Strafe erhalten Menschensöhne,
Die in Wadgelmir waten.
Wer mit Unwahrheit den andern belügt,
den schmerzen sehr lange die Strafen."

Da sah Loki das Gold des Andvari.

Der Männername *„Oinn"* bedeutet „Furchtsamer" – ein recht ungewöhnlicher germanischer Name.

„Wadgelmir" ist eine Furt, über die das Wasser hinwegrauscht: „vad" bedeutet „waten, Furt" und „gel" bedeutet „gellen, lärmen, laut". Dies ist einer der Namen für den Jenseitsfluß, der ansonsten auch „Gjallar" genannt wird. „Gjallar" ist dasselbe Wort wie die Silbe „-gel-" in „Wadgelmir".

Nachdem er dem Loki das Gold gegeben hatte, hatte er nur einen Ring zurückbehalten, aber auch den nahm Loki von ihm. Da schwamm der Zwerg in eine Höhle in den Felsen und schrie, daß der Goldring und, ja, das ganze Gold das Verhängnis eines jeden Mannes sein solle, der es ab dieser Zeit besitzen wird."

Die Höhle hinter einem Wasserfall ist bei den Nordgermanen ein beliebtes Bild für den Eingang in die Unterwelt gewesen.

Dieser Fluch des Zwerges Andvari könnte durchaus ein Fluch sein, der allgemein auf dem Gold in den Hügelgräbern lag – mit „Verhängnis" ist „Tod" gemeint. Die Grabräuber fürchteten, daß die Totengeister (= Zwerge), die sie beraubten, sich an ihnen mit magischen Mitteln rächten und ihnen den Tod senden würden.

Der goldene Ring ist ursprünglich ein Bild für die Sonne und für ihren Zyklus von Tod und Wiedergeburt gewesen. Nachdem diese Symbolik nach der Absetzung des ehemaligen Sonnengott-Göttervaters Tyr undeutlich geworden war, wurde dieser mit dem Totenreich assoziierte Ring zu der Ursache des Todes umgedeutet.

Als Odin jedoch seinen Speer ergriffen hatte und Loki seine Schuhe und sie sich nicht mehr zu fürchten brauchten, sprach Loki, daß der Fluch, den Andvari ausgesprochen hatte, sich ganz und gar erfüllen solle und daß dieser Ring und dieses Gold der Tod von denen sein sollte, die sie erhielten. Und dieser Fluch hat sich dann hernach erfüllt.

Der Speer und die Flugschuhe sind die magischen Gegenstände der beiden Götter. Im Verlauf der weiteren Saga wird der Fluch des Zwerges Andvari Wirklichkeit.

I 3. c) Gylfis Vision

In „Gylfis Vision", die aus „die Vision der Seherin" zitiert, wird gesagt, daß Andvari einer der Zwerge ist, die in den Felsen wohnen:

Und diese sind auch Zwerge und wohnen im Gestein wie jene in der Erde:

Draupnir, Dolgthwari, Hör, Hugstari, Hlediolf, Gloin, Dori, Ori, Duf, <u>Andwari</u>, Hepti, Fili, Har, Siar.

Sowohl die „Felsen" als auch die „Erde" sind das Hügelgrab, das aus Felsen und Erde errichtet wird.

I 3. d) Nafna-Thulur

In den Namens-Listen am Ende der Skaldskaparmal wird *„Andvari"* als eine Heiti, d.h. als eine Ein-Wort-Umschreibung für „Fisch" angeführt.

I 3. e) Skaldskaparmal

Über den Ring-Fluch des Andvari wird auch in dem Skaldenkunst-Lehrbuch des Snorri Sturluson berichtet:

Da sandte Odin den Loki in das Land der Schwarzalfen und er kam schließlich zu dem Zwerg, der Andvari genannt wurde und der ein Fisch im Wasser war.

Loki ergriff ihn mit seiner Hand und verlangte von ihm als Lösegeld das ganze Gold, daß er in seinem Felsen hatte und als sie in den Felsen kamen, brachte der Zwerg all das Gold hervor, daß er besaß, und das war ein sehr großer Schatz.

Da verbarg der Zwerg unter seiner Hand einen kleinen Goldring: Loki sah es und gebot ihm, den Ring herzugeben. Der Zwerg bat, ihm den Ring nicht abzunehmen, weil er mit dem Ring, wenn er ihn behielte, sein Gold wieder vermehren könne. Aber Loki sagte, er solle nicht einen Pfennig übrig behalten, nahm ihm den Ring und ging hinaus.

Da sagte der Zwerg, der Ring solle jeden, der ihn besäße, das Leben kosten. Loki versetzte, das sei ihm ganz recht und es solle gehalten werden nach seiner Voraussage; er werde es aber dem schon zu wissen tun, der ihn künftig besitzen solle.

In diesen Zeilen finden sich einige weitere Hinweise auf das Wesen des Zwerges Andvari:

> - Er lebt im Reich der Schwarzalfen, d.h. er ist ein Zwerg in dem Jenseits unter der Erde. Als Fisch ist er vermutlich ein Totengeist in der Wasserunter-

welt.

- Der „Felsen" des Zwerges wird sein Hügelgrab sein, da diese Gräber in den Sagas oft als „Fels" umschrieben werden.
- Das „Gold in dem Fels" sind die Grabbeigaben in dem Hügelgrab.
- Der wichtigste Schatz eines Toten war der Goldring, da er die Jenseitsreise und die Wiedergeburt („Sonnenaufgang") symbolisierten. Dieser Ring war daher der zentrale Teil eines Grabschatzes.
- Die Fähigkeit des Ringes, sich selbst zu vermehren, zeigt, daß es sich um Odins Draupnir handelt, der zuvor dem ehemaligen Göttervater Tyr (Andvari) gehört hat.

I 3. f)   Das andere Lied über Sigurd Fafnir-Töter

Der Ring-Fluch findet sich auch in der Lieder-Edda:

Loki sah all das Gold, das Andvari besaß. Aber als dieser das Gold entrichtet hatte, hielt er einen Ring zurück. Loki nahm ihm auch den hinweg.
Da ging der Zwerg in den Stein und sprach:

„Nun soll das Gold, das Gust hatte,
Zweien Brüdern das Ende bringen
Und der Edelinge acht verderben:
Mein Gold soll keinem zu Gute kommen."

Zu „Gust" siehe das nächste Kapitel in diesem Buch.

I 3. g)   Zwergen-Namen

In dem Lied „Dwerga-Heiti" („Zwergen-Namen"), dessen Verfasser unbekannt ist, wird Andvari ohne nähere Beschreibung aufgelistet:

Althiofr, Austri,
Aurwangr und Dufr,
Ai, Andvari,
Onn und Draupnir,

Dori und Dagfinnr,
Dulinn und Onarr,
Alfr und Dellingr,
Oinn und Durnir.

I 3. h) Fiölswin-Lied

Möglicherweise ist der Zwerg Andvari mit dem Gott Atward identisch, der dem Fiölswin-Lied zufolge zusammen mit elf weiteren Göttern den Wall rings um die Jenseits-Festung der Freya-Menglöd errichtet hat (siehe „Atward" in Band 20).

Windkald:
„Sage mir, Fiölswin, was ich Dich fragen will
Und zu wissen wünsche:
Wer hat gebildet, was vor der Brüstung ist
Unter den Asensöhnen?"

Fiölswin:
„Uni und In, Bari und Ori,
Warr und Wegdrasil,
Dori und Uri, Delling und <u>Atward</u>,
Lidskialf und Loki."

I 3. i) Zusammenfassung

„Andvari" bedeutet „Antworter" – vermutlich im Sinne von „Weiser", vielleicht jedoch auch im Sinne von „Rächer".

Der Zwerg lebt als Hecht in einer Stromschnelle, d.h. er ist ein Totengeist in der Wasserunterwelt. Dorthin wurde er durch den Schicksalsspruch einer Norne verbannt, d.h. er kam dorthin, als er starb. Die Deutung der Stromschnelle als Wasserunterwelt wird auch dadurch bestätigt, daß Loki den Hecht mit dem Netz der Ran fängt, die die Totengöttin in der Wasserunterwelt ist.

Andvari besitzt einen Schatz in einem Felsen – dies sind die Grabbeigaben in seinem Hügelgrab. Der wichtigste Teil seines Schatzes ist der Ring, der sich selbst vermehrt: Draupnir. Dieser Ring gehörte zunächst Tyr und später dann Odin.

Draupnir ist das Symbol der Sonne und das Symbol der morgendlichen Wiedergeburt der Sonne.

Ursprünglich war dieser Ring somit ein Symbol der erfolgreichen Jenseitsreise und Wiedergeburt – „wie die Sonne am Morgen". Später wurde diese Hilfe im Jenseits zur Todesursache umgedeutet, sodaß der „Ringfluch" des Andvari entstand. Nebenher war dies auch eine Möglichkeit, den um 500 n.Chr. entthronten Tyr-Andvari zu einer gefürchteten Gestalt zu machen – was die Herrschaft des Thor und des Odin absicherte. Auch die christlichen Missionare verwendeten dieses Verfahren, indem sie alle germanischen Götter zu „Teufeln" umdeuteten.

Loki ist in dieser Mythe der Handelnde: Er tötet den Otter, der die Beschaffung des Lösegeldes erfordert; er beschafft das Lösegeld und er bestätigt den Fluch des Andvari. Die Rolle des Loki liegt darin begründet, daß er der Gegner des Tyr ist: Tyr ist das Diesseits und der Sommer, Loki ist das Jenseits und der Winter. Diese Geschichte festigt zwar die Position des Thor und des Odin gegenüber Tyr-Andvari, aber der Handelnde ist wie in den alten, Tyr-zentrierten Mythen Loki, der in Odin und Thor durch deren Streben nach der Macht in Asgard Verbündete gegen Tyr gefunden hat.

Die Benennung des Vaters des Andvari als „Oinn", d.h. als „Furchtsamer" ist möglicherweise ein kleiner Seitenhieb auf Andvari, der dadurch noch einmal herabgesetzt werden soll.

I 4.   Gust in der germanischen Überlieferung

I 4. a)   Der Name „Gust"

Der Name „Gust" bedeutet „kalter Windstoß, Dampf, Rauch". Dieses Wort hat sich im Englischen unverändert erhalten: „gust" für „Böe, Windstoß".

Evtl. ist „Gust" mit dem Namen „Gusir" des Tyr-Riesen in der Ketil-Saga identisch. Der Name könnte jedoch auch „Stöhnender, Seufzender" oder „Ausbrechender, Hervorströmender" bedeuten. Die letztere dieser beiden Möglichkeiten könnte sich möglicherweise auf den Sonnenaufgang beziehen.

I 4. b)   Das andere Lied über Sigurd Fafnir-Töter

Gust wird nur an einer einzigen Stelle deutlich als Zwerg geschildert:

Loki sah all das Gold, das Andwari besaß. Aber als dieser das Gold entrichtet hatte, hielt er einen Ring zurück. Loki nahm ihm auch den hinweg.
Da ging der Zwerg in den Stein und sprach:

„ Nun soll das Gold, das Gust hatte,
Zweien Brüdern das Ende bringen
Und der Edelinge acht verderben:
Mein Gold soll keinem zu Gute kommen. "

Die auch in vielen Zwergenbeschreibungen in den Sagas vorkommende Formulierung „in den Stein gehen" bedeutet „in das Hügelgrab gehen".

„Gust" („Windböe") könnte der Name eines früheren Besitzers des Schatzes oder auch auch ein Name des Andvari selber sein.

Dieser „windige Name" erinnert daran, daß Loki durch seine magischen Schuhe in der Lage ist, durch die Luft zu laufen, aber Loki als Vorbesitzer dieses Ringes gibt nur dann Sinn, wenn man von einem zyklischen Vorgang ausgeht und Tyr und Loki den Ring abwechselnd besitzen – was ja aufgrund der Jahreszeitenmythe, bei der Tyr und Loki einen endlosen Kampf miteinander führen, auch der Fall ist.

Es ist allerdings keineswegs sicher, daß mit „Gust" Loki gemeint ist, da die Formulierung „das Gold, das Gust hatte" sich durchaus auch auf Andvari selber beziehen kann, der hier von sich selber in der 3. Person spricht. Die beiden noch folgenden Texte sprechen dafür, daß Andvari mit „Gust" sich selber meint.

Die „zwei Brüder" in dem Ring-Fluch könnten Regin und Fafnir sein, die in dieser Mythe sterben, aber es wäre auch denkbar, daß dieser Vers schon älter ist und sich auf den Sommergott Tyr und den Wintergott Loki bezieht, die abwechselnd ihre Freiheit und ihr Leben verlieren und in das Jenseits reisen müssen.

Die „8" erinnert daran, daß jede neunte Nacht acht identische Ringe von Odins Ring Draupnir abtröpfeln. Die „8" war in der germanischen Mythologie die Zahl der Vollkommenheit – eine Qualität, die vor allem die Sonne besaß. Die „acht Edlinge" werden vermutlich Sigurd, Högni, Gunnar, Atli, Erp, Jörmunrek, Hamdir und Sörli sein, die im Verlauf der Saga aufgrund des Ring-Fluchs sterben.

I 4. c)   Die Saga über Thorstein Hausmacht

In dieser Saga kommt es zu einem Kampf in der Halle des Tyr-Riesen Geirröd, der hier als König erscheint. Dieser Streit zwischen den Reisegefährten, zu denen Thorstein gehört, und den Männern des Geirröd ist eine Umformung des Kampfes zwischen Thor und Tyr-Geirröd in Geirröds Halle (siehe den Band 17 über „Thor", „Geirröd" in Band 5 oder „Die Saga über Thorstein Haus-Macht" in Band 79).

In dieser Saga ist Gustar einer der Männer des Tyr-Geirröd. Da auch die anderen Männer des Königs Geirröd umgedeutete mythologische Gestalten sind, ist es gut denkbar, daß auch Gustar hier kein zufälliger Name ist.

Das an „Gust" angehängte „-ar" ist eine Nominativ-Endung.

Sie waren neidisch auf Godmund. Jokull griff einen Stierknochen und warf ihn auf Godmunds Männer.

Thorstein sah dies und ergriff ihn im Flug und warf ihn zurück und er traf Gustar mitten im Gesicht, sodaß seine Nase brach und ihm alle Zähne ausgeschlagen wurden und er ohnmächtig niederfiel.

V 4. d)   Galdrbok: „Zauberspruch um einen Dieb zu finden"

Das „Galdrbok" („Zaubergesang-Buch"), aus dem dieser Zauberspruch stammt, wurde um ca. 1600 n.Chr. in Island verfaßt.

Im Falle eines Diebstahls solltest Du diese Runen auf den Boden eines Tellers aus Eschenholz ritzen, Wasser hineinfüllen und millefolium in das Wasser streuen und sagen:

„Ich befehle bei der Macht der Kräuter und bei der großen Macht dieser Stäbe, daß der Schatten dessen, der es fortgenommen hat, in dem Wasser erscheint!"

Dann muß der Name dieser Person auf eine Fischkieme geschrieben werden, wobei der „Jötun-Zauber" verwendet werden muß. Trage diese dann bei Dir und sprich:

„Gusta und alle Götter und Göttinnen, die vom Anbeginn des Himmels an in Walhalla leben und gelebt haben: Ihr müßt mir helfen, damit ich in dieser Angelegenheit Erfolg haben werde!"

Stab = Rune = Symbol

Esche: Die Esche ist der Weltenbaum und daher eine Verbindung zum Jenseits, aus dem die Antwort erwartet wird.

„millefolium": Die Schafgarbe ist eine Orakel-Pflanze gewesen – nicht nur im chinesischen I Ging.

Schatten = Seele, Astralleib, Abbild => Vision, Hellsehen

Der „Jötun-Zauber" ist leider nicht bekannt. (Jötun = Riese)

Fisch = Verbindung zur Wasserunterwelt?

Gusta = vermutlich derselbe Gott wie „Gust", d.h. wie Tyr-Andvari

Die Formulierung „Gusta und alle Götter und Göttinnen" zeigt, daß Gusta entweder ein Gott sein muß, in dessen Aufgabenbereich die Suche nach Dieben fällt, oder daß er (was deutlich wahrscheinlicher ist) einst der Göttervater Tyr gewesen ist.

I 4. d) Zusammenfassung

Der Name „Gust, Gusta, Gustar" bedeutet „kalter Windstoß". Der Tyr-Zwerg Andvari bezeichnet sich selber mit diesem Namen.

In einem Zauberspruch erscheint „Gusta" als Name der wichtigsten Gottheit, d.h. sehr wahrscheinlich als Name des ehemaligen Göttervaters Tyr.

I 5. Oinn in der germanischen Überlieferung

Oinn ist ein kaum bekannter Zwerg. Er könnte evtl. mit den Zwergen „Onn", „Ann" und „Annar" identisch sein.

I 5. a) Der Name „Oinn"

Sein Name bedeutet „Furchtsamer". Falls „Oinn" mit „Onn", „Ann" und „Annar" identisch sein sollte, würde sein Name „der Andere, der Zweite" bedeuten.

Der Name „Ann" könnte sich auch von der Präposition „ann" ableiten, die „gegen, anders, anti" bedeutet. „Ann" wäre dann der „Gegner".

Der Name dieses Zwerges könnte jedoch auch eine Bildung zu dem Wort „an" für „ohne" sein. Dann hätte „Ann" die Bedeutung „der, dem es an etwas mangelt".

Da die Zwerge Namen mit erwünschten Qualitäten haben, wird wohl eher „Gegner" im Sinne von „Krieger" gemeint sein.

Schließlich wäre als Wurzel dieses Namens auch noch das Substantiv „önn" für „Arbeit, fleißige Tätigkeit" denkbar.

I 5. b) Zwergen-Namen

In dem Lied „Dwerga-Heiti" („Zwergen-Namen"), dessen Verfasser unbekannt ist, wird Oinn ohne nähere Beschreibung als „Onn" aufgelistet:

Althiofr, Austri,
Aurwangr und Dufr,
Ai, Andvari,
Onn und Draupnir,
Dori und Dagfinnr,
Dulinn und Onarr,
Alfr und Dellingr,
Oinn und Durnir.

I 5. c) Völsungen-Saga / Das andere Lied über Sigurd Fafnir-Töter

Die folgende Strophe findet sich in beiden Texten – der Verfasser der Völsungen-Saga hat sie dem Fafnir-Lied entnommen.

Andwari, der Hecht (Tyr):
„Andwari heiß ich, Oïn hieß mein Vater;
Durch manchen Flußfall fuhr ich.
Früh fügte mir eine feindliche Norne,
Ich sollt im Wasser waten. "

Da der Zwerg Andvari der Gott Tyr in der Unterwelt ist, ist auch sein Vater Oïn der ehemalige Sonnengott-Göttervater Tyr.

I 5. d) Die Vision der Seherin

Die vier Strophen in „Die Vision der Seherin", in denen „Ann" und „Annar" aufgeführt wird, lauten:

Da ward Modsognir der mächtigste
Dieser Zwerge und Durin nach ihm.
Noch manche machten sie menschengleich
Von den Zwergen in der Erde, wie Durin sagte.

Nyi und Nidi, Nordri und Sudri,
Austri und Westri, Althiof, Dwalin,
Nar und Nain, Niping, Dain,
Bifur, Bafur, Bömbur, Nori;
Ann und Anarr, Ai, Miödwitnir.

Weig, Gandalf, Windalf, Thrain,
Theck und Thorin, Thror, Witr und Litr,
Nar und Nyrad; nun sind diese Zwerge,
Regin und Raswid, richtig aufgezählt.

Fili, Kili, Fundin, Nali,
Hepti, Wili, Hannar und Swior,
Billing, Bruni, Bild, Buri,
Frar, Hornbori, Frägr und Loni,
Aurwang, Jari, Eikinskjaldi.

I 5. d) Zusammenfassung

Der Name des Zwerges Oinn bedeutet „Furchtsamer". Evtl ist mit Oinn jedoch stattdessen „Gegner" im Sinne von „Krieger" gemeint.

Er ist der Vater des Tyr-Andvari, d.h. der alte Tyr in der Unterwelt, der meistens als Tyr-Riese erscheint (Hymir, Hrungnir, Geirröd, Surtur, Thrym usw.).

Oinn entspricht somit auch dem Tyr-Zwerg Hreidmar und dem Tyr-Riesen Fornjotr.

Evtl. ist Oinn mit „Onn", „Ann" und „Annar" identisch, deren Name „der Andere, der Zweite" bedeutet (siehe „Sonne" in Band 48).

I 6.   Regin in der germanischen Überlieferung

Dieser Zwerg ist vor allem aus der Siegfried-Sage und aus der Nibelungensage bekannt.

I 6. a)   Der Name „Regin"

Der Name „Regin" bedeutet „Herrscher, Fürst, König". Dieser Name ist eine allgemeine Bezeichnung der Germanen für „Ase, Gott". In gleicher Weise wurde auch „Tyr" zu einer allgemeinen Bezeichnung für „Gott". Es liegt daher nahe anzunehmen, daß auch „Regin" ursprünglich den ehemaligen Götterkönig Tyr bezeichnet haben wird.

I 6. b)   Odins Rabenzauber

Die beiden Namen „Rögnir" und „Regin" in den folgenden Versen sind zwei Varianten desselben Wortes, das „Herrscher, König" bedeutet und mit dem lateinischen „rex", dem keltischen „rig", dem indischen „radscha" usw. verwandt ist.

Zauberlieder sangen, auf Wölfen ritten
Rögnir und Regin gegen das Haus der Welt.

Das *„Haus der Welt"* ist der Himmel. Seine Hüter sind die Asen in Asgard.
   Die auf Wölfen reitenden Rögni und Regin sind den Asen offensichtlich feindlich gesonnen. Sie werden Wesen des Jenseits sein, da der Wolf ein Jenseitstier war und auch Hyrrokkin-Hel in der Baldur-Mythe auf einem Wolf ritt. Mit dem „Haus der Welt" wird der Schädel des Urriesen Ymir gemeint sein, aus dem die Asen die Himmelskuppel schufen.
   Rögni und Regin werden mit den „Geistern, die das Wetter verwirrten" in einer früheren Strophe dieses Liedes identisch sein. Sie kannten offenbar Zauberlieder, mit denen sie Stürme herbeirufen konnten. Für diesen speziellen Zauber waren vor allem die Druiden der Kelten berühmt. In dem „Buch des Taliesin" wird ein beeindruckendes Beispiel für ein solches Sturm-Zauberlied vollständig dargestellt. Für diese Auffassung spricht auch, daß das im Original verwendete Wort „galdur" wörtlich „Zauberlieder" im Sinne von „magisch wirksame Lieder" bedeutet.

I 6. c) Das erste Lied über Sigurd Fafnir-Töter

Sigurd erfährt von seinem Onkel Gripir, der ein Seher ist, wie sein Leben verlaufen wird. Dabei hört er auch etwas über Regin:

Gripir:
„Du fällst allein den gefräßigen Wurm,
Der glänzend liegt auf Gnitaheide.
Beiden Brüdern bringst Du den Tod:
Regin und Fafnir. Das sieht Gripir voraus."

Der „gefräßige Wurm" ist der Drache, in den sich Fafnir verwandelt hat.

I 6. d) Das andere Lied über Sigurd Fafnir-Töter

In diesem Wasserfall war eine Menge Fische. Ein Zwerg, der Andwari hieß, war lange in dem Wasserfall in Hechtsgestalt und fing sich da Speise.
„Otr hieß unser Bruder", sprach Regin, „der fuhr oft in den Wasserfall in Otters Gestalt. Da hatte er einst einen Lachs gefangen und saß am Flußrand und aß blinzelnd."
Loki warf ihn mit einem Stein zu Tode. Da dauchten sich die Asen sehr glücklich gewesen zu sein und zogen dem Otter den Balg ab.

Das Wasser wird ein Hinweis auf die Wasserunterwelt sein – zumal dort ein Mensch, der sich in einen Fisch verwandelt hat, stirbt. Der Lachs hat vor allem in der keltischen Mythologie oft die Funktion der Vermittlung der Weisheit des Göttervaters, die bei den Germanen in der Regel der Skaldenmet hat.

Auch Loki kann die Gestalt eines Lachses annehmen. Falls der Otter Tyr ist, wäre hier kurz der Tyr-Loki-Jahreszeitenzyklus geschildert worden: Tyr (Otter) tötet im Frühjahr den Loki (Lachs) und Loki (Mensch) tötet im Herbst den Tyr (Otter).

Denselben Abend suchten sie Herberge bei Hreidmar und zeigten ihm ihre Beute. Da griffen sie sie mit Händen und legten ihnen Lebenslösung auf: Sie sollten den Otterbalg mit Gold füllen und außen mit rotem Golde bedecken.

Nachdem Loki dem Andvari das Gold geraubt hat, kommt es zum Streit zwischen Hreidmar und seinen Söhnen:

Fafnir und Regin verlangten von Hreidmar Verwandten-Buße wegen ihres Bruders Otr. Er aber sagte nein dazu. Da tötete Fafnir seinen Vater Hreidmar mit dem Schwert, als er schlief.

Hreidmar rief seinen Töchtern:
„Lyngheid und Lofnheid! Mein Leben ist aus,
Um Rache trauere ich Betrübter."

Lyngheid:
„Die Schwester mag selten, wenn der Vater erschlagen ist,
Der Brüder Verbrechen ahnden."

Hreidmar:
„Erzieh ein Mädchen, wolfherzige Maid,
Entspringt Deinem Schoße nicht ein Sohn;
Gib der Maid einen Mann, es mahnt die Not:
So soll ihr Sohn uns Rache schaffen."

Da starb Hreidmar; aber Fafnir nahm das Gold. Da verlangte auch Regin sein Vatererbe. Aber Fafnir sagte nein dazu. Da suchte Regin Rat bei Lyngheid, seiner Schwester, wie er sein Vatererbe erlangen solle.

Sie sprach:
„Vom Bruder erbitte brüderlich
Das Erbe und edleren Sinn.
Nicht steht es Dir zu, mit dem Schwerte
Von Fafnir zu fordern das Gut."

Die beiden Töchter „Lyngheid" („strahlende, schöne Frau in der Heide") „Lofnheid" („geliebte Frau in der Heide") werden Varianten der Zauberin „Heid" aus dem Leid „Die Vision der Seherin" sein. Wahrscheinlich sind sie die beiden Göttinnen Frigg und Freya.

Diese Dinge erzählte Regin dem Sigurd. Jenes Tages, da er zu Regins Hause kam, wurde er wohl empfangen.

Regin sprach:
„Nun ist Sigmunds Sohn gekommen,
Der hurtige Held, zu unserm Haus;
Mut hat er mehr als ich alter Mann:
Bald kommt mir Kampf von dem kühnen Wolf.

Ich habe des heerkühnen Helden zu pflegen,
Der zu uns als Enkel Yngwis kam.
Er wird der Männer Mächtigster werden.
Laut umreist die Welt des Schicksals Gewebe."

Sigurd blieb nun beständig bei Regin und da sagte er dem Sigurd, daß Fafnir auf der Gnitaheide läge in Wurmgestalt. Er hatte den Ögishelm, vor dem alles Lebende sich entsetzte.

Regin schuf dem Sigurd ein Schwert, Gram genannt: das war so scharf, daß er es in den Rhein steckte und ließ eine Wollflocke den Strom hinab treiben: da zerschnitt das Schwert die Flocke wie das Wasser. Mit diesem Schwert schlug Sigurd Regins Amboß entzwei. Danach reizte Regin den Sigurd, den Fafnir zu töten.

Er aber sprach:
„Laut würden Hundings Söhne lachen,
Die um sein Leben Eilimi brachten,
Wenn mich, einen König, mehr verlangte
Nach roten Ringen als nach Vaterrache."

Sigurd erhält durch das neugeschmiedete Schwert eine Verbindung zu Odin bzw. ursprünglich zu dem Schwertgott-Göttervater Tyr, dessen Schwert am Abend bei seinem Tod zerbricht und in der Nacht von ihm neugeschmiedet wird.

Durch diese Verbindung zu dem Göttervater Tyr, an dessen Stelle später Odin trat, wurde Sigurd zu einem Helden. Dies ist eine Weiterentwicklung der Krönungssymbolik wurde: der König und der Held sind dieselbe Gestalt. Der siegreiche Held und der gekrönte Fürst gehen letztlich auf den wiedergeborenen und daher siegreichen Schwertgott Tyr zurück.

Die Symbolik des Tyr findet sich in der Völsungen-Saga in sehr dichter Form wieder: das Verleihen des Königtums durch einen Gott und das Entziehen des Königtums durch diesen Gott; das Schwert als Symbol des Königtums; der Sohn des Königs als der wiedergeborene Schwertgott; das Zerbrechen und Neuschmieden des Schwertes; der wiedergeborene Sonnengott-Göttervater als siegreicher Held; der Name Sigurd des Sohnes des Königs Sigmund …

Der Kampf des Sigurd gegen seinen Pflegevater Regin („König") ist eigentlich ein Kampf gegen seinen Vater – sozusagen ein Thronraub, wie er aus den indogermanischen Mythen gut bekannt ist. Aus diesem weitverbreitete Motiv ist u.a. auch der Kampf der (jungen) Götter gegen die (alten) Riesen entstanden (z.B. Tyr und Thor gegen Tyrs Vater, den Riesen Hymir). Dieser Thronraub ist eine Umdeutung des jungen, morgendlichen, wiedergeborenen Sonnengott-Göttervaters, der an die Stelle des alten, abendlichen, sterbenden Gottes tritt. Die ursprüngliche Identität von Vater-Gott und Sohn-Gott wurde immer stärker zu einem Gegensatz, bis aus ihm schließlich der Thronraub und der Mord an dem Vater-Gott (Riesen) wurde.

Nach dem Kampf sprach Regin:
„Nun ist der Blut-Aar mit beißendem Schwert
In den Rücken geschnitten Sigmunds Mörder.
Kein Größerer je hat den Grund getötet
Aller fürstlichen Erben, und die Raben erfreut."

Sigurd fuhr heim zu Hialprek. Da reizte Regin den Sigurd, daß er Fafnir töte.

„Blut-Aar" bedeutet „Blut-Adler". Daß es für diese Hinrichtungsmethode einen eigenen Namen gab, zeigt, daß sie häufig angewandt worden sein muß.

I 6. e) Fafnir-Lied

Sigurd und Regin fuhren aufwärts zur Gnitaheide und fanden da Fafnirs Weg, auf dem er zum Wasser kroch. Da machte Sigurd eine große Grube im Weg und stellte sich hinein. Als aber Fafnir von seinem Gold kroch, blies er Gift von sich und das fiel dem Sigurd von oben aufs Haupt. Als aber Fafnir über die Grube wegglitt, stach ihm Sigurd das Schwert ins Herz.

Fafnir:
„Nun rat ich Dir, Sigurd, nimm an den Rat
Und reit heim von hinnen.
Das gellende Gold, der glutrote Schatz,
Diese Ringe verderben Dich."

Sigurd:
„Rat ist mir geraten; ich reite dennoch
Zu dem Hort auf der Heide.
Du Fafnir lieg in letzten Zügen
Bis Du hin mußt zu Hel."

Fafnir:
„Regin verriet mich, er verrät auch Dich,
Er bringt uns beiden den Tod.
Sein Leben muß nun Fafnir lassen,
Deine Macht bemeistert mich."

Regin war fortgegangen, während Sigurd Fafnir tötete; er kam zurück, als Sigurd das Blut vom Schwerte wischte.

Regin sprach:
„Heil Dir nun, Sigurd, Du hast Sieg erkämpft
Und den Fafnir gefällt.
Von allen Männern, die auf Erden wandeln,
Acht ich Dich den unverzagtesten."

Sigurd:
„Ungewiß bleibt, wo alle vereint sind,
Der Sieggötter Söhne,
Welcher der unverzagteste ist:
Mancher ist kühn, der die Klinge nie
Barg in des andern Brust."

Regin:
„Stolz bist Du, Sigurd, und siegesfreudig,
Da Du Gram im Grase wischst.
Den Bruder hast Du mir umgebracht;
Doch trag ich selbst der Schuld ein Teil."

Sigurd:
„Du rietest dazu, daß ich reiten sollte
Über die heiligen Berge her.
Gut und Leben gegönnt war dem glänzenden Wurm,
Triebest Du mich nicht zur Tat."

Da ging Regin zu Fafnir und schnitt ihm das Herz aus mit dem Schwert, das Ridil heißt, und trank dann das Blut aus der Wunde.

Regin:
„Sitze nun, Sigurd; ich schlafe derweil,
Und halte Fafnirs Herz ans Feuer.
Ich will das Herz zu essen haben
Auf den Bluttrunk, den ich trank."

Sigurd:
„Fern entflohst Du, während in Fafnir ich
Rötete das scharfe Schwert.
Meine Stärke setzt ich wider den starken Wurm,
So lange Du auf der Heide lagst. "

Regin:
„Lange liegen ließest Du auf der Heide
Jenen alten Joten,
Wenn Du das Schwert nicht schwangst, das ich Dir schuf,
Die wohlgewetzte Waffe. "

Sigurd:
„Mut in der Brust ist besser als Stahl,
Wo sich Tapfere treffen.
Den Kühnen immer sah ich erkämpfen
Mit stumpfem Schwerte den Sieg.

Der Kühne mag besser als der Bange kann
Sich im Kriegesspiel versuchen.
Mehr gelingt dem Muntern als dem Mürrischen
Was er auch in der Hand halte. "

Sigurd nahm Fafnirs Herz und briet es am Spieß. Und als er dachte, daß es gar wäre, und der Saft aus dem Herzen schäumte, da stieß er daran mit seinem Finger und versuchte, ob es gar gebraten wäre. Er verbrannte sich und steckte den Finger in den Mund. Aber als Fafnirs Herzblut ihm auf die Zunge kam, da verstand er der Vögel Stimmen. Er hörte, daß Vögel auf den Zweigen zwitscherten.

Das Wort „*igdurna*", das der Plural zu „*igda*" ist, wird manchmal mit „Adlerinnen" oder mit „Spechte" übersetzt – das Wort bezeichnet jedoch eine kleine Vogelart.

Das Verstehen der Vogelsprache setzt Sigurd sozusagen einem Vogel gleich. Dieses Verstehen der Vögel erklärt sich daraus, daß die Vögel weltweit das wichtigste Bild für die Seelen sind, weil die Seele („Astralkörper") vor allem bei einem Nahtod erlebt werden kann, durch den sie den materiellen Körper verläßt, sodaß man sich als über dem eigenen Körper schwebend erlebt. Dieses „Schweben" bzw. „Fliegen" wurde dadurch beschrieben, daß die Seele „wie ein Vogel" ist.

Das Verstehen der Vogelsprache bedeutet daher, daß sich der Betreffende im Jenseits bzw. auf einer Jenseitsreise befindet. Zu dieser Auffassung paßt es auch, daß das

Verstehen der Vogelsprache dadurch entstand, daß Sigurd am Herz des Drachen leckte, denn der Drache ist das Bild eines Totengeistes auf dem Weg ins Jenseits bzw. in seinem Hügelgrab.

Sigurd wurde durch das Lecken an dem Drachenherzen in symbolischer Hinsicht selber zu einem Drachen und somit zu einem „lebenden Totengeist", d.h. einem Menschen, der in das Jenseits reist. Daraus ergibt sich, daß er auch die Sprache der Totengeister, d.h. die Vogelsprache verstehen kann.

Daher haben auch die Schamanen, die Schamanengötter und die Gottesboten wie Merlin, Odin, Hermes, Merkur, Engel u.ä. in der Regel Flügel am Rücken, am Helm oder an den Schuhen, Vögel als Begleiter oder eine Vogelgestalt.

Der gesamte Drachenkampf des Sigurd kann daher als eine Umdeutung der Drachen- bzw. Vogelgestalt des Sigurd bei seiner rituellen Jenseitsreise im Zusammenhang mit seiner Krönung oder einer anderen Art von Einweihung angesehen werden.

Einer der Vögel:
„Da sitzt Sigurd blutbespritzt
Und brät am Feuer Fafnirs Herz.
Klug däuchte mich der Ringverderber,
Wenn er das leuchtende Lebensfleisch äße."

Der andere:
„Da liegt nun Regin und geht zu Rat
Wie er trüge den Mann, der ihm vertraute;
Sinnt in der Bosheit auf falsche Beschuldigung:
Der Unheilschmied brütet dem Bruder Rache."

Der dritte:
„Hauptes kürzer laß er den haargrauen Schwätzer
Fahren von hinnen zu Hel.
So soll er den Schatz besitzen allein,
Wie viel des unter Fafnir lag."

Der vierte:
„Er däuchte mich klug, gedächt er zu nützen
Den Anschlag, Schwestern, den ihr wohl ersannt.
Er berate sich rasch die Raben zu erfreuen,
Denn den Wolf erwart ich, gewahr ich sein Ohr."

Der fünfte:
„So klug ist nicht der Kampfesbaum,
Wie ich den Heerweiser hätte gewähnt,
Läßt er den einen Bruder ledig
Und hat den andern umgebracht."

Der sechste:
„Sehr unklug scheint er mir, schont er länger noch
Den gemeingefährlichen Feind.
Dort liegt Regin, der ihn verraten will;
Er weiß sich davor nicht zu wahren."

Der siebente:
„Um den Kopf kürz er den eiskalten Joten
Und beraub ihn der Ringe.
So sind die Schätze, die Fafnir besessen,
Ihm allein zu eigen."

Ein „Jote" oder „Jötun" ist ein Riese. Wörtlich bedeutet das Wort „Gefräßiger".

Sigurd:
„So verrat mich das Los nicht, daß Regin sollte
Mir zum Mörder werden:
Beide Brüder sollen alsbald
Fahren von hinnen zu Hel."

Sigurd hieb Regin das Haupt ab, und aß Fafnirs Herz und trank beider Blut, Regins und Fafnirs.

I 6. f)   Norwegisches Runenlied

In diesem Lied wird kurz festgestellt, daß Regin ein Schmied ist – der Beste aller Schmiede, da Regin mit Tyr-Wieland identisch ist, d.h. mit dem Göttervater im Jenseits, der dort sein eigenes Schwert schmiedet:

Regin schmiedete das Beste aller Schwerter.

I 6. g) Völsungen-Saga

Sigurds Ziehvater hieß Regin Hreidmar-Sohn. Er lehrte ihn alle Arten der Kunst: das Tafl-Spiel, die Runenkunde, das Sprechen in verschiedenen Sprachen – so wie es mit den Söhnen der Könige in jenen Tage Brauch war.

Doch an einem Tag, als sie wieder einmal zusammen waren, frug Regin Sigurd, ob er wüßte, wieviel Schätze sein Vater besessen hatte und wer nun ihr Wächter sei. Sigurd sagte, daß der König nun ihr Wächter sei.

Regin sprach: „Traust Du ihm wirklich?"

Sigurd sagte: „Es schient mir, daß sie es solange verwahren bis ich etwas damit tun will, denn es ist besser, sie bewachen die Schätze als ich."

Da sprach Regin zu Sigurd und sagte: „Dein Vermögen reicht nicht aus, und ich bedaure sehr, daß Du hierhin und dorthin laufen mußt wie der Sohn eines Knechtes; aber ich kann Dir erzählen, wo es viele Schätze für Dich zu gewinnen gibt und einen großen Namen und Ruhm dadurch, daß Du sie Dir erwirbst."

Sigurd frug ihn, was das wohl für ein Schatz sein könne und wer ihn hüte und bewache.

Regin antwortete ihm: „Fafnir ist sein Name und er liegt nur ein kurzes Stück Weg von hier entfernt auf der Einöde der Gnitaheide. Und wenn Du dorthin kommst, wirst Du sicherlich sagen, daß Du noch nie mehr Gold an einem Ort angehäuft gesehen hast und daß niemand nach noch mehr Schätzen verlangen könnte – nicht einmal wenn er der älteste und berühmteste König wäre."

„Ich bin zwar noch jung," sprach da Sigurd, „aber trotzdem weiß ich, was das für eine Art von Wurm ist und daß sich niemand gegen ihn anzutreten wagt – so groß und bösartig ist er."

Da sagte Regin: „Nein, das ist nicht so. Seine Art und seine Größe ist so wie die anderer Langwürmer und die Menschen machen zu viel Aufhebens um ihn – und so würden auch Deine Vorväter gedacht haben. Aber Du, obwohl Du aus dem Geschlecht des Völsungen stammst, hast nicht das Herz und den Geist derer, die bei allen ruhmreichen Taten als erste genannt werden."

Aber Sigurd antwortete ihm: „Ja, vielleicht habe ich nicht ihre Kühnheit und ihren Heldenmut – aber Du, hast Du nichts Besseres zu tun, als mich einen Feigling zu nennen, wo ich doch kaum aus meinen Kinderjahren heraus bin? Warum treibst Du mich dazu so eifrig an?"

Regin antwortete: „Da liegt an einer Geschichte, die ich Dir erzählen muß."

„Dann laß sie mich hören," sprach Sigurd.

„Die Geschichte beginnt," sprach Regin: „Hreidmar war meines Vaters Name – ein mächtiger Mann und ein wohlhabender. Sein erstgeborener Sohn wurde Fafnir genannt, sein zweiter Otter, und ich war der dritte und kleinste von allen sowohl an Kühnheit als auch vom Körperbau, aber ich war geschickt in der Arbeit mit Eisen

und Silber und Gold, woraus ich Dinge erschaffen konnte, die schon recht ansehnlich waren.

Mein Bruder Otter hatte eine andere Fertigkeit und er hatte auch eine andere Natur, denn er war ein großer Fischer und übertraf darin alle anderen Menschen, daß er am Tage das Aussehen eines Otters hatte und dann in dem Fluß lebte und brachte die Fische mit seinem Maul an das Ufer und brachte dann seine Beute unserem Vater – und das gefiel ihm gut. Die meiste Zeit verbrachte er in seiner Otter-Gestalt und danach kam er heim und aß alleine und schlief, denn das trockene Land bedeutete ihm nicht viel.

Aber Fafnir war bei weitem der stärkste und grimmigste von uns und wollte stets, daß alles nach seinem Willen geschah.

Nun," sprach Regin, *„gab es einen Zwerg, der Andvari genannt wurde, der immer in der Gestalt eines Hechtes in den Stromschnellen lebte, die Andvari-Stromschnellen genannt werden, und hatte dort genug Fleisch für sich selber, denn in dem Wasserfall lebten viele Fische.*

Nun ging Otter wie gewohnt in diese Stromschnellen und bracht Fische an Land und legte sie nebeneinander ans Ufer. Und so kam es, daß Odin, Loki und Hönir, als sie ihres Weges gingen, zu den Andvari-Stromschnellen kamen. Otter hatte gerade einen Lachs gefangen und gegessen und schlummerte nun am Ufer. Da nahm Loki einen Stein und warf ihn auf den Otter, so daß er ihn damit tötete. Die Götter waren mit ihrer Beute sehr zufrieden und begannen dem Otter das Fell abzuziehen.

Am Abend kamen sie zu Hreidmars Haus und zeigten ihm, was sie gefangen hatte, Da ergriff Hreidmar sie und legte ihnen solcherart Wergeld auf: Sie sollten das Otterfell mit Gold füllen und es mit rotem Gold bedecken.

Schon bald begann sich der Ring-Fluch zu erfüllen:

Danach," sprach Regin, *„schlug Fafnir seinen Vater und tötete ihn und ich erhielt nichts von dem Schatz.*

Von Hreidmars Familie sind insgesamt sechs Mitglieder bekannt, von denen auch einige Qualitäten, Fähigkeiten und Stellungen bekannt sind:

Hreidmar selber ist ein Zwerg und zudem ein König, d.h. ein Zwergenkönig. Er geht somit auf den Göttervater im Jenseits zurück.

Regin ist ein Zwerg und ein Schmied und vermutlich der wiedergeborene Göttervater, da sein Name „König" bedeutet und auch die Götter selber manchmal „Regin" genannt werden.

Fafnir ist der stärkste der drei Brüder und besitzt einen Helm und ein Schwert. Er scheint daher ein Krieger zu sein. Er kann sich in einen Drachen verwandeln, was entweder ein Hinweis auf seine Bestattung oder sein Krönung sein wird. Er besitzt zudem einen Hort auf der Gnitaheide, d.h. er ist ein Totengeist in einem Hügelgrab.

Regin und Fafnir entsprechen in dieser Sage den beiden „Zwergen im Stein" in der Hervor-Saga: Sie sind die beiden von den Germanen „Alcis" („Elche, Hirsche") genannten Brüder, die die Söhne des Göttervaters sind und sich in die beiden Pferde verwandeln können, die seinen Streitwagen ziehen. Am besten sind sie von den Griechen als die beiden Dioskuren bekannt, die Söhne des Göttervaters Zeus waren.

Aus ihnen wurden bei den Germanen zum einen die beiden zauberkundigen Zwerge, die das magische Schwert des Tyr und später auch alle anderen magischen Gegenstände der Asen hergestellt haben, sowie Odins achtbeiniges „Doppelpferd" Sleipnir.

Otr zeichnet sich vor allem durchs eine Fähigkeit, sich in einen Otter zu verwandeln aus. Da die Germanen in ihren Mythen und sagen gerne die Dreiheit von Fürst/Krieger, Priester/Heiler und Bauer/Handwerker benutzten, liegt es nahe, Fafnir als den Krieger, Regin als den Handwerker (Schmied) und Otr somit als den Priester anzusehen. Zu dieser Deutung paßt es gut, daß die Verwandlung in einen Otter ein Symbol für die Jenseitsreisen der Priester sein könnte, durch die sie den Kontakt zu den Göttern herstellen und erhalten.

Die drei Brüder entsprechen somit den drei Göttern, die ihnen begegnen: Fürst/Krieger = Odin/Fafnir; Priester/Heiler = Hönir/Otr; und Bauer/Handwerker = Loki/Regin.

Lyngheid und Lofnheid gehören wie Otr zum Priesterstand. Es ist auffällig, daß sie zu zweit sind, da dies sonst eher ein Merkmal der Zwergenschmiede ist.

Eine Zweizahl von Göttinnen bzw. Riesinnen findet sich in dem Gegensatz der beiden Jenseitsgöttinnen Freya und Hel sowie bei den beiden Riesinnen Gjalp und Greip, gegen die Thor in der Mythe über die Reise zu dem Riesen Geirröd kämpft. Diese beiden Riesinnen gehören auch zu den neun Müttern des Gottes Heimdall. Es ist auch ein Paar von Schutz- und Kriegsgöttinnen aus Island bekannt, die Thorgerdr und Irpa heißen.

Die Zweizahl der Priesterinnen könnte sich daher evtl. auf Diesseits und Jenseits beziehen. Eine Zweizahl von Priesterinnen findet sich auch auf einer der Außenplatten des keltischen Kessels von Gundestrup, der um 400 v.Chr. auf germanischem Gebiet in Dänemark vergraben worden ist.

Wer könnte **Hreidmars Frau** und somit die Mutter seiner fünf Kinder gewesen sein? Die einzige Frau oder Göttin, von der bekannt ist, daß sie sich mit einem Zwerg vereint hat, ist Freya, die auf diese Weise ihren Halsreif Brisingamen den vier Zwergenschmieden, die sie gefertigt haben, bezahlt hat. Da Freya auch als Frau des ehemaligen Göttervaters Tyr und später des Göttervaters Odin bekannt ist und Hreidmar als Zwergenkönig der Göttervater in der Unterwelt ist, würde sich dies gut zusammenfügen.

Man kann daher zumindestens vermuten, daß Freya die Frau des Hreidmar/Tyr/Odin und somit die Mutter seiner vier Kinder ist. Ob diese Funktion allerdings jemals eine große Rolle in den Mythen der Germanen gespielt hat, ist abgesehen von der Verbindung zwischen Odin und Freya unsicher.

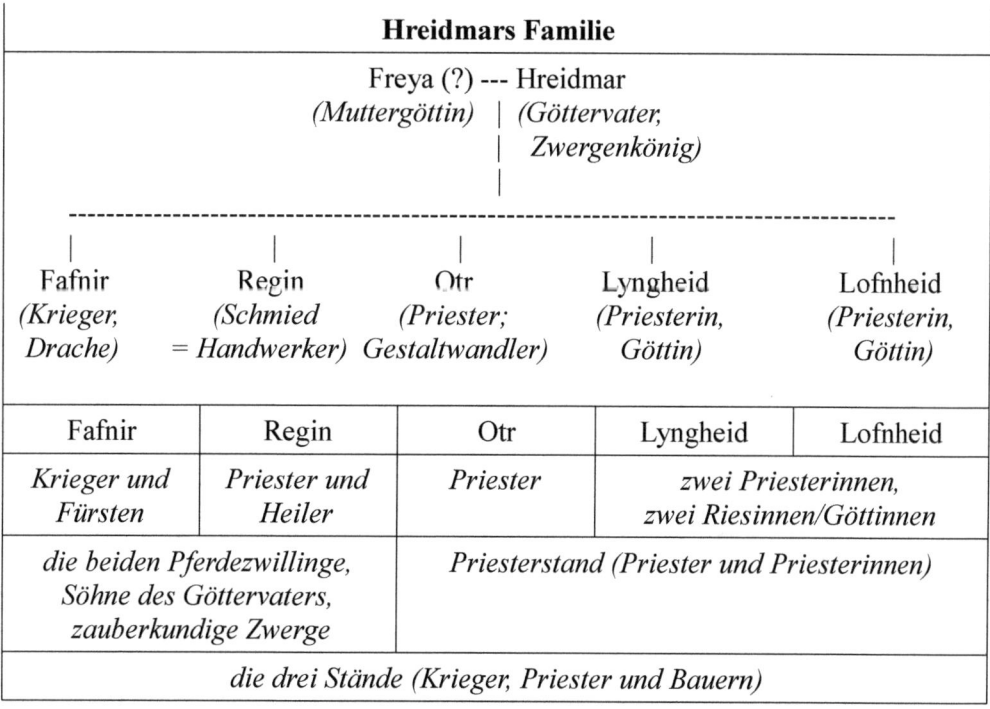

Hreidmars Familie

Freya (?) --- Hreidmar
(Muttergöttin) | *(Göttervater,*
| *Zwergenkönig)*
|

Fafnir	Regin	Otr	Lyngheid	Lofnheid
(Krieger,	*(Schmied*	*(Priester;*	*(Priesterin,*	*(Priesterin,*
Drache)	*= Handwerker)*	*Gestaltwandler)*	*Göttin)*	*Göttin)*

Fafnir	Regin	Otr	Lyngheid	Lofnheid
Krieger und Fürsten	*Priester und Heiler*	*Priester*	*zwei Priesterinnen, zwei Riesinnen/Göttinnen*	
die beiden Pferdezwillinge, Söhne des Göttervaters, zauberkundige Zwerge		*Priesterstand (Priester und Priesterinnen)*		
die drei Stände (Krieger, Priester und Bauern)				

Fafnir wurde so böse, daß er begann, herumzuliegen und niemandem einen Anteil an seinem Schatz gönnte und wurde so zu dem schlimmsten aller Drachen und er liegt nun immer brütend auf diesem Schatz.

Ich jedoch ging zu dem König und wurde sein Meisterschmied. Und das ist die Geschichte darüber, wie ich das Erbe meines Vaters und das Wergeld für meinen Bruder verlor."

Sigurd jedoch antwortete. „Viel hast Du verloren und sehr böse ist Dein Verwandter gewesen! Aber nun schmiede mir mit Deiner Kunst ein Schwert – eins, dem kein anderes gleicht! Eins, mit dem ich in Zukunft große Taten vollbringen kann, wenn meinem Herzen danach zumute ist und Du willst, daß ich den Drachen töte.“

Regin sprach: „Vertraue meiner Schmiedekunst; mit diesem Schwert sollst Du Fafnir töten!“

Da schmiedete Regin ein Schwert und legte es in Sigurds Hände. Er nahm das Schwert und sprach: „Schau auf Dein Schmiedewerk, Regin!“ Er nahm es und schlug in den Amboß und das Schwer zerbrach. Da warf er die Bruchstücke zu Boden und bat ihm, ein Besseres zu schmieden.

Da schmiedete Regin ein neues Schwert und brachte es Sigurd, der es sich besah. Da sagte Regin: „Es wird Dir gefallen, obwohl Du so ein harter Richter für Schmiede bist.“

Da erprobte Sigurd das Schwert und es zerbrach wie das erste. Da sprach er zu Regin: „Bist Du vielleicht ein Verräter und ein Lügner so wie Deine früheren Verwandten?“

Nach diesen Worten ging er zu seiner Mutter und sie hieß ihn in gebührender Weise willkommen und sie saßen zusammen und tranken.

Da sagte Sigurd: „Habe ich richtig gehört, daß König Sigmund Dir das gute Schwert Gram in zwei Teile zerbrochen gab?“

„Das ist wahr,“ antwortete sie.

Da sagte Sigurd: „Gib sie mir, denn ich will sie haben.“

Sie antwortete, daß er den Eindruck mache, als ob er großen Ruhm erlangen würde, und gab ihm das Schwert. Sigurd ging damit zu Regin und bat ihn, daraus ein so gutes Schwert zu schmieden, wie er nur könne. Darüber wurde Regin wütend, aber er ging mit den Bruchstücken in seine Schmiede und fand, daß Sigurd seine Nase viel zu weit in seine Schmiedeangelegenheit gesteckt hatte. So schuf er daraus ein Schwert und als er es aus der Esse nahm, schien es den Schmieden, als ob ein Feuer an seinen Schneiden entlangliefe.

Er bat Sigurd, das Schwert zu nehmen, und sagte, daß er nicht wüßte, wie er ein Schwert schmieden solle, wenn dieses zerbrechen würde. Da schlug Sigurd mit ihm auf den Amboß und spaltete ihn bis auf den Holzblock hinab, auf dem er befestigt war, und das Schwert zersplitterte nicht und es zerbrach auch nicht. Da lobte er das Schwert sehr und ging mit ihm und einer Wollflocke zum Fluß, warf sie flußaufwärts ins Wasser und hielt sein Schwert ins Wasser, woraufhin es die Wollflocke zerschnitt. Da freute sich Sigurd und ging nach Hause.

Regin aber sprach: „Nun, da ich das Schwert für Dich geschmiedet habe, wirst Du nun auch Dein Gelöbnis halten und Dich auf den Weg zu Fafnir machen?“

„Natürlich werde ich mein Versprechen halten,“ antwortete Sigurd, „doch zunächst muß ich meinen Vater rächen.“

Je älter Sigurd wurde, umso mehr liebten ihn alle Menschen, sodaß ihn selbst jedes Kind liebte.

Ein anderes Mal kam Regin zu Sigurd und sprach: „Es ist eine erstaunliche Sache, daß Du der Pferde-Junge der Könige sein mußt und wie ein Boten-Knecht umherrennen mußt!"

„Nein," Sprach Sigurd, „das ist nicht so, denn ich habe in allen Dingen meinen Willen und alles, wonach ich verlange, wird mir gerne gegeben."

„Nun," sprach Regin, „dann frag nach einem Pferd!"

„Ja,", sprach Sigurd, „ich werde eines haben, wenn ich eines brauche."

Danach ging Sigurd zum König und der König sprach: „Was willst Du von uns haben?"

Da sprach Sigurd: „Ich möchte ein Pferd zu meiner Ergötzung haben."

Da sprach der König: „Wähle Dir ein Pferd und was immer Du Dir auch sonst noch von meinem Besitz wünschst."

Am nächsten Tag ging Sigurd in den Wald und traf dort einen alten Mann mit langem Bart, den er nicht kannte, und der ihn frug, wo er hinwolle.

Sigurd antwortete: „Ich habe vor, mir ein Pferd auszuwählen; komm doch mit und gib mir Rat dabei."

„Nun denn," sprach er, „dann laß uns gehen und sie zum Fluß treiben, der Busil-Tarn genannt wird." Das taten sie dann auch und trieben die Pferde in die Tiefen des Flusses und alle schwammen zurück an Land außer einem. Dies wählte Sigurd aus. Es hatte ein graues Fell und es war noch jung, großgewachsen, und schön anzusehen und noch kein Mann hatte auf seinem Rücken gesessen.

Da sprach der Graubart: „Von Sleipnirs Sippe stammt dieses Pferd. Es muß achtsam genährt werden, denn es ist das Beste aller Pferde." Und mit diesen Worten verschwand er. Daher nannte Sigurd das Pferd Grani („Grauer"), das Beste aller Pferde. Der Mann, den er getroffen hatte, war niemand anderes als Odin selber.

In diesem Text ist gut zu sehen, daß Sigurd unter Odins Schutz stand und daß er auch einige Motive aus den Odin-Mythen wie das *„ beste Pferd"* übernommen hat.

Es lebte ein Mann, der hieß Grifir, der war Sigurds Mutterbruder. Einige Zeit nach dem Schmieden des Schwertes ging Sigurd zu Grifir, denn dieser war ein Mann, der die Zukunft vorhersehen konnte und das, was einem Mann vorherbestimmt war.

Ihn frug Sigurd inständig danach, wie sein Leben verlaufen werde, aber Grifir zögerte lange, bis er schließlich, von Sigurd über die Maßen großen Bitten bewegt, doch sprach und ihm alles über sein Leben und sein Schicksal erzählte, so wie es sich später dann auch ereignet hat.

Als Grifir ihm alles berichtet hatte, ging er zurück nach Hause und wenig später trafen sich er und Regin.

Da sprach Regin: „Geh' und töte Fafnir, so wie Du mir Dein Wort gegeben hast."

Sigurd sagte: „Diese Tat wird getan werden, aber zuvor ist eine andere zu tun: die

Rache für König Sigmund und die anderen meiner Verwandten, die in ihrem letzten Kampf fielen."

Als nächstes rächt Sigurd nun seinen Vater.

Als Sigurd jedoch erst wieder eine kurze zeitlang zu Hause war, kam Regin zu ihm und sprach mit ihm und sagte: „Wahrscheinlich wirst Du jetzt Willens sein, gemäß Deinem gegebenen Wort Fafnirs Nacken zu beugen, da Du nun Deinen Vater gerächt hast und die anderen aus Deiner Sippe."

Sigurd antwortete: „Daran werden wir uns halten, so wie ich es versprochen habe, und es ist auch nie aus meiner Erinnerung geschwunden."

Da ritten Sigurd und Regin auf genau dem Weg durch die Heide, auf dem Fafnir entlangkroch, wenn er zum Wasser wollte. Die Leute erzählen, daß die Höhe des Abhangs, von dem sich Fafnir zum Wasser hinabbeugte, um zu trinken, 30 Faden (54,86m) hoch war.

Fafnir wird in den Sagas als riesig groß dargestellt. Da er von einer 60m hohen Klippe aus das Wasser unten trinken kann, muß sein Hals mindestens 60m lang sein, d.h. daß der ganze Drache mit Schwanz über 150m lang sein muß – das wäre ca. fünfmal so lang wie der größte bekannte Dinosaurier.

Da sprach Sigurd: „Was sagst Du, Regin? Dieser Drache sei nicht größer als andere Langwürmer auch? Mir scheint, daß diese Spur unglaublich groß ist!"

Da sagte Regin: „Grab Dir ein Loch und setz Dich hinein. Wenn dann der Wurm zum Wasser kriecht, stich ihn in sein Herz. So wirst Du ihn töten und großen Ruhm erlangen."

Aber Sigurd sprach: „Was wird mit mir geschehen, wenn das Blut des Wurms über mich fließt?"

Regin sagte: „Wozu soll es gut sein, Dir zu raten, wenn Du Dich noch immer vor allem fürchtest? Du gleichst nur wenig Deiner Sippe was die Festigkeit des Herzens betrifft."

Dann ritt Sigurd über die Heide. Regin jedoch war in schrecklicher Angst und sah zu, daß er fortkam. Sigurd schaufelte sich eine Grube und während er arbeitete, kam zu ihm ein Mann mit einem langen Bart und frug ihn, was er dort tue, und Sigurd erzählte es ihm.

Da antwortete ihm der alte Mann und sprach: „Du handelst nach keinem guten Rat. Grabe lieber viele Löcher und laß das Blut in sie fließen. Dich selber aber setze in eines von ihnen und stich so durch das Herz des Wurmes."

Mit diesen Worten verschwand er. Sigurd aber schaufelte die Gruben so, wie es ihm gezeigt worden war.

Der alte Mann ist Odin, der Sigurds Schwert Gram Sigurds Vater Sigmund gegeben hatte und der Sigurd auch schon dabei geholfen hatte, sein Pferd Grani zu finden und ihn auf seiner Rachefahrt gelehrt hatte, Kriegs- und Kampf-Omen zu verstehen.

Die Vielzahl der Löcher dient vermutlich dazu, daß Blut des Drachen in einem von ihnen mit Sicherheit aufzufangen oder um zu verhindern, daß alles Blut in das Loch fließt, in dem Sigurd sitzt, und ihn dort ertränkt.

Da kroch der Wurm hinab zu seiner Tränke am Fluß und die Erde erzitterte überall um ihn her und er stieß Gift aus auf dem ganzen Weg vor sich, den er kroch. Aber Sigurd zitterte nicht und spürte auch keine Furcht, als er das Brüllen des Drachens hörte. Als der Wurm über die Löcher kroch, stieß Sigurd sein Schwert unter die linke Schulter des Drachen, sodaß es bis zum Griff in ihm versank. Dann sprang Sigurd aus der Grube heraus und zog sein Schwert wieder heraus. Davon wurde sein ganzer Arm blutig bis hinauf zur Schulter.

Als der mächtige Wurm erkannte, daß er seine Todeswunde erhalten hatte, schlug er mit seinem Kopf und mit seinem Schwanz um sich, sodaß alle Dinge, die um ihn waren, in Stücke zerschlagen wurden.

Danach ging Regin zu Sigurd und sagte: „Heil Dir, Herr und Meister! Einen ehrenvollen Sieg hast Du errungen, indem Du Fafnir getötet hast, in dessen Weg sich bisher noch niemand gewagt hatte. Und nun soll dieser Ruhm bestehen, solange die Erde feststeht!"

Dann stand Regin eine Weile da und blickte auf die Erde und sprach danach mit schwerem Gemüt: „Meinen eigenen Bruder hast Du getötet und man kann mich wahrlich nicht unschuldig an dieser Tat nennen!"

Da nahm Sigurd sein Schwert und trocknete es an der Erde und sprach zu Regin: „In die Ferne bist Du geflüchtet, als ich diese Tat vollbrachte und dieses scharfe Schwert mit meinen Hand und meiner Kraft erprobte. Mit der der ganzen Kraft und Macht des Drachens mußte ich kämpfen, während Du Dich in dem Heidegestrüpp verkrochen hattest und nicht mehr wußtest, ob Du auf der Erde oder im Himmel warst."

Regin sagte: „Noch lange hätte dieser Wurm in seinem Bau gelegen, wenn nicht dieses scharfe Schwert, das ich mit meiner Hand geschmiedet habe, Dir nicht in der Gefahr so gute Dienste geleistet hätte. Hätte ich es nicht geschmiedet, hättest weder Du noch irgendein anderer Mann gegen Fafnir bestehen können."

Sigurd antwortete: „Wenn Männer auf Feinde im Kampf treffen, ist ein starkes Herz besser als ein scharfes Schwert."

Da schnitt Sigurd das Herz des Wurmes mit dem Schwert, das Ridil genannt wird, heraus. Regin jedoch trank von Fafnirs Blut und sprach: „Gewähre mir eine Gabe – eine Kleinigkeit für Dich: Halte das Herz über das Feuer und brate es und gib mir davon zu essen."

Da tat Sigurd, wie er gebeten worden war und röstete es auf einem Stab und als als das Blut heraus quoll, da legte er seinen Finger drauf, um zu sehen, ob es schon gar sei. Als er dann seinen Finger in seinen Mund steckte, siehe, als das Herzblut des Wurmes seine Zunge berührte, konnte er sofort die Stimme aller Vögel verstehen und hörte, wie die Vögel in dem Dorngestrüpp neben ihm sprachen:

„Da sitzt Du, Sigurd, und brätst Fafnirs Herz, das Du selber essen und dadurch der weiseste aller Männer werden solltest, für einen anderen. "

Ein anderer sprach: „Da liegt Regin und plant den Mann zu betrügen, der ihm vertraut. "

Und ein dritter sprach: „Er sollte ihm seinen Kopf abschlagen und dann der einzige Herr des Goldes sein. "

Und es sprach noch ein vierter: „Oh, und noch weiser wäre er, wenn er diesem guten Rat folgen würde: danach zu Fafnirs Lager zu reiten und den mächtigen Schatz, der dort liegt, an sich zu nehmen, und dann zu dem Hindinhügel zu reiten, auf dem Brünhilde schläft, denn dort könnte er große Weisheit erlangen. Oh, weise wäre er, wenn eurem Rat folgen würde und an sein eigenes Wohlergehen denken würde, denn sagt man nicht 'wo die Ohren des Wolfes sind, sind auch die Zähne nicht fern'? "

Der fünfte rief: „Ja, ja! Er ist nicht so weise wie ich dachte, falls er den am Leben läßt, dessen Bruder er bereits getötet hat! "

Schließlich sprach der sechste: „Es ist ein einfacher und guter Rat, ihn zu töten und der Herr des Schatzes zu sein. "

Da sprach Sigurd: „Die Zeit ist noch nicht geboren, in der Regin mein Verhängnis ist. Nein, eher sollen diese beiden Brüder denselben Weg gehen. "

Da zog Sigurd sein Schwert Gram und schlug Regin den Kopf ab.

I 6. h) Skaldskaparmal

Darauf nahmen sie den Lachs und den Otter mit sich. Sie kamen zu einem Gehöft und traten hinein, und der Bauer, der es bewohnte, hieß Hreidmar und war ein gewaltiger Mann und sehr zauberkundig. Da baten die Asen um Nachtherberge und sagten, sie hätten Mundvorrat bei sich, und zeigten dem Bauern ihre Beute.

Als aber Hreidmar den Otter sah, rief er seine Söhne Fafnir und Regin herbei und sagte, ihr Bruder Otr war erschlagen, und auch, wer es getan hätte. Da ging der Vater mit den Söhnen auf die Asen los, sie griffen und banden sie und sagten, der Otter wäre Hreidmars Sohn gewesen. Die Asen boten Lösegeld soviel als Hreidmar selbst verlangen würde, und das wurde zwischen ihnen vertragen und mit Eiden bekräftigt.

Der Hinweis, daß Hreidmar „gewaltig und zauberkundig" sei, spricht dafür, daß er ein Zwerg ist, da diese in der Regel die zauberkundigen Wesen sind. Da der Name von Hreidmars Sohn „Regin" darauf hinweist, daß auch Regins Vater Hreidmar ein König ist, wäre dieser somit ein Zwergenkönig. Er entspräche dann dem Schmied Wieland, der „Albenkönig" genannt wird. Beide Titel gehören zu dem Göttervater Tyr/Odin in der Unterwelt, den nur dieser ist der König im Jenseits.

Dies würde auch die Macht des Hreidmar erklären, durch die er die drei Asen binden und von ihnen Lösegeld verlangen kann.

Als Hreidmar das Gold zur Sohnesbuße empfangen hatte, verlangten Fafnir und Regin ihren Teil davon zur Brudersbuße; aber Hreidmar gönnte ihnen nicht einen Pfennig davon. Da kamen die Brüder überein, ihren Vater des Goldes wegen zu töten.

Hreidmar ist das erste Opfer des Fluches des Andwari.

Als das geschehen war, verlangte Regin, daß Fafnir das Gold zur Hälfte mit ihm teilen sollte. Fafnir antwortete, es sei wenig Hoffnung, daß er das Gold mit seinem Bruder teilen werde, da er seinen Vater um das Gold erschlagen habe, und gebot ihm sich fortzumachen, denn sonst würde es ihm ergehen wie dem Hreidmar.
Da fuhr Regin zu Hialprek, König in Thiodi, und wurde dessen Schmied; auch übernahm er die Pflege Sigurds, des Sohnes Sigmunds, des Sohnes Wölsungs. Seine Mutter war Hjordis, König Eilimis Tochter. Sigurd war der gewaltigste aller Heerkönige nach Geschlecht, Kraft und Sinn.

„Thiodi" ist wahrscheinlich die Hauptstadt des Königs Hialprek in Nord-Dänemark. Die genaue Identität und Lage der Stadt ist ungewiß; es wird aber am wahrscheinlichsten Thisted („Tyr-Stadt") in Nordjütland sein.

Regin sagte ihm davon, daß Fafnir dort auf dem Gold läge, und reizte ihn, sich des Goldes zu bemächtigen. Da machte Regin ein Schwert, das Gram hieß und so scharf war, daß es, als Sigurd es in fließendes Wasser hielt, eine Wollflocke zerschnitt, die der Strom gegen seine Schneide trieb; danach klobte Sigurd mit dem Schwelt Regins Amboß bis auf den Untersatz entzwei.
Darauf fuhr Sigurd mit Regin zur Gnitaheide. Da grub Sigurd eine Grube auf Fafnirs Weg und setzte sich hinein. Als nun Fafnir zum Wasser kroch und über die Grube kam, da durchbohrte ihn Sigurd mit dem Schwert, und das war sein Tod.

Es ist eine der Standartmethoden der Jagd bei allen Völkern, dem Wild auf dessen Weg zu der Wasserstelle aufzulauern. Diese naheliegende Methode findet sich auch bei anderen Drachenkämpfen in den Isländersagas wie z.B. in der Saga über Yngvar den Weit-Fahrenden.

Die Grube ist sehr wahrscheinlich eine Umdeutung des Umstandes, daß man, wenn ein Hügelgrab plündern wollte, einen Gang in den Hügel hinein graben mußte, bis man die Grabkammer erreichte, in der dann der Geist des Toten in der Gestalt eines Schlange bzw. eines Drachens auf den Grabräuber wartete: Man muß also graben, um zu einem Drachen zu gelangen.

Da ging Regin hinzu und sagte, er hätte seinen Bruder getötet, und verlangte zur Sühne, daß er Fafnirs Herz nähme und am Feuer briete. Dann kniete Regin nieder, trank Fafnirs Blut und legte sich schlafen.

Als aber Sigurd das Herz briet und dachte, es wäre gar, und mit dem Finger versuchte, ob es weich genug wäre, und das Fett aus dem Herzen ihm an den Finger kam, verbrannte er sich und steckte den Finger in den Mund. Und als das Herzblut ihm auf die Zunge kam, verstand er die Sprache der Vögel und wußte, was die kleinen Vögel sagten, die auf den Bäumen saßen.

Da sprach einer:
„Dort sitzt Sigurd blutbespritzt
Und brät am Feuer Fafnirs Herz.
Klug däuchte mich der Ringverderber,
Wenn er das leuchtende Lebensfleisch äße.“

Eine andere sagte:
„Da liegt nun Regin und geht zu Rat,
Wie er trüge den Mann, der ihm vertraut;
Sinnt in der Bosheit auf falsche Beschuldigung:
Der Unheilschmied brütet dem Bruder Rache.“

Da ging Sigurd zu Regin und erschlug ihn.

I 6. i)   Die Saga über Norna-Gest

Zu derselben Zeit kam auch Regin Hreidmar-Sohn zu König Hjalprek. Er war der geschickteste der Männer, aber ein Zwerg von Größe, ein weiser Mann, aber ernst und geübt in der Magie.

Regin lehrte Sigurd viele Dinge und liebte ihn sehr. Er sprach über seine Ahnen und wundersame Begebenheiten, die sich damals ereignet hatten.

Ich wurde wie viele andere zu einem seiner Gefolgsleute gemacht. Alle waren ihm hingebungsvoll zugetan, denn er war sowohl freundlich und bescheiden als auch großzügig zu uns.

Hier wird Regin und somit auch seine Brüder und sein Vater ausdrücklich als „Zwerg" bezeichnet.

Eines Tages kamen wir zu dem Haus des Regin und Sigurd wurde dort willkommen geheißen.

Da sprach Regin die folgenden Verse:
„ Der Sohn des Sigmund
ist hierher gekommen,
der entschlossene Mann
zu unserer Halle.

Er hat große Stärke,
aber ich, ein alter Mann,
werde verzehrt von dem Rachen
des gierigen Wolfes. "

Er sprach weiterhin:
„ Aber ich muß den Krieger ehren,
der tapfer in der Schlacht gewesen ist.
Nun ist Yngvars Sohn
zu uns gekommen.

Dieser Anführer
muß der mächtigste unter der Sonne sein
– in allen Länder gerühmt
und gepriesen. "

Sigurd war stets bei Regin und er berichtete ihm viel von Fafnir, wie er auf der Gnitaheide in der Gestalt einer Schlange lebte und von wundersam gewaltiger Größe war.
Regin schuf Sigurd ein Schwert, das Gram genannt wurde. Es hatte so scharfe Schneiden, daß sie, wenn er das Schwert in den Rhein hielt und eine Wollflocke in den Fluß war, sie die Flocke zerschnitten.
Sigurd spaltete den Amboß des Regin mit seinem Schwert. Danach ermutigte Regin Sigurd, Regins Bruder Fafnir zu töten.

Sigurd sprach die Verse:
„Laut würden sie lachen,
die Söhne der Hundinge,
die dem Eylimi
ein hohes Alter vorenthielten,

wenn ich überredet werden würde,
mehr nach rotgoldenen Ringen
zu suchen
als nach Vater-Rache."

Danach bereitete Sigurd seine Fahrt vor und beschloß die Hundinge zu überfallen. König Hjalprek gab ihm Männer und einige Kriegsschiffe. Hamund war mit auf dieser Fahrt und ebenso der Zwerg Regin. Ich war ebenfalls dabei und sie nannten mich Norna-Gest.

... ...

Dann erschlug Sigurd Fafnir und Regin, da dieser ihn betrügen wollte.

I 6. j) Thidrek-Saga

Nun muß berichtet werden, wie Sigurd die Schlacht gegen die Hundinge vorbereitete. Er hatte ein großes und gut bewaffnetes Heer. Regin hatte viel für die Heere geplant. Er hatte ein Schwert mit Namen Refil, daß er geschmiedet hatte. Sigurd bat Regin, ihm das Schwert zu leihen. Diese Bitte erfüllte Regin ihm und forderte ihn auf, Fafnir zu töten, wenn er zurückgekehrt war. Dies versprach ihm Sigurd.

I 6. k) Faröische Heldenlieder: Regin der Schmied

Das Alter dieses Liedes von den Faröer-Insel läßt sich leider nicht sicher bestimmen. Es stimmt inhaltlich mit der übrigen Überlieferung über den Schmied Regin gut überein, sodaß es zumindestens in inhaltlicher Hinsicht keine Neudichtung ist.

Dieses Lied wurde mit einem Kehrreim vorgetragen, der von allen gesungen wurde. Dieser Kehrreim lautet:

Grani trug das Gold von der Heide,
Sjurdur schwang sein Schwert aus Zorn,
Sieg gewann er über den Wurm,
Grani trug das Gold von der Heide.

Das Lied selber hat 206 Verse.

Wollt ihr nun hören darauf, während ich werde singen
Von den mächtigen Königen, die ich nun will nennen?
Sigmundur so nenn' ich den Sohn des Jarls,
Das war die junge Hiördis, sie war sein Weib.

So fröhlich tranken sie im Reiche des Jul:
So prächtig saßen sie auf ihrem Königsstuhl.
Unfriede ging die glückliche Halle an:
So männiglich sie wehrten des reichen Königs Berge.

Da war so groß der mächtigen Mannen Gang:
Unfriede ging an des reichen Königs Land.
Unfriede ging an des reichen Königs Land:
Sie legen ihre Schlachten südlich am Seestrand.

Sie reiten in die Schlachten, keiner kommet heim:
Nach lebt Hiördis beides mit Sorge und mit Pein.
Sie reiten in die Schlachten, lassen hier ihr Leben:
Nach lebt Hiördis, Sigmundurs Weib.

Sigmund und Hiördis sind die Eltern von Sigurd (siehe Band 38 über „Sigurd/ Siegfried“).

Hiördis wirft sich um den Mantel blau,
So ging sie auf das Feld, wo Sigmundur lag.
„Lieg nun heil, Sigmundur, Süßer mein;
Ich werde in Sorgen Zeit zu Dir gekommen sein,

Hör' Du, tapfrer Sigmundur, Süßer mein,
Gibt es etwas, das heilet die Wunde Dein?"
„Zu spät wirst Du, Hiördis, dazu gewinnen Rat,
Zu geben mir die Salbe, die meine Wunde heilen kann.

Hundings Söhne schufen im Schildgetös den Schaden hier:
Gift war in dem Schwert, das sie führten gegen mich,
Als ich die erste Wunde empfing,
Mein Schwert da in zwei Stücke ging.

Als ich die andere Wunde empfing,
Brannt' es bös im Herzen: das bedenke bei Dir wohl.
Nimm Du diese Schwertstücke beide,
Laß zur Schmiede sie tragen den jungen Sohn, den wir empfah'n.

Was Du in Hoffnung bei Dir trägst, das ist ein Helden-Sohn:
Zieh Du ihn wohl mit Sorgfalt auf und gib ihm den Namen Sjurd,
In Wahrheit sage ich das nun zu Dir:
Derselbe Sohn wird rächen meinen Tod.

Regin der Schmied wohnt jenseits des Flusses,
Ihm sollst Du bringen die Schwertstücke beide.
Fränur heißt der Wurm, der auf Glitraheide liegt,
Regin der ist ein guter Schmied, wenigen ist er treu.

Ich kann nicht länger, Hiördis, reden mit Dir,
Denn dies wird sein die Todesstund, die ist gekommen zu mir."
Weinend wandte sich Hiördis von Sigmundur fort:
Alle ihre Gefolgsfrauen, die stunden ihr bei.

„Sjurd" ist Sigurd.

Der Fluß, hinter dem der Schmied Regin wohnt, wird der Jenseitsfluß sein. Das Land jenseits des Flusses, in dem Regin wohnt, entspricht der Insel Säwarstad, auf der Tyr als Schmied Wieland von Loki-Nidud gefangengehalten wird.

„Fränur" ist Fafnir.

„Glitraheide" bedeutet „glitzernde Heide". Da die Heide oft den Ort bezeichnet hat, an dem die Hügelgräber standen, ist mit der „Glitzerheide" das Hügelgrab mit dem Grabschatz in der Grabkammer in ihm gemeint, auf der Geist des Toten in der Gestalt eines Drachen liegt.

.

Alle ihre Gefolgsfrauen, die stunden ihr bei,
Als die Frau Hiördis in Ohnmacht niederfiel.
Das war da, wie oft noch, das kam an so jäh:
Die Königin suchte Todessucht heim in derselben Nacht.

Aufwandte Hiördis nicht weniger Kosten als da:
Eine Bahre von rotem Golde ließ sie für Sigmund schlagen.
Eine Bahre von rotem Golde ließ sie für ihn bereiten,
Und das Kreuz vom weißen Silber als Merkmal herbeitragen.

Ostwärts unter dem Hügel, da zimmern das die Helden auf den Felde:
Hier gruben sie den lichten Leib nieder in die dunkle Erde.
Ostwärts unter dem Hügel, da zimmern das die Helden zu sagen:
„Düster ist dieser traurige Tag, nieder in die Erde zu fahren!"

Weinend ging nun Hiördis, in ihrem Saal zu sitzen:
König Hialprek der erste war, der die Frau wollte besuchen.
Sigmundur der König von Hiördis ging:
Hialprek der König die Frau nachher empfing.

Die Frau mit dem Kinde ging neun volle Monde,
Bis daß es zu der Stunde kam, da gebar sie einen Knaben so kühn.
Die Frau mit dem Kinde ging ihre neun Monde,
Bis daß es zu ihrer Stunde kam, da gebar sie einen Knaben so schön.

Das war da, wie es oft noch ist, daß unbewußt sind düstere Wehen:
Die Frau ist gegangen in den hohen Saal, sie gebar einen jungen Knaben.
Sie hüllte ihn in Kleider wohl, da er kam zu der Welt:
Sjurd so hieß sie nennen sich den trefflichen Sohn.

Er wuchs auf im Reiche zu einem trefflichen Mann;
Hialprek der König wars, der ihn erzog.
Er wuchs auf im Reiche, schnell und nicht lange:
Er machte sich tüchtig in Hieben, er schlug des Königs Kämpen.

Er war auf dem Kampffeld unter dem roten Schilde,
Und lernte all die Künste, die der Kämpe kiesen wollte.
Er war auf dem Kampffeld stark gegen andere Knaben:
Zu jeder Zeit, da sie zornig wurden, erhob sich ein Streit vom Übel.

Er war auf dem Kampffeld, er schlug sich inmitten der Männer:
Da riß er große Eichenstämme aus und prügelte manche zu Tode.
Nieder setzten sich die Knaben, zornig waren sie:
„Passender wär's Dir den Vater zu rächen, als uns so gewaltig zu schlagen."

Sjurdur wirft den roten Schild nieder aufs dunkele Feld,
Als er hörte seines Vaters Tod, und ward schnell schwarz wie die Erde.
Er wirft Schwert und Heerkleid ab, ihm lüstet nicht länger zu kämpfen:
Geht so hinein vor die Mutter sein mit Wangen bald rot und bald bleich:

„Hör' das, viel liebe Mutter mein, sag mir die Wahrheit davon:
Wie war er mit Namen genannt, der meinen Vater erschlug?"
„Ich kann nicht wahrer Dir sagen davon:
Das waren Hundings Söhne, die erschlugen den Vater Dein.

Die Wülfinge („Wolfsleute") entsprechen dem ehemaligen Sommergott Tyr und die Hundinge („Hunde-Leute") dem ehemaligen Wintergott Loki.

Sigurd ist eine Saga-Variante des jungen, wiedergeborenen Tyr.

Das waren Hundings Söhne, die erschlugen den Vater Dein:
Das geschieht nicht, so lange Du lebst, daß Du Sühne von ihnen empfängst."
Sjurdur gab Antwort der Mutter sein, allwohl sowie er konnte:
„Oft sind gewachsen dem jungen Hund scharfe Zähne im Munde."

Hiördis geht zur Kiste, die all war in Gold geschlagen:
„Hier siehst Du die Heerkleider, worin Dein Vater ward erschlagen."
Sie schloß da auf die Kiste, wo sie hütete manch Gold und Gut,
Nahm heraus das blutige Hemde und warfs ihm auf die Knie.

Sie nahm des Schwertes Stücke, dem Sjurdur sie die gab:
„Diese gab Dein lieber Vater, der mich liebte viel gut.
Nimm Du diese Schwertstücke beide,
Von ihnen Dir ein anderes ebengutes Schwert zu schmieden.

Regin der Schmied wohnt jenseits des Flusses,
Ihm sollst Du bringen die Schwertstücke beide.
Fränur heißt der Wurm, der auf Glitraheide liegt,
Regin der ist ein guter Schmied, aber wenigen ist er treu.

Geh Du hin zum Wasserfall, wirf einen Stein in den Fluß,
Kiese Dir zuhanden das Roß, das nicht weicht hinweg."
Er ging zu dem Wasserfall, warf einen Stein in den Fluß
Und nahm das von den Rossen, das nicht wich hinweg.

Es war gewählt im Reiche, von allen wars das beste:
Darauf ward es geheißen Grani Sjurdurs Roß.
Sjurdur springt auf Granis Rücken eines Morgens so frühe:
Drauf ritt er über den Fluß, Regin den Schmied zu besuchen.

Das war der junge Sjurdur, der reitet hin vor die Tür:
Regin wirft all sein Geschmiede weg und nahm ein Schwert in die Hand.
„Hör' das berühmter Sjurdur, Du bist ein so mannhafter Mann:
Wohin steht die Fahrt Dein, wo reitest Du hin fürbaß?"

„Hör' Du das nun, Regin, hierher steht meine Fahrt:
Tu Du mir das, Schmied Regin, schmiede mir nun ein Schwert.
„Willkommen sei, jung Sjurdur, Du bist mir gewesen gar lieb:
Verweilst Du einige Zeit im Reiche, so sei über Nacht bei mir."

„Ich kann, Schmied Regin, nicht weilen hier bei Dir,
Hialprek der König vermißt mich auf dem Hochsitz bei sich.
Das Schwert Du mir schmiede würdiglich und wohl,
Daß beides ich mag zerhauen damit Eisen und auch Stahl.

Das Schwert sollst Du mir schmieden hell und auch rein:
Ich will beides zerhauen damit Eisen und auch Stein.
Regin griff zum Schwerte, legte es in die Glut:
Zehn ganze Nächte hatte er in Arbeit das.

Zehn ganze Nächte hatte er in Arbeit das:
Da war der junge Sjurdur geritten andere Fahrt.
Sjurdur springt auf Granis Rücken eines Morgens so frühe:
Drauf ritt er über den Fluß, Regin den Schmied zu besuchen.

Das war der junge Sjurdur, der reitet hin vor die Tür:
Regin wirft all sein Geschmiede hin und nahm ein Schwert in die Hand,
„Willkommen sei, Sjurdur, geschmiedet habe ich ein Schwert;
Mangelt Dir nicht Mut und Herz, so wirst Du zum Kampfe geschickt.

Geschmiedet habe ich Dir ein Schwert hell und auch rein:
Beides wirst Du zerhauen damit Eisen und auch Stein."
Sjurdur geht zum Amboss groß, versuchte die Kraft so stark:
Sein Schwert da gesondert in zwei Stücke barst.

„Des Todes bist Du, Regin, wert durch meine Hand,
Denn Du wolltest mich betrügen durch Deine Waffenkunst."
Er nahm die Schwertstücke beide, wirft sie ihm auf die Knie:
Da bebt Regin der Schmied gleichwie ein Lilienblatt.

Er legt' die Schwertstücke beide drauf in seine Hand:
Die bebt an Regin dem Schmied gleichwie am Lilienstengel,
„Schmieden sollst Du ein ander Schwert, aber schmiedest Du das wie eben,
Wissen sollst Du Regin: nicht wirst Du behalten das Leben.

Das Schwert sollst Du mir schmieden so grimmiglich hart:
Beides will ich zerhauen damit Eisen und auch Stahl."
„Schmiede ich Dir ein ander Schwert und wird das nicht wie eben,
Das Herz aus dem Wurme, das lege ich als Arbeit auf.

Hör' das, jung Sjurdur, schmiede ich Dir ein Schwert:
Das Herz aus dem Wurme, das will ich haben zum Lohn."
Regin griff zum Schwerte, legte es in die Glut:
Dreißig ganze Nächte hatt' er in Arbeit das.

Dreißig ganze Nächte hatt' er in Arbeit das:
Da war der junge Sjurdur geritten wieder auf Fahrt.
Sjurdur springt auf Granis Rücken eines Morgens so frühe,
Drauf ritt er über den Fluß, Regin den Schmied zu besuchen.

Das war der junge Sjurdur, ritt vor die Türe hin:
Regin wirft all sein Geschmiede hin und nahm ein Schwert in die Hand.
„Willkommen sei, Sjurdur, geschmiedet habe ich ein Schwert:
Mangelt Dir nicht Mut, Du kommst so weit auf Fahrt."

Sjurdur geht zum Amboß, haut all mit Kraft:
Nicht konnt' es biegen, nicht springen, so hart war das Schwert.
So haut nun Sjurdur kräftiglich zu:
Er spaltet entzwei den Amboß und auch den Klotz dazu.

Ein Fluß springt von der Quelle auf, ein anderer kurz davon:
Gram nennt er das Schwert, das im Hallengolfe lag.
„Hör' das, berühmter Sjurdur, fahr hin und suche ein Weib:
Für solch einen Häuptling will ich das Leben lassen."

„Hallengolf" ist eine alter Begriff für den Fußboden in einem großen Raum.

„Hör' das nun, Regin, dieses sagst Du mir:
Doch anderes wohnt im Herzen, Schmied Regin, bei Dir."
„Noch das, berühmter Sjurdur, sollst Du sagen mir.
Wenn Du reitest auf Glitraheide, so laß mich folgen Dir."

„Zuerst reit' ich ins Schildgetös, Hundings Söhne zu finden:
Drauf reit' ich auf Glitraheide, doch das treibt mich minder.
Zuerst reit' ich ins Schildgetös, Hundings Söhne zu fällen:
So fahre ich auf Glitraheide, daran wird keiner mich hindern."

Das „Schildgetös", also der „Schild-Lärm" ist eine Umschreibung für „Schlacht", bei der die Schwerter laut auf die Schilde schlagen.

Das war Sjurdur Sigmundurs Sohn, nicht mangelt ihm das Glück:
Er ritt da ins Schildgetös und rächte des Vaters Tod.
All erschlug er Hundings Söhne, wol kam er von ihnen heim:
Kurze Stunde war er im Reiche und ritt auf Glitraheide.

Das war Sjurdur Sigmundurs Sohn, ritt hin durch den Wald:
Ihm begegnet' ein alter Mann, der setzte sich nieder am Sumpf.
Hier kam der Mann aufs Feld hervor, keiner ihn erkannte:
Augen hatt' er eins im Schädel, in den Händen einen finnischen Bogen.

Der alte, einäugige Mann ist Odin.

„Hör' das, Sjurdur Sigmundurs Sohn, Du bist ein tapferer Mann:
Wohin steht jetzo deine Fahrt, wohin reitest Du fürbaß?
„Ich ritt zuerst ins Schildgetös, die Hundingssöhne zu finden:
Nun reite ich auf Glitraheide, Heldenwerk zu vollbringen."

„Hör' Du, tapfrer Sjurdur, sagen sollst Du mir:
Wer ist dieser unselige Mann im Gefolge mit Dir?"
„Regin der Schmied wird er genannt, er ist des Wurmes Bruder;
Drum habe ich ihn bei mir auf dieser meiner Fahrt."

„Wer wars der Dich graben hieß diese Gruben zwei?
Den Tod wird derselbe Mann Dir haben zugedacht. "
„Den Rat gab mir Regin, zu graben der Gruben zwei;
Denn er ist mein Vertrauter bei mir auf dieser Fahrt. "

„Hat Regin Dich geheißen, zu graben der Gruben zwei,
So ist er der ärgste Verräter und töten will er Dich.
Wohl mußt Du, Sjurdur, achten darauf,
Daß Du nicht mögest empfangen den Tod von diesem Wurm.

Grabe Du die dritte, grabe sie nicht weit davon:
Allein wird sie Dich retten von dem Gifte da.
Grabe Du noch die vierte, etwas weiter davon:
Von unten aus der Grube sollst Du erschlagen ihn.

Graben sollst Du die vierte, grabe sie hier neben:
Drauf sollst Du, Sjurdur, auf der Erde stehen. "
Der Wurm ist geschritten vom Golde, das wird man weithin vernehmen,
Sjurdur setzt sich auf Granis Rücken, er rüstet sich zu reiten.

Hier werden die zusätzlichen Gruben als Schutz vor dem Gift, d.h. vermutlich vor dem Feuer des Drachen, angesehen.

Der Wurm ist geschritten vom Golde, er glaubt zu haben Friede:
Sjurdur greift nach dem Wundenspieß, er rüstet sein Schwert nun zu.
Der Wasserfall dreißig Klaftern maß, wo der Wurm darunter lag:
Auf ragten seine beiden Flossen, doch der Bauch am Felsen lag.

Auf ragten seine beiden Flossen, doch der Bauch am Felsen lag:
Das war der tapfre Sjurdur, der sein Schwert da schwang.
Sjurdur gab so schön einen Hieb, das allen deuchte Wunder:
Da bebten beides Blatt und Wald und alle Welten-Gründe.

Da bebten beides Blatt und Wald und alle Welten-Gründe:
Sjurdur schwang sein scharfes Schwert, er hieb ihn mitten entzwei.
Das fragte der Wurm, da er im Todkampfe lag:
„Wer ist der Muteskühne, der zu hauen wagt also? "

„Sjurd sollst Du nennen mich, Sigmundurs Sohn;
Das war die junge Hiördis, sein Weib war sie."
„Hör' Du das nun, Sjurdur, was ich rede zu Dir:
Wer folgte Dir den langen Weg hierher nun zu mir?"

„Regin ists, der Bruder Dein, der zeigte mir den Weg:
Er ist der ärgste Verräter, töten wollte er Dich."
Drauf gab der Wurm zur Antwort, während er floß im Blute:
„Erschlagen sollst Du Regin den Schmied, obgleich er ist mein Bruder,

Erschlag Du nun Regin den Schmied, wie Du hast erschlagen mich:
Er ist der ärgste Verräter, töten will er Dich."
Das war Regin der Schmied, der so für sich sprach:
„Empfange ich nun, Sjurdur, was Du gelobtest mir?"

Sjurdur stach zum Herzen, obgleich der Weg war eng:
An den Spieß er es steckte, der war dreißig Ellen lang.
Sjurdur brannte sich an der Hand und fuhr sich damit in den Mund:
Vögel und allerlei Tiere waren ihm in der Rede kund.

Das sagten ihm die wilden Vögel, die oben auf der Eiche saßen:
„Selber sollst Du, Sjurdur, essen von Deinem Braten."
Sjurdur briet das Herz und zog es von dem Spieß:
Regin legte sich nieder, zu trinken des Wurmes Giftblut.

Regin legte sich nieder, zu trinken des Wurmes Giftblut:
Sjurdur gab ihm den Todesstreich in der Spur, wo er stund.
Das war der junge Sjurdur, sein Schwert er schwang:
Drauf zerhaut er Regin den Schmied in zwei Stücke.

Sjurdur konnte da sich großes Gold aneignen;
Denn er erschlug den schillernden Wurm, der lag auf Glitraheide.
Früh wars am Morgen, soeben rötet die Sonne:
Er bindet auf Granis Rücken der Goldkisten zwölfe.

Der Goldkisten zwölfe legt' er zu des Sattels beiden Seiten:
Er selber setzte sich oben darauf, so ist mir davon gesagt.
Dann setzte sich Sjurdur zu reiten oben darauf:
Grani sprang über die Heide, und zornig war er da.

Das Ross rennt in öde Marken, der Weg war ihm nicht kund:
Sjurdur schlief in dieser Nacht unter so kaltem Gebüsch.
Es tritt Grani so rasch über Stein wie über Feld:
Ein solcher kommt nie wieder in des mächtigen Königs Burg.

Nun will ich vom Liede lassen, ich singe nicht länger für diesmal;
So will ich aufnehmen einen andern Gesang und weiter einprägen dem Gedächtnis.

I 6. l)   Die Stabkirche von Hylestad

| *Regin schmiedet Sigurds Schwert* | *Sigurd zerschlägt Regins erstes Schwert* |

Sigurd tötet den Drachen Fafnir

Sigurd tötet Regin, dem Blut aus dem Mund fließt
Schnitzwerk am Portal der Stabkirche von Hylestad in Norwegen

I 6. m)   Die Vision der Seherin

In diesem Lied wird Regin als ein Zwerg aus der Sippe des Durin aufgezählt.

Da ward Modsognir der mächtigste
Dieser Zwerge und Durin nach ihm.
Noch manche machten sie menschengleich
Von den Zwergen in der Erde, wie Durin sagte.

Nyi und Nidi, Nordri und Sudri,
Austri und Westri, Althiof, Dwalin,
Nar und Nain, Niping, Dain,
Bifur, Bafur, Bömbur, Nori;
Ann und Anarr, Ai, Miödwitnir.

Weig, Gandalf, Windalf, Thrain,
Theck und Thorin, Thror, Witr und Litr,
Nar und Nyrad; nun sind diese Zwerge,
Regin und Raswid, richtig aufgezählt.

Fili, Kili, Fundin, Nali,
Hepti, Wili, Hannar und Swior,
Billing, Bruni, Bild, Buri,
Frar, Hornbori, Frägr und Loni,
Aurwang, Jari, Eikinskjaldi.

I 6. n) Snäfridardrapa

In diesen Versen des Harald Struwelkopf Halfdan-Sohn (dem späteren König Harald Haarschön) wird der Skaldenmet als „Trank des Regin" umschrieben. Regin wird hier entweder mit dem Göttervater Tyr oder mit einem der beiden Zwerge Falar und Gjalar, die den Skaldenmet gebraut haben, gleichgesetzt. Diese beiden Zwerge sind eine der vielen Varianten der beiden Alcis-Söhne des Tyr, die einst in der Gestalt von zwei Schimmeln den Sonnen-Streitwagen des Tyr gezogen haben (siehe den Band 12 über die beiden „Alcis").

Ich lasse jetzt eine Drapa erklingen:
sie strömt hervor aus Dwalins Griff –
echten Regins-Trank reiche ich den Kriegern;
er kommt von dem Ort des Bragi.

Dwalin ist ein Zwerg. Sein „Griff" ist der Krug mit dem Skaldenmet.
Bragi ist der Gott der Dichtkunst. Sein „Ort" ist wieder der Krug mit dem Skaldenmet.

I 6. o) Mit „Regin" zusammengesetzte Worte

Das Wort „Regin" bedeutet in allen diesen Zusammensetzungen „Ase, Gott":

regin-grjot	= Götter-Steine, Heilige Steine = Altar
regin-nagl	= Götter-Nägel (in den Tempel-Säulen)

142

ragna   = Genitiv von „regin"
ragna-rök   = Zwielicht der Götter, Götterdämmerung

I 6. p) Kenningar

Es gibt drei Kenningar, die das Wort „Regin" enthalten:

Zwerg	*Regin*		König Harald Hart-Rat	Snäfridardrapa
			Halldor Nicht-Christ	Eiriksflokkr
Schmied	*Reginn*		Thjodolfr von Hvini	Haustlöng
Stier	*Reginn*		Snorri Sturluson	Thulur

Die Bezeichnung eines Stieres als „Regin" ergibt sich daraus, daß der Stier das wichtigste Opfertier für Tyr gewesen ist, der sich bei seiner Wiederzeugung im Jenseits in einen Stier verwandelt hat. Die Jenseitsgöttin hat dabei die Gestalt einer Kuh angenommen.

I 6. q) Hrolf Kraki und seine Berserker

In dieser Saga tritt ein Mann mit dem Namen „Regin" auf, der zwei Königssöhne vor einem anderen König beschützt. Es wäre daher denkbar, daß dieser Mann durch den Regin, der anfangs Sigurd geholfen hat, inspiriert worden ist – zumal die Saga über Hrolf Kraki voll von alten mythologischen Elementen ist.

Einst lebte ein Mann mit dem Namen Halfdan und ein anderer, der Frodi genannt wurde – zwei Brüder, zwei Königssöhne – und jeder von ihnen herrschte über sein eigenes Königreich. König Halfdan war friedlich und umgänglich und gutmütig, aber König Frodi war wild und grausam.

Diese Schilderung erinnert an das Brüderpaar Heidrek und Angantyr, die eine Sagen-Variante der beiden Götter Tyr und Loki sind. Der friedliche Bruder ist Tyr, Angantyr und Halfdan; der wilde Bruder ist Loki, Heidrek und Frodi.

König Halfdan hatte drei Kinder: zwei Söhne und eine Tochter. Sie wurde Signy genannt. Sie war die älteste und wurde Jarl Saevil zur Frau gegeben.

Das, was hier berichtet wird, geschah, als seine Söhne noch jung waren. Einer von ihnen wurde Hroar genannt, der andere Helgi. Regin war ihr Ziehvater und er liebte sie sehr.

König Halfdan hat wie Tyr hat zwei Söhne (die beiden Alcis) und eine Tochter (die zu seiner Tochter umgedeutete Jenseitsgöttin).

Die Deutung von Halfdan und Frodi als die in die Sage übertragenen Götter Tyr und Loki wird dadurch bestätigt, daß „Helgi" einer der Beinamen des Tyr gewesen ist (siehe „Helgi" in Band 39) und Regin als Ziehvater des Helden Sigurd auch aus der Völsungen-Saga, die ebenfalls auf die Tyr-Mythen zurückgeht, gut bekannt ist.

Nicht weit von Halfdans Festung entfernt lag eine Insel. Dort lebte ein Mann, der Vivil genannt wurde. Er war ein lebenslanger Freund des Halfdan. Vivil hatte zwei Hunde, Hopp und Ho. Er war recht wohlhabend und kannte viel von den alten Weisheiten, wenn es hart auf hart kam.

Nun wird berichtet, daß König Frodi daheim in seinem Königreich saß und seinem Bruder König Halfdan dessen Königreich heftig neidete. Und er war mit seinem Los, so wie es sich gefügt hatte, nicht besonders glücklich und ihm schien, daß er allein Dänemark beherrschen sollte. Daher versammelte er ein großes Heer und zog in dem Dunkel der Nacht nach Dänemark und brannte alles bis auf den Boden nieder. König Halfdan konnte nur wenig tun um sich verteidigen. Er wurde gefangengenommen und getötet, während alle, die dazu in der Lage waren, flohen. Alle Bewohner mußten Frodi den Treueschwur leisten, wenn sie nicht auf die verschiedensten Weisen gefoltert werden wollten.

Auch Loki tötet Tyr und ebenso Heidrek seinen Bruder Angantyr.

Regin, der Ziehvater des Helgi und des Hroar, brachte sie zu dem Bauern Vivil auf seiner Insel. Sie trauerten sehr über ihren Verlust. Regin sagte, daß „in den meisten Schutzorten Schnee fällt" – es wäre eine traurige Angelegenheit – wenn Vivil sie nicht vor König Frodi schützen könne.

Die Verbannung auf eine Insel ist ein Symbol für die Jenseitsreise, daß am besten von der durch König Nidud (Loki) festgelegte Gefangenschaft des Wieland (Tyr) auf einer Insel bekannt ist.

Eine Variante dieses Motives ist die Reise über einen Fluß, wie es sich in der Völsungen-Saga und in der Thirdrek-Sage bei der Schilderung der Geburt und Kindheit des Sigurd (Siegfried) findet.

Vivil sprach: „Da spielen wir Tauziehen mit einem Hartgesottenen." Aber er sagte auch, daß er sehr dazu verpflichtet sei, den Jungen zu helfen.

Da nahm er sie und brachte sie in ein unterirdisches Erd-Haus, in dem sie die meisten Nächte verbrachten. Am Tage kamen sie jedoch heraus, um etwas frische Luft in den Wäldern zu bekommen, die die Hälfte der Insel bedeckten. Dort ließ Regin sie.

Das „unterirdische Erd-Haus" ist ein Hügelgrab – ein Wiederholung des Motivs in das Jenseits. Diese Szene findet sich u.a. auch als die Gefangenschaft von Sigurds Vater Sigmund und dessen Sohn Sinfiötli in einem Hügelgrab in der Vöslungen-Saga und als Odins Reise zu Gunnlöd in dem Hügelgrab „Hnitbjörg".

Regin besaß große Ländereien in Dänemark und auch Frau und Kinder und er sah keine andere Möglichkeit, als zu Frodi zu gehen und ihm den Treueeid zu leisten. König Frodi unterwarf sich nun ganz Dänemark und verhängte Steuern und Tribut-Zahlungen. Die meisten unterwarfen sich ihm nur, weil sie dazu gezwungen waren, denn er wurde von allen gehaßt. Und er belegte auch Jarl Saevil auf dieselbe Weise mit Steuern.

Nachdem er all dies erreicht hatte, bereitete es König Frodi nicht ganz so viele Sorgen, daß er die Jungen Helgi und Hroar nicht gefunden hatte. Er ließ nun in allen Richtungen nach ihnen suchen, nach und fern, im Norden und im Süden, im Osten und im Westen, und er setzte eine große Belohnung für den aus, der ihm Neuigkeiten über sie bringen konnte, und bedrohte die, von denen jemals ans Licht kommen sollte, daß sie sie verbargen, mit allen Arten von Foltern – aber niemand wußte irgendetwas, was er dem König hätte erzählen können.

Da ließ er aus dem ganzen Land Seher herbeiholen – Zauberinnen und Zauberer – und befahl ihnen, das gesamte Land von vorne nach hinten, von links nach rechts, alle Inseln und alle fern draußen liegende Schären zu durchsuchen, aber sie konnten die beiden Söhne nicht finden.

Da ließ er Zauberer herbeiholen, die alles sehen konnten, was sie wollten, und sie sagten ihm, daß die Jungen nirgendwo in dem Land aufgezogen würden, aber daß sie auch nicht weit fort seien.

König Frodi sagte: „Wir haben sie weit und breit gesucht, daher ist es sehr unwahrscheinlich, daß sie in der Nähe sind, aber es gibt noch eine Insel, die nicht weit entfernt ist, wo wir uns keine besondere Mühe gegeben haben, weil dort niemand lebt – nun, niemand außer einem Bauern, einem armen Hungerleider."

„Siehe zuerst dort nach," sprach der Galdr-Mann, „denn über dieser Insel liegt ein dichter Nebel und wir können nicht gut sehen, was rings um den Hof dieses Mannes liegt. Uns scheint, daß dieser Mann geschickt ist und daß er mehr ist, als er zu sein scheint."

Diese Szene zeigt, daß der Schreiber dieser Saga sich entweder durch eigene Erfahrungen oder durch Erlebnisse mit Sehern mit dem Thema ausgekannt hat, denn es ist noch heute bei der Suche nach „magisch verborgenen Dingen" die sinnvollste Vorgehensweise, nicht nach dem Ding selber zu suchen, sondern nach Orten, an denen etwas magisch verborgen worden ist, was man beim inneren Schauen entweder daran erkennen kann, daß über manchen Orten ein Nebel zu liegen scheint, der die innere Sicht behindert (ein recht einfacher Schutzzauber) oder daß man an manche Orte erst gar nicht nicht schauen will (ein etwas geschickterer Schutzzauber). Vivil kannte offenbar beide Arten des Schutzzaubers.

Diese Inanspruchnahme der Hilfe von Zauberern könnte damals in solchen Fällen allgemein üblich gewesen sein, aber es ist denkbar, daß es sich dabei um Übertragung der Suche des Odin mithilfe der Beschwörungen von verstorbenen Seherinnen bzw. der Hel selber (Wegtam-Lied) in die Saga handelt – auch wenn die beiden Motive nicht genau analog sind.

Der König sagte: „Dann werden wir dort noch einmal suchen, aber es scheint mir nicht sehr glaubhaft, daß ein einfacher Fischer die beiden Jungen verbirgt und es wagen sollte, Leute vor uns zu verstecken."

Eines frühen Morgens erwachte Vivil und sprach: „Viele und seltsame Dinge sind gerade unterwegs, auf Flügeln und auf Pfaden, und große Geister sind zu der Insel gekommen und es gehen große Jagden vor sich. Auf, Söhne des Halfdan, Hroar und Helgi, verbergt euch heute in den Wäldern!"

Vivil ist offensichtlich ein fähiger Seher, der nicht nur die Gabe hat, etwas sehen zu können, wenn er danach schaut, sondern der auch herannahende Gefahren spüren und sie als Vision („große Geister") sehen kann.

Da liefen sie in den Wald. Da geschah es genau so, wie es der Hofherr geahnt hatte. König Frodis Gesandte kamen auf die Insel und suchten an allen Orten, die ihnen einfielen, nach ihnen, aber sie konnten sie nirgendwo finden. Der Hofherr schien ihnen sehr verdächtig, aber sie beließen es dabei und gingen wieder fort und berichteten dem König, daß sie sie nicht hatten finden können.

„Ihr könnt nicht allzugut gesucht haben," sagte der König, „und dieser Landmann ist ein listiger Kerl voller Magie. Geht daher wieder zurück zu ihm – geht genau den Weg den ihr gekommen seid, wieder zurück, während er such nicht erwartet, sodaß er keine Zeit hat, sie zu verbergen, falls sie bei ihm sein sollten ..."

Sie konnten nichts anderes tun als dem König zu gehorchen und gingen ein zweites mal zu der Insel.

Vivil sagte zu den Jungen: „Dies ist nicht die richtige Zeit, um herumzusitzen, ihr zwei! Lauf so schnell ihr könnt in den Wald!"

Genau das taten die Jungen. Da stürmten die Männer des Königs herein und verlangten, das er sie suchen ließe, und Vivil öffnete ihnen alles, aber sie konnten sie nirgendwo auf der Insel finden, egal wo sie auch suchten, daher beließen sie es dabei und gingen zu dem König zurück und berichten ihm dies.

König Frodi sagte: „Jetzt ist Schluß mit diesem sanften Umgang mit diesem Bauern! Ich werde selber auf diese Insel gehen – gleich als erstes morgen früh. "

Und genau das geschah auch – der König ging selber.

Solche drei Versuche, etwas magisch Verborgenes zu entdecken, finden sich auch in der Saga über die Siedler von Eyre, in der die Zauberin Katla dreimal nacheinander ihren Mann vor dessen Feinden verbirgt, die nach ihrer ersten Suche noch zweimal umkehren und noch einmal suchen.

Eine Dreizahl an einer ähnlichen Stelle findet sich in den drei Wettkämpfen des Thor und seiner Begleiter Loki und Thialfi mit den Männern des Utgart-Loki, die alle drei Wettkämpfe gegen Thor und seine Begleiter durch magische Verschleierungen der tatsächlichen Vorgänge gewinnen.

Vivil erwachte sehr unruhig und sah, daß sie wieder sehr schnell eine Hilfe finden mußten.

Er sprach zu den Brüdern: „Merkt euch dies: Wenn ich laut nach meinen Hunden Hopp und Ho rufe, dann seid ihr gemeint! Lauft dann zu eurem Erd-Haus, denn das ist das Zeichen für Gefahr; versteckt euch dort, denn euer Onkel Frodi führt nun die Suche an und er will euch mit Listen und Hinterhalten ans Leben und ich bin mir nicht sicher, ob ich euch nun noch retten kann. "

Auch diese Gleichsetzung der beiden Königssöhne mit Hunden ist ein Motiv aus den Mythen des Tyr, da seine beiden Söhne, die als Jünglinge und als zwei Schimmel, die seinen Streitwagen zogen (Griechen: Kastor und Pollux), erscheinen konnten, als Krieger die Gestalt von zwei Wölfen hatten, aus denen nach der Absetzung des Tyr durch Odin die beiden Wölfe des neuen Göttervaters wurden.

Dann ging Vivil an den Strand, wo die Schiffe des Königs angelangt waren. Vivil tat so, als ob er es nicht gesehen hätte und tat, als ob er überall nach seiner Herde sehen würde und so beschäftigt wäre, daß er den König und seine Männer nicht bemerken würde.

Der König befahl, ihn zu ergreifen, was auch getan wurde. Sie brachten ihn vor den König.

Der König sagte: „Du bist ein Zauberkundiger – oh ja, so listig ... Sag mir, wo des Königs Söhne sind, denn Du weißt es! "

Vivil sagte: „Ich wünsche euch auch einen sehr schönen Tag, mein Herr, doch haltet mich bitte nicht auf, sonst wird der Wolf meine Herde reißen!" Dann rief er laut aus: „Hopp! Ho! Paßt auf die Herde auf, ich kann sie nicht beschützen!"

Der König sprach: „Wen rufst Du da?"

Er sagte: „Meine Hunde, so heißen sie. Sucht wo ihr wollt, Herr, aber ich glaube kaum, daß die beiden Königssöhne hier irgendwo erscheinen werden, und es wundert mich, daß Ihr glaubt, daß ich Leute vor Euch verberge."

Der König sagte: „Du bist wirklich ein gerissener alter Bursche, aber sie können hier nach dieser Suche wirklich nicht versteckt sein, selbst wenn Du sie bisher hier gehabt haben solltest, und es wäre nur recht, wenn Du getötet werden würdest."

Der Bauer sagte: „Das liegt in Euren Händen, Herr. Dann habt Ihr zumindestens eine Sache auf der Insel vollbracht, anstatt es einfach auf sich beruhen zu lassen."

Der König sagte: „Nein, ich werde Dich nicht töten lassen, obwohl ich befürchte, daß das ein Fehler ist."

Der König kehrte heim und beließ es dabei. Vivil fand die Jungen und sagte, daß sie nicht länger hier bleiben könnten. Ich werde euch zu eurem Schwager Saevil senden und ihr beiden werdet berühmte Männer werden, wenn ihr dafür lange genug lebt."

Hroar war zwölf und Helgi zehn, auch wenn er der größere und mutigere der beiden war. Sie gingen nun beide fort und Hraor nannte sich Hrani und Helgi nannte sich Ham, wohin sie auch gingen oder wo sie Leute fanden, mit denen sie sprachen.

Die beiden Alcis-Söhne des ehemaligen Göttervaters Tyr haben oft Namen, die einen Stabreim bilden: die Sonnenwagen-Rosse Arwakr und Alswid, die Zwerge Dwalin und Durin, die zauberkundigen Schmiede Olius und Alius (alle Vokale galten als zueinander stabreimend) sowie Var und Var (sie trugen denselben Namen), die Königssöhne Alfarin und Alfar, Erp und Eitil sowie Aethelred und Aethelberht, die Fürsten-„Brüder" Ibur und Aio (Langobarden), Aggi und Ebbi (Langobarden), Raos und Raptos (Wandalen) sowie Hengist und Horsa (Angelsachsen). Aus diesen beiden „Pferde-Söhnen" wurde dann um 500 n.Chr. das „Doppelpferd" Sleipnir des Odin.

Diese Jungen kamen zu Jarl Saevil und blieben eine Woche bei ihm bevor sie begannen, mit ihm darüber zu sprechen begannen, daß sie bei ihm bleiben wollten.

Er sagte: „Mit euch beiden würde ich ja kaum große Männer erhalten, aber ich werde euch zumindestens fürs erste nicht Speise vorenthalten."

Sie blieben eine Weile dort und waren recht zurückhaltend: Niemand konnte herausfinden, wer sie waren oder zu welcher Sippe sie gehörten. Der Jarl hatte keinerlei Verdacht – nun, sie hatten ihm auch keinerlei Hinweise darauf gegeben, wer sie waren. Einige Leute sagten, daß sie mit Schorf geboren worden sein müßten, und zogen sie damit auf, daß sie allezeit Kapuzen trugen und niemals ihre Kopfbedeckungen abnahmen, und viele glaubten, daß sie Läuse hätten. Dort blieben sie bis zum dritten Winter.

*Da begab es sich, daß König Frodi Jarls Saevil zu einem Fest einlud. Der König
hatte den Verdacht, daß er die Jungen beherbergte, da er mit ihnen verwandt war.
Der Jarl bereitete sich für die Reise mit einem großen Gefolge vor. Auch die Jungen
bereiten sich darauf vor, mit ihm zu ziehen, doch der Jarl sagte, daß sie nicht mit-
kommen durften.*

*Signy, die Frau des Jarls, kam ebenfalls mit. Ham, der in Wirklichkeit Helgi war,
nahm sich ein noch nicht zugerittenes Hengstfohlen und gallopierte der Gemeinschaft
hinterher – den Rücken nach vorne und das Gesicht zum Schweif gewandt und
benahm sich wie ein völlig Verrückter. Sein Bruder Hrani nahm ein ebensolches
Pferd, aber setzte sich richtig herum darauf. Der Jarls sah sie kommen und sah, daß
sie keine Kontrolle über ihre Pferde hatten. Die struppigen Hengstfohlen sprangen
unter ihnen vor und zurück, sodaß Hranis Kapuze herunterfiel.*

Ihre Schwester Signy erblickte dies und erkannte sie sofort und weinte bitterlich.

Der Jarl frug, warum sie weine.

Da sprach eine Strophe:

*„Dies ist alles,was geblieben ist
was von den Herren von Lund,
von der Sköldungen
verstreuten Zweigen.
Ich sah meine Brüder
sattellos reiten,
während Saevils Helden
in Sätteln saßen. "*

„Sköldungen" ist der Name des dänischen Königshauses, das nach dessen Begrün-
der Skjöld Odin-Sohn benannt worden ist.

Der Jarl sprach: „Das sind große Neuigkeiten. Sage sie niemandem! "

*Er ritt nach hinten und befahl ihnen nach Hause zurückzukehren und sagte ihnen,
daß sie eine Schande seinen und unpassend für eine vornehme Gesellschaft. Da stie-
gen die Jungen ab und gingen zu Fuß.*

*Er sprach zu ihnen auf diese Weise, weil er vorsichtig war mit dem, was er sagte,
sodaß niemand erkannte, wer diese Jungen waren.*

*Sie tollten am Rande der Gemeinschaft herum und hatten keine Lust, zurückzukeh-
ren und trieben sich daher am Ende der Gemeinschaft herum.*

Schließlich kamen sie zu dem Festmahl und rannten die Halle hinauf und hinunter.

*Einmal kamen sie dorthin, wo ihre Schwester Signy saß. Sie flüsterte ihnen zu:
„Bleibt nicht in der Halle; ihr seid noch nicht groß genug! "*

Doch sie beachteten das nicht.

König Frodi begann darüber zu reden, wie er Halfdans Söhne fangen wolle, und sagte, daß er dem große Gunst erweisen werde, der ihm Neuigkeiten über sie bringen würde.

Damals lebte eine gewisse Seherin mit dem Namen Heid.

Der Name „Heid" bedeutet „Licht" und ist des öfteren (selbst in „Der Ausspruch der Seherin") anscheinend auch eine Bezeichnung für eine Seherin und Zauberin. Die vielen mit „Licht", „Sonne" u.a. Frauennamen, die auf „-ve" („Tempel, Priesterin") lassen vermuten, daß es sich bei „Heid" ursprünglich um eine Priesterin des Sonnengott-Göttervaters Tyr gehandelt haben könnte.

Frodi forderte sie auf, ihre Fähigkeiten zu benutzen und zu schauen, ob sie irgendetwas über die Jungen herausfinden könne. Er ließ ein großes Fest für sie veranstalten und ließ sie sich auf den Hochstuhl setzen.

Dann frug der König sie, ob sie irgendetwas wichtiges sehen könne, „denn," sagte er, „ich weiß, daß nun viele Dinge vor Dir erscheinen und ich sehe ein großes Glück auf Dir. Ich habe ein gutes Gefühl dabei, also antworte mir schnell, Seidr-Frau!"

Dieses „Glück" ist eine Mischung aus „Lebenskraft", „gutem Geschick" und „guter Gelegenheit", die alle zusammen zum Erfolg führen (siehe auch „persönliches Glück" in Band 64).

Sie öffnete ihren Mund weit und gähnte sehr herzhaft.

Auch dieses Detail spricht dafür, daß der Schreiber dieses Textes selber Seherinnen bei ihrer Arbeit gesehen hat, da Trancen, Traumreisen, Visionen u.ä. oft mit einem sehr tiefen Atemzug beginnen, der mit dem Wechsel in die nach innen gerichtete Aufmerksamkeit verbunden ist.

Daraufhin sprach sie diese Verse:

„Dort drinnen sind zwei
– ich traue keinem von ihnen –
sie sitzen am Feuer;
beide sind stattliche Gestalten."

Da sprach der König: „Sind das die beiden Jungen oder die, die sie verbergen?"

Sie sprach:

„Es sind jene Jungen,
die sich selber auf der Insel verstecken:
Vivils Hunde,
Hopp und Ho. "

In dem Augenblick warf Signy ihr einen goldenen Ring zu. Dieser Ring gefiel der
Seherin und sie wollten nun aufhören.

Dieses Stören, das die Vision der Seherin unterbricht, scheint ziemlich unpassend
zu sein – aber vielleicht waren die Seherinnen auch sehr geübt darin, ihren Bewußt-
seinszustand sehr schnell und mehrfach hintereinander zu wechseln, was ja rein
„Visions-technisch" gesehen durchaus möglich ist. In diesem Fall wären die
Belohnung der Seherin sehr direkt und unvermittelt an ihre Aussagen geknüpft
gewesen.

Es ist jedoch am wahrscheinlichsten, daß Signy die Seherin darn hindern wollte,
weiterzureden und dem König die Anwesenheit ihrer beiden Brüder zu offenbaren.

„Wie ist das geschehen? " sagte sie, „Die sind alles Lügen, was ich sage, und nun
sind meine Kräfte sehr verwirrt geworden ... "

Es scheint, als ob die Seherin selber plötzlich erkannt hätte, was sie beinahe dem
König gesagt hätte.

Der König sprach: „Du wirst gefoltert werden bis Du sprichst, wenn Du das jetzt
nicht alles richtig erkennst! Ich weiß nicht mehr als zuvor in diesem Gewimmel von
Menschen, was Du eigentlich sagen willst – und warum ist Signy nicht auf ihrem
Platz? Kann es sein, daß sich hier Wölfe mit Wargs verschworen haben? "

„Warg" bedeutet „Würger" und ist eine beliebte Umschreibung für „Wolf" gewesen.

Man sagte dem König, daß sich Signy wegen dem Rauch, der über der Feuerstelle
hing, nicht wohl fühle.
Jarl Saevil bat sie, sich aufzusetzen und tapfer zu sein, „denn es könnte sein, daß
das die Leben der Jungen rettet – wenn es darum gehen sollte. Laß daher niemanden
sehen, was Du denkst, denn im Augenblick können wir keinen Finger rühren, um
ihnen zu helfen. "
König Frodi drängte nun die Seherin und verlangte, daß sie die Wahrheit sagen
solle, wenn sie nicht gefoltert werden wolle.
Sie gähnte wieder tief, aber es fiel ihr schwer, eine Vision zu erlangen, aber schließ-
lich sang sie eine Strophe:

„Ich sah sie dort sitzen,
die Halfdans-Söhne,
Hroar und Helgi,
gesund und wohlbehalten.
Nun gehört Frodis Leben ihnen,
sie können es nehmen ...

    ... außer wenn sie schnell daran gehindert werden, was jedoch nicht geschehen kann," sagte sie.

Es hat den Anschein, als ob die Seherin selber durch das, was sie sieht, überwältigt wird, sodaß sie nicht in der Lage ist, die beiden letzten Verse ihres traditionellen Achtzeilers zu verfassen und den Rest ungereimt in Prosa ausspricht.

    Danach sprang sie von der Seid-Platform und rief:

„Tödlich ist der Blick
von Ham und Hrani;
Kriegsherren sind sie beide,
wundersam kühn!"

    Da rannten die Jungen beide in Todesangst hinaus in den Wald. Ihr Ziehvater Regin erkannte sie und hatte Mitleid mit ihnen.
    Und die Völva gab ihnen diesen Rat, als sie aus der Halle rannte: „Rettet euch!"
    Da befahl der König seinen Männern, aufzuspringen und sie zu verfolgen. Regin löschte alle Lichter in der Halle und einige Männer griffen nach anderen, weil sie wollten, daß die Jungen entkamen, und so gelang es ihnen, in den Wald zu entkommen.
    Der König sprach: „Sie sind mir sehr nah gekommen und ich glaube, daß hier viele hier drinnen zu ihnen halten und sich mit ihnen verschworen haben, und das wird hart gerächt werden, sobald es Zeit dafür gibt. Aber nun werden wir den ganzen Abend trinken, denn sie werden froh sein, daß sie davongekommen sind, und ihr erster Gedanke wird sein, sich selber zu retten."

I 6. r) Zusammenfassung

„Regin" bedeutet „Herrscher". Dieser Name ist eigentlich ein Titel des Göttervaters. Vermutlich ist auch dies einer der Namen, die von dem Göttervater selber auf
einen seiner beiden Pferdesöhne übergegangen ist. Regin ist als Pferdesohn-Zwerg
auch ein geschickter Schmied.

So ähnlich wie Dain und Dwalin zunächst die beiden Pferdesöhne des Tyr gewesen sind und dann zu zwei der vier gehörnten Himmelsträger-Zwerge wurden, so
verwandelte sich auch Regin in einen der drei Repräsentanten der drei Stände. Er ist
einer der drei Söhne des Tyr-Zwerges Hreidmar.

Dieser Zwerg ist in der Sigurd-Sage fast vollständig von einem Zwerg zu einem
Menschen geworden.

Regin wird als listig und hinterhältig geschildert. Nachdem Regins Bruder Fafnir
seinen Vater getötet hatte, um dessen Schatz zu erlangen, verwandelte er sich in
einen Drachen. Nach vielen Bemühungen gelangt es Regin schließlich, Sigurd zum
Töten des Drachen zu bewegen.

Dies gelingt Sigurd mithilfe des Schwertes, das Regin ihm aus den Bruchstücken
des Schwertes seines Vaters, das dieser von Odin erhalten hatte, neugeschmiedet hat.
Dieses Motiv stammt aus den Mythen des Tyr, dessen Schwert jeden Abend bzw.
Herbst zerbrach und in der Unterwelt von ihm selber (Wieland) oder von seinen
beiden Pferdesöhnen (zwei Zwerge) neugeschmiedet wurde.

Als Sigurd von den Vögeln erfährt, daß Regin ihn töten will, ersticht er Regin.

Der Name „Regin" scheint somit zunächst ein Name des ehemaligen Göttervaters
Tyr gewesen zu sein, der dann auf einen seiner beiden Pferdesöhne übertragen
wurde, wie sich dies auch bei einigen anderen Zwergen beobachten läßt. Vermutlich
übergab er bei dieser Gelegenheit auch das Schmiedehandwerk seinem Sohn Regin.

In einer zweiten Verwandlung wurde Regin zu dem Repräsentanten der Bauern
und Handwerker – sein Bruder Fafnir stand für die Fürsten und Krieger und sein
Bruder Otr für die Priester und Heiler.

In einer dritten Verwandlung wurde er zu einem menschlichen Schmied.

In der Zwergenliste in der „Vision der Seherin" wird Regin zu der Sippe des Durin
gerechnet.

I 7. Rögnir in der germanischen Überlieferung

Dieser Zwerg ist nur aus dem Lied „Odins Rabenzauber" und aus dem „Sigdrifa-Lied" bekannt.

I 7. a) Der Name „Rögnir"

Sein Name ist eine Variante von „Regin" und bedeutet „Herrscher" („Regent"), d.h. „Gott, Ase". Dieses Wort ist mit dem germanischen „rich", dem keltischen „rig", dem lateinischen „rex", dem indischen „radscha" usw. verwandt, die auf das indogermanische „hregs" zurückgehen und die alle „König" bedeuten. Im Deutschen ist daraus das Substantiv „(König-)Reich" geworden.

I 7. b) Odins Rabenzauber

Die Formulierung „Rögnir und Regin" aus der folgenden Strophe ist somit eine allgemeine Bezeichnung der Götter. In „Odins Rabenzauber" sind mit „Rögnir und Regin" allerdings schon „böse Geister" gemeint. Sie sind eine vervielfältigte Version des Tyr-Riesen oder seiner beiden Söhne.

Zauberlieder sangen, auf Wölfen ritten
Rögnir und Regin gegen das Haus der Welt.

Das *„Haus der Welt"* ist der Himmel. Seine Hüter sind die Asen in Asgard.
Die auf Wölfen reitenden Rögni und Regin sind den Asen offensichtlich feindlich gesonnen. Sie werden Wesen des Jenseits sein, da der Wolf ein „Jenseitstier" war und auch Hyrrokkin-Hel in der Baldur-Mythe auf einem Wolf ritt. Mit dem „Haus der Welt" ist der Schädel des Urriesen Ymir gemeint, aus dem die Asen die Himmelskuppel schufen.

I 7. c) Sigdrifa-Lied

In diesem Lied wird ein großer Teil des Orte aufgezählt, an die Runen geschrieben wurden. Dies sind Orte, die entweder eine magische oder eine mythologische

Bedeutung haben.

Da hub Mimirs Haupt an weise das erste Wort
Und sagte wahre Stäbe.

Auf dem Schilde stünden sie vor dem scheinenden Gott,
Auf Arwakrs Ohr und Alswidrs Huf,
Auf dem Rad, das da rollt unter <u>Rögnirs</u> Wagen,
Auf Sleipnirs Zähnen, auf des Schlittens Bändern.

Auf des Bären Tatze, auf Bragis Zunge,
Auf den Klauen des Wolfs und den Krallen des Adlers,
Auf blutigen Schwingen, auf der Brücke Kopf,
Auf des Lösenden Hand und des Lindernden Spur.

Auf Gold und Glas, auf dem Glück der Menschen,
In Wein und Würze, auf der Wala Sitz,
Auf Gungnirs Spitze und Granis Brust,
Auf dem Nagel der Norn und der Nachteule Schnabel.

Mit dem „Wagen des Rögnir" ist der Streitwagen des Sonnengott-Göttervaters Tyr gemeint. „Rögnir" ist folglich einst ein Beiname des Tyr gewesen.

I 7. d) Zusammenfassung

Sowohl „Rögnir" als auch „Regin" bedeuten „König" im Sinne von „Gott, Ase". Sie erscheinen hier als unheilvolle Jenseitswesen, die auf Wölfen reiten. Anscheinend haben sich hier bereits die Vorstellung über die Asen, die Zwerge und die Wolfsreiterin Hel miteinander vermischt.

Rögnir und Regin werden nicht explizit als Zwerge bezeichnet, aber als unheilvolle, wolfsreitende „Geister" können sie nur Zwerge sein – Asen sind hilfreiche Wesen und Riesen wären zu groß für einen Wolf als Reittier (außer wenn sie wie Hel den Fenriswolf reiten würden).

Ursprünglich ist Rögnir ein Beiname des ehemaligem Sonnengott-Göttervaters Tyr gewesen sein.

Rögnir und Regin könnten dann später auch seine beiden Pferde-Söhne gewesen sein, die in den Mythen auch als Zwergen-Paar erscheinen.

I 8. Hreidmar in der germanischen Überlieferung

Hreidmar ist nur aus der Erzählung über die Entstehung des Ringfluchs bekannt, der den roten Faden der Völsungen-Saga und des Nibelungen-Liedes bildet. Diese Saga war jedoch bei den Germanen sehr beliebt und allgemein bekannt, sodaß Hreidmar trotz der spärlichen Überlieferung eine wichtige Stellung gehabt haben könnte.

I 8. a) Der Name „Hreidmar"

Der Name „Hreidmar" des Vaters der drei Brüder setzt sich aus „hreidr" für „Flechtwerk (Zaun), Nest, Heim" und „marir" für „berühmt" zusammen. Der Name bedeutet somit in etwa „berühmte Wohnstatt". Falls dieser Name das Wesen des Hreidmar beschreiben soll, müßte er entweder ein König sein oder ein anderes mythologisch wichtiges Heim wie z.B. die Unterwelt besitzen.

Beide Möglichkeiten würden auf den ehemaligen Göttervater Tyr zutreffen.

I 8. c) Die Geschichte des Hreidmar

Alles, was über Hreidmar bekannt ist, ist schon in dem 3. Kapitel, das über Regin berichtet, abgeführt worden.

Hreidmar erscheint dort als der Vater der drei Söhne Ottar, Fafnir und Regin. Hreidmar ist der alte Sonnengott-Göttervater Tyr, dessen drei Söhne die drei Stände repräsentieren.

I 8. d) Zusammenfassung

Der Name „Hreidmar" bedeutet „berühmtes Nest" oder allgemeiner „berühmter Ort" und bezieht sich vermutlich auf die Halle „Gimle" des ehemaligen Göttervaters Tyr, also auf das Jenseits.

Hreidmar hat drei Söhne, die die drei Stände verkörpern:

- Fafnir der Drache = Fürsten und Krieger = Odin
- Otr der Otter = Priester und Heiler = Hönir
- Regin der Schmied – Bauern und Handwerker = Loki

Hreidmar und seine drei Söhne sterben nach und nach eines gewaltsamen Todes:

- Loki tötet Otr,
- Fafnir tötet Hreidmar,
- Sigurd tötet Fafnir
- und auch Regin.

Nachdem Tyr-Hreidmar und seine drei Söhne tot sind, sind Odin, Hönir und Loki die unbestrittenen Vertreter der drei Stände.

Hreidmar wird als „zauberkundig" beschrieben, was für den Göttervater fast schon selbstverständlich ist.

Der goldene Ring (Draupnir, Andvarinaut), der den Zyklus des Sonnenlaufes und somit auch Tod und Wiedergeburt symbolisiert, bewegt sich auch in dieser Mythe in einem Diesseits/Jenseits-Zyklus:

- Zunächst gehört der Ring dem Tyr-Andvari im Jenseits,
- dann dem Loki, der ihn dem Tar-Andwari raubt,
- dann dem Odin im Diesseits,
- dann dem Tyr-Hreidmar im Jenseits,
- dann dem Sigurd im Diesseits,
- bis er schließlich zusammen mit dem Nibelungenhort von dem Loreleyfelsen aus in den Rhein geworfen wird und so wieder in die Wasserunterwelt
zurück gelangt.

In den Beschreibungen wird nicht klar, welche Art von Wesen Hreidmar ist. Sein Sohn Regin ist ein Zwerg, sein Sohn Otr ist ein Otter und sein Sohn Fafnir wird zu einem Drachen. Hreidmar selber wird zwar als „zauberkundiger Bauer" beschrieben, aber ist so mächtig, daß er zusammen mit seinen beiden noch lebenden Söhnen die drei Asen Odin, Loki und Hönir überwinden und fesseln kann. Hreidmar wird daher dem Tyr-Zwerg Andvari entsprechen.

Letztlich sind der Zwerg, der Riese, der Drache und das Wassertier allesamt Bilder für die Totengeister. Daher kann man auch Hreidmar von seinem Charakter her zu den Tyr-Zwergen rechnen, auch wenn nicht sicher ist, ob er als ein Zwerg angesehen worden ist.

I 9.   Niblung in der germanischen Überlieferung

„Niblung" wird nur im „hürnenen Siegfried" als Zwerg bezeichnet. Dieser Deutung wird jedoch eine längere Tradition zugrundeliegen, die bis zu dem ehemaligen Göttervater Tyr zurückreicht.

I 9. a)   Der Name „Niblung"

Der Name „Niblung" ist eine Bildung zu „nifl" und bedeutet „der zum 'nifl' gehört".
Das Wort „nifl" kommt im altnordischen ausschließlich in Zusammensetzungen vor, was darauf schließen läßt, daß dieses Wort bereits vor langer Zeit zu einer Art von speziellem Adjektiv geworden ist, das die Zugehörigkeit einer Sache zu einem bestimmten Themenbereich anzeigt.
Die Kombinationen mit „nifl" sind:

- „niflheim" = der Ort der Toten
- „niflfarinn" = zur „nifl" gefahren, in die Dunkelheit gegangen = tot
- „niflhel" = das dunkle Heim, die Unterwelt
- „niflvegr" = dunkle Straße = Weg der Toten, Jenseitsweg
- „niflkappa" = Umhang, der unsichtbar macht

Das Wort „nifl" bezeichnete im Altnordischen somit etwas, was mit dem Tod und der Unterwelt zusammenhängt und das eine Assoziation zu „dunkel" hat.
Die „niflkappa", die meist mit „Tarnkappe" übersetzt wird, aber ein „Cape", d.h. ein Umhang ist, ist ein handwerklich-magisches Symbol für die Unsichtbarkeit der Seele, die die Schamanen erleben, wenn sie mit ihrer Seele ihren Körper verlassen („Astralreise"). Sie ist in den Mythen und Sagen stets im Besitz des Zwergenkönigs, der „Tyr im Jenseits" ist.
Ein „niflung" ist somit jemand, der zum Totenreich gehört – also wahrscheinlich ein Zwerg, da „Zwerg" eine Bezeichnung für „Totengeist" ist.

Die germanische Wurzel von „nifl" ist „nebala, nebula, nebulaz, nebulä". Dieses Substantiv bedeutet „Nebel, Dunkelheit".
Von diesem Ursprung leitet sich auch das altnordische Substantiv „njäl" ab, das „Nebel, Nacht, Dunkelheit" bedeutet.
Das ursprüngliche germanische Wort für „Nebel, Dunkelheit" hat sich im Altnordischen in zwei Bedeutungen aufgespalten: „njäl" behielt die ursprüngliche Bedeutung von „Nebel, Nacht, Dunkelheit" bei, während „nifl" zu einem „Adjektiv" wurde, mit

dem alles bezeichnet wurde, was mit der Unterwelt zu tun hatte. Der Ausgangspunkt für die Bildung dieses „Adjektivs" wird die Dunkelheit gewesen sein, denn auch die Unterwelt wird als finster beschrieben. Das dunkle Niflheim im Norden unter der Erde ist der Gegenpol zu dem hellen Alfheim im Süden im Himmel.

Der indogermanische Ursprung des Wortes „Nebel" ist das Substantiv „nebhos", mit dem man den Nebel bezeichnete. Dieses Wort leitet sich von „nebh" für „Regen" ab, was bedeutet, daß „nebhos" zunächst „Wolke" bedeutet hat. Dies erklärt auch, warum „nebhos" in einigen indogermanischen Sprachen zu einem Wort für „Himmel" geworden ist wie z.B. altirisch „nem", griechisch „naphos" und hethitisch „nepis".

Ein „Niblung" ist somit jemand, der in der dunklen Unterwelt ist.

I 9. b) Waltharius

In diesem um ca. 950 n.Chr. auf Latein verfaßten Heldenlied wird von den *„franci nebulones"* gesprochen. Dieser Begriff scheint eine abfällige Bezeichnung für die Ostfranken gewesen zu sein – möglicherweise hat er „dunkle Franken" oder „Nebel-Franken" bedeutet.
Einen Bezug zur Unterwelt hat dieser Begriff recht sicher nicht gehabt.

I 9. c) Walther und Hildegunde

In diesem Lied, das eine etwas jüngere Fassung des „Waltharius" ist, werden die Rheinfranken als „Nibelungen" bezeichnet, was zeigt, daß „franci nebulnes" ein geläufiger Begriff gewesen sein muß:

„Doch Hildegund, wie irrst Du, / die Hunnen sind es ja nicht:
Rheinfranken, Nibelungen sind's, / die diese Erde bebau'n."

Das Niblungenlied wäre in heutigen Begriffen also ein „Franken-Lied".

I 9. d)   Der Hürne Siegfried

In dieser Version der Nibelungensage ist „Niblung" ein Zwergenkönig.

Nun mögt ihr gerne hören / von dem Nibelungenhort,
Man sah bei keinem Kaiser / so reichen Schatz hinfort.
Den fand Siegfried der kühne / bei einer steinen Wand;
Ein Zwerg hielt ihn verschlossen, / der war Niblung genannt.

Da Niblung den Zwergen / im Berg der Tod vertrieb,
Er ließ drei junge Söhne, / denen war der Schatz auch lieb.
Sie saßen in dem Berge / zu hüten Niblungs Hort,
Um den sich bei den Heunen / hub jämmerlicher Mord

Niblung ist ein Zwerg, der in einem Stein einen Schatz bewacht. Dieser „Nibelungenhort" besteht somit aus den Grabbeigaben in der Grabkammer in einem Hügelgrab („Stein"). Den Begriff „Nibelungenhort" kann man mühelos als „nifl-hodd" ins altnordische übersetzen – dabei wird aufgrund der Assoziationen zu „nifl" deutlich, daß es sich um kostbare Grabbeigaben handelt.

Da Siegfried den Schatz gefunden hat, könnte dieser ursprünglich mit dem Schatz, den Fafnir bewacht hat, identisch sein. Wenn dies zutreffen würde, wäre der Nibelungenhort der Schatz, den Loki den Tyr-Zwerg Andwari geraubt und dem Hreidmar gegeben hat und von dem ihn sein Sohn Fafnir genommen hat.

Sowohl am Anfang der Saga als auch hier hätte der Schatz dann einem Tyr-Zwerg gehört – erst dem Andwari, dann dem Niblung. Es ist daher anzunehmen, daß Andwari und Niblung miteinander identisch sind.

… … …

Nun waren Niblungs Söhne / zwei in dem Berge dort,
Das waren Eugels Brüder; / die hüteten den Hort
Ihres Vaters Niblung: / als den Berg sie schwanken sahen,
Die beiden Könge ließen / hinaus die Schätze tragen

Nach einer großen Höhle / dort in der Felsenwand
Unter dem Drachensteine, / wo ihn dann Siegfried fand,
Wie ihr hernach sollt hören. / Nur Eugel wußt, der Zwerg,
Nicht ab von ihrem Fliehen, / wie sie geleert den Berg,

160

Und wie sie in der Höhle / des Vaters Schatz verborgen.
Er hatte sich getragen / des Drachen halben mit Sorgen.

Niblung hat wie Hreidmar drei Söhne, von denen einer dem Helden hilft: Regin bzw. Eugel (siehe das 10. Kapitel über „Eugel"). Der Zwerg Niflung mit dem großen Schatz in seinem Hügelgrab ist folglich recht sicher ursprünglich Tyr in der Unterwelt gewesen.

… … …

Da nahm Herr Siegfried Urlaub / von Eugel dem König hehr
Und seinen zweien Brüdern, / Königen wie er.
Da sprachen sie: „Herr Siegfried, / ein Degen kühn im Streit,
Unser Vater Niblung / ist uns gestorben vor Leid."

In der Völsungen-Saga stirbt der Vater Hreidmar (Niblung) nicht vor Gram, sondern wird von seinem Sohn Fafnir getötet.

… … …

Er wußt nicht, es gehöre / den Königen im Berg,
Denen es anerstorben / von Niblung war dem Zwerg.

„Anerstorben" bedeutet „vererbt".

I 9. e) Förnaldarsögur Nordurlanda

In dieser „Alten Saga über die Nordlande" stammen die Nibelungen zusammen mit anderen Völkern von dem Tyr-Riesen Fornjot („Uralter Riese") ab.
Hier wird gesagt, daß die Nibelungen und die Völsungen dasselbe Königsgeschlecht sind. Das bestätigt die Vermutung, daß der Tyr-Zwerg Andvari in der Völsungen-Saga mit dem Tyr-Zwerg Alberich-Niblung in der Nibelungen-Saga identisch ist.

Nun sollen die Berichte erzählt werden, wie Norwegen zuerst besiedelt wurde, wie die Königsgeschlechter begannen, und warum diejenigen, von denen die Königshäuser abstammen, Skjöldinger, Budlinger, Bragninger, Olinger, Völsungen oder *Nibelungen genannt werden.*
Einst lebte ein Mann, der Fornjotr genannt wurde. Er hatte drei Söhne: einer war

161

Hler, ein anderer Logi, der dritte war Kari – er herrschte über den Wind, Logi aber über das Feuer und Hler über das Meer.

Diese drei Söhne des Fornjotr zeigen, daß er der Göttervater Tyr ist, denn die drei Söhne sind eines seiner typischen Merkmale. Die drei Söhne sind hier allerdings nicht die drei Stände, sondern drei Bereiche der Natur.

I 9. f) Völsungen-Saga

In dieser Saga sind die Nibelungen stets ein Volk. „Niblung" ist ein Mitglied des Königshauses der Nibelungen.

Högni hatte einen Sohn, der noch lebte und der Niblung hieß.

... ...

Brynhild:
„So sollt ihr nun alle,
O Sippe der Nibelungen,
zunichte werden!
O ihr Eidbrecher!"

... ...

Högni sprach:
„Denn die Wölfe werden
über den Schatz der Nibelungen herrschen!"

... ...

Högni:
„Es ist viel zu spät, Schwester,
um die Nibelungen zu rufen ..."

... ...

Edel sprach Gunnar,
der große Herr der Nibelungen.

... ...

Gunnar:
„Siehe, in meinem Herzen
ist für immer der Ort
des Nibelungenhortes verborgen,
nun, da Högni tot ist.
Zweifel plagte mich,
solange noch beide von uns lebten,
aber nun, da nur ich noch lebe,
ist für Dich alles verloren.
Der große Rhein soll über den Schatz,
der Haß erzeugt, herrschen,
über das Gold der Nibelungen,
die Saat der Götter:
Lieber soll der Schatz
in dem wogenden Wasser
leuchtend liegen,
bevor er auf den Händen
der Kinder der Hunnen erstrahlt!"

I 9. g) Nibelungenlied

Im Nibelungenlied ist „Niblung" ein König, der über das Volk der Nibelungen herrschte.

Also sprach da Hagen: „Soviel ich mag verstehn,
Hab ich gleich im Leben Siegfrieden nie gesehn,
So will ich doch wohl glauben, wie es damit auch steht,
Daß er es sei, der Degen, der so herrlich dorten geht.

Er bringt neue Mären her in dieses Land:
Die kühnen Nibelungen schlug des Helden Hand,
Die reichen Königssöhne Schilbung und Nibelung;
Er wirkte große Wunder mit des starken Armes Schwung.

Als der Held alleine ritt aller Hülfe bar,
Fand er an einem Berge, so hört ich immerdar,
Bei König Niblungs Horte manchen kühnen Mann;
Sie waren ihm gar fremde, bis er hier die Kunde gewann.

Der Hort König Nibelungs ward hervorgetragen
Aus einem hohlen Berge: nun hört Wunder sagen,
Wie ihn teilen wollten die Niblung untertan.
Das sah der Degen Siegfried, den es zu wundern begann.

Der Nibelungenhort des Königs Niblung lag in einem „hohlen Berg", also in einem Hügelgrab. Das macht es sehr wahrscheinlich, daß Niblung eigentlich der verstorbene Ahnherr der Nibelungen ist, der wiederum eine Saga-Variante des ehemaligen Sonnengott-Göttervaters Tyr in der Unterwelt ist.

So nah kam er ihnen, daß er die Helden sah
Und ihn die Degen wieder. Der eine sagte da:
'Hier kommt der starke Siegfried, der Held aus Niederland.'
Seltsame Abenteuer er bei den Nibelungen fand.

Den Recken wohl empfingen Schilbung und Nibelung.
Einhellig baten die edeln Fürsten jung,
Daß ihnen teilen möchte den Schatz der kühne Mann:
Das begehrten sie, bis endlich er's zu geloben begann.

Er sah so viel Gesteines, wie wir hören sagen,
Hundert Leiterwagen die möchten es nicht tragen,
Noch mehr des roten Goldes von Nibelungenland:
Das alles sollte teilen des kühnen Siegfrieds Hand.

Der Nibelungenhort ist in allen Sagas unglaublich groß – schließlich ist er ursprünglich der Grabschatz des Sonnengott-Göttervaters Tyr selber, d.h. die goldene Sonne in der Unterwelt gewesen.

Sie gaben ihm zum Lohne König Niblungs Schwert:
Da wurden sie des Dienstes gar übel gewährt,
Den ihnen leisten sollte Siegfried der Degen gut.
Er könnt es nicht vollbringen: sie hatten zornigen Mut.

So mußt er ungeteilet die Schätze lassen stehn.
Da bestanden ihn die Degen in der zwei Könige Lehn:
Mit ihres Vaters Schwerte, das Balmung war genannt,
Stritt ihnen ab der Kühne den Hort und Nibelungenland.

Ihr habt doch wohl vernommen, Siegfried war gar reich.
Sein war der Nibelungenhort, dazu das Königreich.
Drum gab er seinen Degen völliglich genug;
Es ward ja doch nicht minder, wie viel man von dem Schatze trug. "

Der Schatz wurde nicht weniger, wenn man etwas von ihm nahm, weil er durch den Ring Draupnir/Andwarinaut ständig wieder vermehrt wurde. Diese Gold-Vermehrung ist eine Umdeutung der goldenen Sonne (Tyr), die jeden Morgen aufs Neue geboren wird.

I 9. h)   Die Niflungen und die Giukungen

In dieser Version der Sage sind die Niflungen und die Giukungen identisch. Die Giukungen sind nach dem Gotenkönig Giuki benannt worden. Hier werden die Nibelungen folglich zu den Goten und nicht zu den Franken gerechnet.

Da ritt Sigurd mit den Giukungen, die auch Niflungen hießen, den Berg hinan.

... ...

Gunnar und Högni wurden Niflungen genannt oder Giukungen: darum heißt das Gold der Niflungen Hort oder Erbe.

I 9. i)   Zusammenfassung

„Niblung" ist ein Zwergenkönig, der dem Andvari, dem Alberich und dem Hreidmar aus der Edda entspricht. Er ist der Göttervater Tyr in der Unterwelt und hat wie Hreidmar drei Söhne.

Er entspricht auch dem Riesen Fornjotr, der der Vater von drei Söhne und u.a. auch der Ahnherr der Nibelungen ist.

„Niblung" bedeutet „der in Niflheim", also „der in der Unterwelt". „Niblung" ist somit gleichbedeutend mit „Zwerg" – beides bedeutet „Totengeist".

Der Zwergenkönig Niblung (Tyr) hütet in seinem „hohlen Berg" einen riesigen Schatz: den Nibelungenhort. Zu ihm gehört auch der Ring des Zwerges Andvari. Wegen dieses Ringes hat Andvari den gesamten Schatz verflucht, sodaß er überall Haß verbreitete. Daher haben die beiden Nibelungen Gunnar und Högni den Schatz schließlich von dem Loreleyfelsen aus in den Rhein geworfen. Der Ring in diesem Schatz sorgt dafür, daß dieser Schatz niemals weniger wird.

Die Bezeichnung „Nibelungen" wurde auch für die Ostfranken und für die Goten benutzt.

„Nibl" hat ursprünglich „Regen, Wolke, Nebel" bedeutet, aber hat im Altnordischen die Bedeutung „Dunkelheit, Jenseits" erhalten.

I 10. Eugel in der germanischen Überlieferung

Dieser Zwerg ist eine Kombination des Regin und des Alberich aus anderen Fassungen der Siegfried-Sage.

I 10. a) Der Name „Eugel"

Der Name des Zwerges „Eugel" bedeutet „Auge". Er erscheint in dem Lied „Der hürne Siegfried", das auch „Seyfrid-Lied" genannt wird, anstelle des Zwerges Alberich als hilfreiches Wesen.

Sein Name bezieht sich vermutlich auf seinen Unsichtbarkeits-Umhang, der es dem „Auge" unmöglich macht, den Zwerg wahrzunehmen.

I 10. b) Seyfrid-Lied

Die Sage beginnt damit, daß Siegfrieds Jugend, seine gescheiterte Schmiedelehre und sein Drachenkampf geschildert werden. Durch das Blut des Drachen wird er „hörnern", d.h. er erlangt eine so feste Hornhaut, daß er unverletzbar wird – außer an einer Stelle zwischen den Schulterblättern, an die er nicht mit seinen Händen gekommen war, um sie mit dem Drachenblut einzureiben.

In der nächsten Episode wird die Tochter des König Gibich von einem Drachen auf einen Berg entführt.

Dieser Berg wird „hohler Stein" genannt, d.h. er ist ein Hügelgrab, in dessen Grabkammer der Drache, d.h. der Totengeist wohnt, der sich mit der Jungfrau, d.h. mit der Jenseitsgöttin wiederzeugen will. Dieses Motiv ist in dieser Sage noch gut erkennbar, auch wenn es ein wenig umgedeutet worden ist.

Die Königstochter spricht:

„Wüßten mich meine Brüder / auf diesem hohlen Stein
Und gält es ihr Leben, / sie brächten mich wohl heim."

Schließlich kam Siegfried in den Wald auf dem Berg, auf dem der Drache hauste.

167

Er ging zu seinem Rosse / und wollte jetzt hindann,
Da sah er gen ihm jagen / her durch den finstern Tann
Ein Zwerglein, das hieß Eugel; / ganz kohlschwarz war sein Pferd
Und sein Gewand von Seide, / mit Golde schön und wert.

Er trug an seinem Leibe / von Zobel Borten gut
Und herrliches Geschmeide, / des war er wohlgemut.
Wie reich auch wär ein König, / es möcht ihm wohl behagen;
Er hätt es auch mit Ehren / vor allem Volk getragen.

Er trug auf seinem Haupte / eine Krone reicher Art,
Daß keine je auf Erden / ihr gleich gesehen ward.
Es lag ihm in der Krone / so mancher edle Stein,
Dass nie auf Erden schöner / mocht eine Krone sein.

Eugel ist wie Elberich ein edler und schöner Zwerg.

Da sprach das Zwerglein Eugel, / als es den Helden sah,
Nun mögt ihr hören gerne / was es gesprochen da.
Es empfing ihn höfisch, / den auserwählten Mann.
Er sprach: „Nun saget, Herre, / was bringt Euch in den Tann?"

„Nun dank Dir Gott," sprach Siegfried, / „Du wunderkleiner Mann,
Wenn Deiner Treu und Tugend / ich hier genießen kann.
Nun sprich, da Du mich kennest, / wie hieß der Vater mein?
Bitt' Dich, daß Du ihn nennest / und die Mutter obendrein."

Nun war der Degen Siegfried / gewesen allezeit,
Daß er um Vater und Mutter / nicht wußte haaresbreit.
Er ward wohl früh versendet / in einen finstern Tann,
Darin zog ihn ein Meister, / bis er gedieh zum Mann.

Da gewann er auch die Stärke / wie vierundzwanzig Mann.
Da sprach zu ihm das Zwerglein: / „So sei Dir kund getan,
Deine Mutter hieß Sieglinde, / eine Königin auserkoren;
Dein Vater König Siegmund: / Denen wurdest Du geboren."

„Degen" ist eine Umschreibung für „Schwertkämpfer, Krieger, Held".
Es wird nirgendwo erklärt, warum Eugel Siegfried und dessen Eltern kennt.
Diese Szene hat in den Isländer-Sagas mehrere Entsprechungen. In den Sagas

trifft der Held manchmal auf einen Mann auf einer einsamen Insel, der den Namen des Helden kennt, obwohl der Held ihn noch nie gesehen und hat (siehe „Sindri" in Band 32). Dieser Mann hilft wie Eugel dem Helden bei seinen Abenteuern. Dieser Mann/Zwerg ist offenbar der Göttervater, der seinen Schützling bei seinen Vorhaben fördert.

Die Kenntnis der Vorfahren ist bei Gottheiten, die die Herrscher im Totenreich sind, nicht verwunderlich – schließlich wohnen sie bei den Toten, um die es hier geht. Auch Hel-Hyndla kennt im Hyndla-Lied alle Verstorbenen sowie die Weise, in der sie miteinander verwandt sind.

„Du sollst von hinnen kehren, / Siegfried, Du werter Mann,
Und tust Du's nicht bei Zeiten, / es ist um Dich getan.
Ein grimmer Drache wohnet / auf diesem Stein hie vorn,
Und wird er Dein hier inne, / Dein Leben hast Du verlorn.

Auch wohnt auf diesem Steine / die allerschönste Magd,
Das sollst Du sicher wissen; / dabei sei Dir gesagt:
Sie ist von Christenleuten, / eines Königs Tochter hehr;
Will Gott sich nicht erbarmen, / so erlöst sie niemand mehr.

Ihr Vater der heißt Gibich / und sitzet an dem Rhein;
Die Königin heißt Kriemhild / und ist die Tochter sein."
Da sprach Siegfried der Degen: / „Die ist mir wohlbekannt,
Wir waren hold einander / in ihres Vaters Land."

Als Siegfried der Kühne / die Märe recht vernahm,
Sein Schwert stieß in die Erde / der Ritter lobesam:
Darauf schwur er drei Eide, / der Degen allbereit,
Er käme nicht von dannen, / bis er die Magd befreit.

Da sprach das Zwerglein Eugel: / „Siegfried, Du kühner Mann,
Willst Du Dich solcher Dinge / umsonst hier nehmen an,
Und schwurest des drei Eide, / die Jungfrau zu befrein,
So gib mir Urlaub balde, / ich mag nicht bei Dir sein.

Ja hättest Du bezwungen / das halbe Teil der Welt,
Daß zwoundsiebzig Zungen / Dir dienten, kühner Held,
Die Christen und die Heiden, / die alle dienten Dir,
Du ließest doch die Jungfrau / wohl auf dem Steine hier."

„Urlaub" ist hier die Erlaubnis, fortzugehen.

„Zungen" ist eine Umschreibung für „Sprachen" und daher auch für „Völker".

Da sprach Siegfried behende: / „Nicht doch, Du kleiner Mann,
Wenn Deiner Treu und Tugend / ich hier genießen kann,
So hilf mir sie gewinnen, / das schöne Mägdelein,
Sonst schlag ich mit dem Haupte / Dir ab die Krone Dein."

„Verlör ich dann mein Leben / um diese schöne Maid,
So entgält ich meiner Treue: / Ich sags bei meinem Eid:
Will Gott sich nicht erbarmen, / dem alles offenbar,
Sonst kann ihr niemand helfen, / das sag ich Euch fürwahr."

Da ward der kühne Siegfried / gar grimm in seinem Mut:
Er nahm den Zwerg beim Haare, / der stolze Degen gut,
Und schlug mit ganzen Kräften / ihn an die Felsenwand,
Daß ihm die reiche Krone / zerstückt fiel in den Sand.

Er sprach: „Nun laß Dein Zürnen, / Du tugendhafter Mann,
Ich will Dir, edler Siegfried, / gern raten was ich kann.
Ich will mit ganzen Treuen / Dich weisen an das Tor."
„So walt es doch der Teufel! / Was tatst Du's nicht zuvor?"

Er sprach: „Hier ist gesessen / ein Ries, heißt Kuperan,
Dem ist das Land und Riesen / wohl tausend untertan.
Derselbe hat den Schlüssel, / der uns erschließt den Stein."
„Den zeige mir," sprach Siegfried, / „so wird die Jungfrau mein.

Wenn Du mich zu ihm weisest, / nehm ich Dir nicht den Leib."
Da sprach das edle Zwerglein: / „Mußt fechten um das Weib
So sehr in kurzen Zeiten / wie nie zuvor ein Mann."
„Ich freue mich," sprach Siegfried, / „wenn ich nur fechten kann."

Da wies er Siegfrieden / an eine Felsenwand,
Wo er dem Berge nahe / das Haus des Riesen fand.
Da rief hinein Herr Siegfried / wohl in des Riesen Haus
Und bat den Riesen freundlich, / daß er käm zu ihm heraus.

Siegfried kämpft daraufhin mit dem Riesen und wird von ihm niedergeschlagen.

Da unter seinem Schilde / nun lag der Held Siegfried,
Da kam das Zwerglein Eugel, / das gern sein Wohl beriet,
Es nahm eine Nebelkappe / und warf sie über ihn her:
Wie Feind ihm war der Riese, / er sah ihn jetzt nicht mehr.

Diese „Nebelkappe" des Eugel entspricht der „Tarnkappe" des Alberich. Die Wort „kappa" bezeichnete damals keine „Kappe", sondern ein „Cape", also einen Umhang.

Er lief hin zu den Bäumen / und sucht' den werten Mann.
„Hat Dich entführt der Teufel / oder hat es Gott getan?
Tat er an Dir ein Zeichen? / Hier lagst Du doch zuvor
Bei Deinem Schild: Wie kommt es, / daß ich Dich jetzt verlor?"

Der Rede mußte lachen / das Zwerglein wonnesam;
Es richtet' auf Siegfrieden / und setzt' ihn auf den Plan.
Da saß eine gute Weile / der auserwählte Mann
Bis daß der kühne Degen / des Lebens sich besann.

Da nun der edle Siegfried / ein wenig zu sich kam,
Da sah er bei sich sitzen / das Zwerglein wonnesam.
„Nun lohn Dir Gott," sprach Siegfried, / „Du wunderkleiner Mann,
Ich kann nicht anders sagen, / Du hast mir wohl getan."

Da sprach das Zwerglein Eugel: / „Das mußt Du mir gestehn,
Kam ich Dir nicht zu Hilfe, / Dir wär noch mehr geschehn.
Nun folge meiner Lehre, / entschlag der Maid Dich gar,
Flieh in der Kapp, so wird Dich / der Riese nicht gewahr."

Da sprach der kühne Siegfried: / „Das kann fürwahr nicht sein,
Und hätt ich tausend Leben, / wiß auf die Treue mein,
Die wollt ich alle wagen / um die Jungfrau wohlgetan.
Ich wills aufs neu versuchen, / ob ich sie retten kann."

Wie ritterlich der Degen / die Kappe von sich warf!
Das Schwert in beiden Händen / hieb er acht Wunden scharf
Dem ungefügen Manne; / laut rief er auf zu ihr.
Zu Tode wär geschlagen / der starke Riese schier.

„Du fichtst mit solchen Kräften / als wären Deiner acht:
Ich seh Dich doch alleine / da stehn mit kleiner Macht.
Und schlägt Du mich zu Tode, / Du auserwählter Mann,
So ist auf Erden niemand, / der zu der Jungfrau kann."

Siegfried besiegt schließlich den Riesen.

Da sprach der Degen Siegfried: / „Naht uns denn neuer Streit,
Das ist mir in der Wahrheit / von ganzem Herzen leid.
Nun bin ich doch gewesen / bis an den vierten Tag
Ohn Trinken und ohn Essen, / daß ich der Ruh nicht pflag."

Darum erschrak da Eugel, / der gute Zwerg so klein,
Und auch die hehre Jungfrau, / um Siegfrieds große Pein.
Da sprach der Zwerg zu Siegfried: / „Ich bring euch gute Speis
Her nach dem hohlen Steine, / die beste, die ich weiß.

Ich geb euch Essen und Trinken / auf vierzehn Tag genug."
Her aus dem hohlen Berge / er ihm das Essen trug.
Ihm dienten da zu Tische / viel kleine Zwerglein gut;
Dazu nahm auch die Jungfrau / Siegfrieden wohl in Hut.

Eigentlich hätten für drei Personen (Eugel, Siegfried, Jungfrau) drei Diener genügt. Diese vier Zwerge als eine vage Erinnerung an die vier Himmels-träger-Zwerge anzusehen, erscheint jedoch zu gewagt.

Nun waren Niblungs Söhne / zwei in dem Berge dort,
Das waren Eugels Brüder; / die hüteten den Hort
Ihres Vaters Niblung: / als den Berg sie schwanken sahen,
Die beiden Könge ließen / hinaus die Schätze tragen

Nach einer großen Höhle / dort in der Felsenwand
Unter dem Drachensteine, / wo ihn dann Siegfried fand,
Wie ihr hernach sollt hören. / Nur Eugel wußt, der Zwerg,
Nicht ab von ihrem Fliehen, / wie sie geleert den Berg,

Und wie sie in der Höhle / des Vaters Schatz verborgen.
Er hatte sich getragen / des Wurmes halb mit Sorgen.
Denn alle mußten fürchten, / daß er Siegfried brächt in Nöten,
So würde dann die Zwerge / der Wurm zumal ertöten,

Weil er mit ihrer Hilfe / das Frauenbild verlor.
Denn es kannte wohl der Drache / Steig und Felsentor:
Wenn er sich kühlen wollte, / so lag er in dem Gang,
Dieweil sie war entschlafen. / Er bleib von ihr nicht lang,

Als wenn er Speise holte. / War es dann Winterszeit,
So saß sie unterm Steine / wohl fünfzig Klafter weit,
Und er lag vor dem Loche / und hielt ihr auf die Kält.
Wir müssens neu beginnen, / wenn euch das Lied gefällt.

„Niblung" entspricht dem „Hreidmar" aus der Edda, „Eugel" entspricht dem „Regin", und Eugels zwei Brüder entsprechen dem Otr und dem Fafnir.

Schließlich gelingt es Siegfried, den Drachen zu töten. Er ist völlig erschöpft.

Er legt' sich ihr zur Seiten / und sprach: „Daß Gott erbarm!
Soll ich Dich tot heimführen!" / Er hob sie in den Arm.
Da kam das Zwerglein Eugel / und sprach zur selben Stund:
„Ich geb ein Kraut der Jungfrau, / so wird sie bald gesund."

Und da die edle Jungfrau / die Wurz zum Munde nahm,
Gleich saß sie wieder aufrecht, / indem sie zu sich kam.
Sie sprach: „Tu, werter Siegfried, / mit Deine Hilfe kund."
Da umhalste sie ihn lieblich / und küßt' ihn auf den Mund.

Die heilsame Wurzel des Eugel ist gewissermaßen das Gegenstück zu Odins „Schlafdorn".

Da sprach zum kühnen Siegfried / Eugel der edle Zwerg:
„Kupran der falsche Riese / bezwang hier unsern Berg,
Darin wohl tausend Zwerge / ihm wurden untertan:
Wir zinsten unser Eigen / dem ungetreuen Mann.

Nun habt ihr uns erlöset, / wir wurden alle frei:
Gern wollen wir euch dienen, / so viel auch unser sei.
Ich will euch heim geleiten, / euch und das Mägdelein:
Ich weiß euch Weg und Stege / bis gegen Worms am Rhein."

Da führt' er sie zu Hause / wohl in den Berg hinein;
Er gab den beiden gerne / seine Koste und auch den Wein
So gut mans möchte haben / und je verlangen soll;
Wes nur das Herz begehrte, / des war der Berg ihm voll.

Da nahm Herr Siegfried Urlaub / vom Eugel dem König hehr
Und seinen zweien Brüdern, / Königen wie er.
Da sprachen sie: „Herr Siegfried, / ein Degen kühn im Streit,
Unser Vater Niblung / ist uns gestorben vor Leid.

Hätt euch der Riese Kuperan / gebracht in Todesnot,
So wären all die Zwerge / jetzt hier im Berge tot,
Weil wir euch von dem Schlüssel / bei Kuperan gesagt,
Der zu dem Stein gehöret, / auf dem hier lag die Magd.

Dem ist zuvorgekommen / nun eure werte Hand:
Das müssen wir euch danken, / edler König auserkannt.
Drum woll'n wir euch begleiten / und die Jungfrau wohlgetan:
Daß euch kein Leid geschehe, / gehn mit euch tausend Mann. "

Hier sind die Zwerge das Volk des verstorbenen Königs Tyr-Niblung. Die Nibelungen sind somit ursprünglich die Toten in der Unterwelt gewesen.

Dieses Motiv hat sich lange Zeit als „Odins Wilde Jagd" erhalten können. Heute ist es vor allem noch als eine Szene aus Tolkiens Trilogie „Herr der Ringe" bekannt, in der König Aragorn ein Heer von Toten in eine Schlacht führt.

„Nein," sprach der kühne Siegfried, / „ich reite gern allein. "
Die Jungfrau setzt er hinter sich / und trieb die Zwerge heim;
Allein den König Eugel / nahm zum Geleit er an.
Da sprach zu ihm Held Siegfried: / „Nun sag mir, kleiner Mann,

Deiner Kunst laß mich genießen, / Astronomie genannt:
Dort auf dem Drachensteine / hast Du heut früh erkannt
Die Stern und ihre Zeichen, / wie mir's ergehen soll,
Mir und dem schönen Weibe: / Wie lang hab ich sie wohl? "

Damals wurde noch nicht zwischen Astronomie (Beschreibung der Sterne) und Astrologie (Deutung der Sterne) unterschieden. Die Astrologie war eine Wissenschaft der Gelehrten in Mitteleuropa – den Nordgermanen scheint sie

174

jedoch unbekannt gewesen zu sein.

Die Wahrsagungs-Szene mit Siegfried und Eugel ist eine Variante zu dem Vorhersagen des Lebens des Sigurd durch seinen Onkel Gripir.

Da sprach das Zwerglein Eugel: / „Das will ich Dir gestehn:
Du hast sie nur acht Jahre, / das hab ich wohl gesehn.
So wird Dir dann Dein Leben / gar mörderlich genommen,
So ganz ohn' Dein Verschulden / wirst Du ums Leben kommen.

Will Deinen Tod dann rächen / Dein wunderschönes Weib,
Darum wird mancher Degen / verlieren sein Leib,
So daß auf Erden nirgend / ein Held am Leben bleibt:
Wo lebt ein Held auf Erden, / der also ist beweibt?"

Siegfried der sprach behende: / „Werd ich so bald erschlagen
Und dann so wohl gerochen, / so will ich gar nicht fragen
Von wem ich werd erschlagen." / Sprach Eugel noch: „O Held,
Auch Dein Gemahl das schöne / zuletzt im Sturme fällt."

„Sturm" ist eine Umschreibung für „Kampf, Schlacht".

„Nun magst Du heim Dich wenden," / sprach Siegfried zu dem Zwerg.
Sie schieden sich nicht gerne. / Da kehrte zu dem Berg
Eugel der hehre König. / Siegfrieden fiels nun ein,
Wie er den Schatz dort liegen / gelassen hätt im Stein.

Nun hatt er zwei Gedanken: / den einen auf Kuperan,
Den andern auf den Drachen: / Wem gehört der Schatz wohl an?
Er dacht, ihn hätt gesammelt / der Wurm nach Menschenwitz:
Wenn er zum Menschen würde, / hilf ihm des Horts Besitz.

Er sprach: „Da ich mit Nöten / den Drachenstein gewann,
Was ich darin gefunden, / gehört mit Recht mir an."
Er lief den Schatz zu holen, / er und sein schönes Lieb,
Lud ihn dem Roß zu Rücken, / das er dann vor sich trieb.

Da er nun kam zum Rheine / dacht er in seinem Mut:
„Leb ich so kurze Jahre, / was soll mir dann das Gut?
Und sollen alle Recken / um mich verloren sein,
Wem soll das Gut dann frommen?" / Da schüttet er's in den Rhein.

175

Er wußt nicht, es gehöre / den Königen im Berg,
Denen es anerstorben / von Niblung war dem Zwerg.
Sein Sohn der König Eugel / hatt auch darauf nicht Acht:
Die Schätze, meint' er, lägen / noch tief im Bergesschacht.

I 10. c) Zusammenfassung

Der Zwerg Eugel ist wie Elberich ein edler, starker und schöner Zwergenkönig mit einer goldenen Krone. Er wohnt auf dem Drachenberg, der auch „hohler Stein" genannt wird und somit ein Hügelgrab ist, in dessen Grabkammer der Geist des Toten als Schlange, Drache oder Zwerg wohnt.

Sein Name bedeutet „Auge" und bezieht sich vermutlich auf seinen „Nebel-Um-hang", denn wenn der Zwerg diesen trägt, ist für das Auge nicht mehr zu sehen.

Eugel entspricht dem Regin aus der Edda. Seine beiden Brüder entsprechen Otr und Fafnir und Eugels Vater Niblung entspricht dem Hreidmar.

Als Jenseitskönig kennt Eugel auch die verstorbenen Eltern des Siegfried, die dieser nie kennengelernt hat.

So wie allgemein die Götterväter den Helden helfen und wie auch Odin den Sigurd unterstützt, so hilft auch Eugel dem Siegfried. Sigurd/Siegfried als Schützling des Tyr-Zwerges ist das ältere Motiv – an seine Stelle trat dann nach 500 n.Chr. Sigurd-Siegfried als Schützling des neuen nordgermanischen Göttervaters Odin.

Als König der Toten kann Eugel auch die Zukunft vorhersehen.

Das Heer der Toten ist das Gefolge des Zwergenkönigs Niblung. Dieses Toten-Heer wurde einst „Nibelungen" genannt: das „Volk der Ahnen in Niflheim".

Der Zwerg holt mit einer zauberkräftigen Wurzel die Jungfrau von den Toten zurück. Diese Szene entspricht dem Erwecken der Walküre Brünhilde durch Sigurd. Eugels Wurzel ist das Gegenstück zu Odins Schlafdorn.

Eugels Astrologie-Kenntnisse und seine gut gefüllte Vorratskammer sind wahrscheinlich neuere Elemente dieser Sage.

I 11.   Albewin in der germanischen Überlieferung

Dieser Zwerg ist nur aus dem Vers-Epos „Garel vom blühenden Tal" bekannt. Dieses Epos, das über 21.000 Verse umfaßt und z.T. am Hofe des Königs Artus spielt, wurde um 1230-1240 n.Chr. von dem Dichter „Der Pleier" („Der Stricker") verfaßt.

I 11. a)   Der Name „Albewin"

Der in diesem Text auftretende Zwerg Albewin („Alfen-Freund") ist vermutlich eine Variante des Alberich („Alfen-König"), zumal Albewin der Anführer der Zwerge ist.

I 11. b)   Garel von Blumenthal

Der folgende Text ist eine Zusammenfassung der Teile des Epos, in denen Albewin auftritt:

... ...

Auf die Frage, warum sich hier keine Leute befänden, antwortet Klaris, daß bei den Riesen niemand lange bleiben konnte, da sie zu bösartig gewesen seien; jedoch gab es ein paar Zwerge, die ihnen dienten. Um die Zwerge zu rufen, muss Garel drei Mal in ein Hörnchen blasen, und schon kommen sie herbei; der Zwergenanführer Albewin verspricht, ab sofort Garel zu dienen. Klaris und er werden nun von den Zwergen neu eingekleidet.

Daraufhin fragt Garel Albewin nach dem fest verschlossenen Gebäude mit dem Namen „Gaden", d.h. „geschützter Ort" (Hügelgrab). Dort erfährt er, daß die Maid Duzabel dort zusammen mit einer Gruppe von Jungfrauen gefangen gehalten wird.

Als der Ritter den Zwergenanführer bittet, ihm zu helfen, diese zu befreien, schenkt dieser ihm einen Ring, der ihm die Stärke von zwölf Männern verleihen soll, und ein Schwert, das ihn beinahe unbesiegbar macht.

Dieser Ring und dieses Schwert kennzeichnen den Zwergenkönig Albewin als den ehemaligen Schwertgott, Sonnengott und Göttervater Tyr in der Unterwelt.

Durch die Kraft des Ringes schafft es Garel, den Stein vor der Tür des Gaden zu entfernen und die Tür zu öffnen. Er betritt das Gebäude jedoch aus Respekt vor den Frauen nicht. Sie werden versorgt und bleiben über Nacht noch im Inneren. Danach erst legt sich auch Garel zu Bett.

Am nächsten Morgen werden die Gefangenen von den Frauen der Zwerge gepflegt: Alle Erlösten bedanken sich beim Helden. Garel bekommt ein neues Pferd, das von den erschlagenen Rittern übrig geblieben ist, sodaß er seine Reise fortsetzen kann. Davor wird noch gegessen und gefeiert.

Für die Heimfahrt der Frauen stellt Albewin dann schließlich genügend Pferde zur Verfügung. Schließlich nehmen alle von den Zwergfrauen im Saal und im Hof von Garel Abschied; drei Zwerge begleiten die Jungfrauen nach Hause, wo sie von ihren Eltern empfangen werden.

Garel bekommt vom Zwergenkönig inzwischen den Rat, die Klause (das „Gaden") zu zerstören und sich das, was ihm gefalle, einfach zu nehmen. Gleich danach nehmen Garel und Klaris, der wie Garel ebenfalls Harnisch und Pferd von einem erschlagenen Ritter bekommt, von allen Anwesenden Abschied.

Albewin geleitet die Genossen noch durch den Wald in Richtung Argentin. Dann trennen sie sich unter Versicherungen gegenseitiger Hilfe und Treue voneinander.

In Argentin werden die beiden Männer von den Landherren freundlich empfangen.

Inzwischen kehrt Albewin wieder in den Wald zurück, findet einen großen Hort, verbrennt die Veste und bricht die Mauern. Die Habseligkeiten der gefallenen Ritter nimmt er mit sich in den Berg und macht daraus einen Helm, Eisenhosen und eine Halsberge für Garel. Dieser verweilt zusammen mit Klaris 14 Tage bei den Landherren, welche ihm 1000 Ritter für den Zug gegen Ekunaver versprechen. Daraufhin verfolgt er wieder die Spur Charabins in Richtung Kanadic.

Garel reitet lange durch den Wald und kommt in ein schönes Land namens Anferre, das allerdings einen ziemlich tristen Eindruck macht, weil dort ein schreckliches Meerungeheuer wütet, das halb Mensch, halb Pferd ist. Es trägt einen Schild mit einem Haupt auf der Vorderseite und wer oder was dieses Haupt erblickt, der ist verdorben und stirbt (der Schild der Gorgo aus der griechischen Sage).

Das Land ist ausgestorben, doch Garel erblickt ein Schloß; es handelt sich hierbei um die Burg Muntrogin. Auf der Burg lebt die schöne, verwaiste Königin Laudamie, die seit fünf Jahren vom Ungeheuer Vulganus belagert wird und Muntrogin nicht verlassen kann, da sie nur dort sicher ist. Das Land rings um das Schloß ist komplett verödet und zerstört.

Garel wird in das Schloss eingelassen und sieht die Königin, in die er sich sofort verliebt. Er möchte sofort gefährliche Abenteuer für sie bestehen. Die Fragen der Königin beantwortet Garel eher kurz: Er komme von Artus und habe die letzte Nacht in Kanadic verbracht, wo er ihren Vetter Klaris gesund zurückgelassen habe.

Laudamie erzählt ihm von der schrecklichen Belagerung durch Vulgan, der jeden Tag vor der Burg grimmig rufe. Seit zehn Jahren hause er in einer Steinwand am Meeresrand und habe inzwischen alle Bewohner des Landes getötet oder vertrieben. Garel tröstet die Weinende und verspricht, ihr zu helfen; er verlangt nach einem verläßlichen Boten, welchen er sofort zu Klaris schickt. Dieser wiederum hat die Aufgabe, zu Albewin zu gehen und diesen um Hilfe zu bitten.

Garel wird in der Zwischenzeit bei der Königin vorzüglich bedient. Als er eines Tages aufwacht, stehen die Zwerge vor seinem Bett. Sie haben die Tarnkappen abgenommen und sind nun für Garel sichtbar. Er überredet Albewin, ihm zu helfen, das Ungeheuer zu töten, jedoch warnt ihn dieser vor einem Kampf mit Vulgan. Am Ende lässt sich Albewin aber doch überzeugen.

Albewin und seine Genossen laufen zur Höhle und treffen Vulgan (eine Art Drache) dort vor der Steinwand an; sein Körper ist durch eine harte blaue, rot getupfte Fischhaut geschützt. Sein Kopf ist mit sehr starker Hornhaut überzogen; dazu trägt er eine Eisenkeule. Der Schild mit dem Haupt, das alles tötet, schaut zu Boden.

Das Monster geht zum Strand, um dort Beute zu machen, und läßt den Schild vor der Höhle zurück, weil es sich sicher ist, daß sowieso niemand vorbeikommen würde. Die Zwerge mit ihren Tarnkappen verstecken den Schild inzwischen im Wald und geben Garel Bescheid, daß er angreifen könne. Dieser wappnet sich für den Kampf; Laudamie macht sich Sorgen um ihn, er stellt sich jedoch trotzdem dem Kampf.

Er trifft Vulgan an, der seinen Schild sucht, ihn aber nicht findet; er tobt und schreit. Der Kampf beginnt: Das Monster rennt gegen den Helden mit der Keule an, doch Garel sticht ihm mit seinem Speer mitten ins Herz; der Speer kann jedoch die Fischhaut nicht durchdringen – der Schaft zersplittert –, Vulgan strauchelt. Garel versucht, ihn mit seinem Schwert, das Stahl, Eisen und Horn zerschneidet, wenigstens ein bisschen zu verletzen; die Fischhaut jedoch vermag er nicht zu durchdringen. Vulgan hingegen schlägt Garels Schild in Stücke und bringt das Pferd zu Fall.

Der Ritter springt vom Pferd und weicht den unbarmherzigen Schlägen Vulgans aus, kommt dadurch aber selber nicht mehr zum Schlagen und wird gegen die Steinwand getrieben. Die Situation wird brenzlig; da merkt Garel, daß die Arme und Hände des Ungeheuers nicht von Fischhaut bedeckt sind. Er rückt ihm näher, weicht einem Kolbenschlag aus und während Vulgan zum nächsten Schlag ausholt, haut er ihm die rechte Hand ab. Das Ungeheuer trifft ihn inzwischen jedoch mit der linken Hand; Garel strauchelt, richtet sich aber sofort wieder auf und schlägt ihm auch noch die linke Hand ab.

Vulgan brüllt auf und bringt Garel nach Pferdeart mit Schlägen der Hinterfüße zu Fall, doch auch hiervon erholt sich der Ritter, richtet sich auf und haut dem Ungeheuer auch noch die Hinterbeine und am Ende auch noch das Haupt ab. Vulgan ist nun endgültig tot (das Abschlagen der Hände und Füße ist ein Motiv aus den Tyr-Mythen).

Am Ende des Kampfes treten die Zwerge an Garel heran, und dieser bedankt sich bei ihnen. Albewin wünscht sich die unversehrte Fischhaut für Kursit, Helm und Schild; er kündigt an, das böse Haupt eigenhändig vor der Burg zu verbergen. Garel reitet nach Muntrogin zurück und wird dort von Laudamie aufgenommen. Er *überbringt der Königin die Nachricht vom Tod Vulgans.*

Ein Kursit ist ein Wappenkleid, d.h. ein Umhang mit aufgesticktem Wappen.

Diese kann es zunächst nicht glauben und ist außer sich vor Freude. Am Abend läßt sie ein großes Mahl vorbereiten und verkündet offiziell, daß sie ihr Land, Leute und sich selber Garel übergeben werde.

Am nächsten Morgen begibt sich Albewin, nachdem er das böse Haupt des Ungeheuers vor der Burg in einer tiefen Grube verborgen hat, mit seinen Gesellen, unsichtbar durch die Tarnkappen, zu Garel ins Schlafgemach; dieser erzählt ihm dann vom Vorhaben der Königin.

Albewin rät ihm, diesen Antrag anzunehmen, weil er so nach Belieben leben, belehnen und schenken könne. Bei der Beseitigung des bösen Hauptes rät Albewin zur Vorsicht: Es nur zu verbrennen sei zu wenig, stattdessen sollte man es mit Blei übergießen und unverletzt im Meer versenken. Garel stimmt zu.

Ein ähnliches Haupt-Motiv findet sich auch in der Saga über Thorstein Hausmacht, in der ein glühender Seehund-Kopf die Sonne symbolisiert. Vulgans Kopf, der im Meer versenkt wird, ist ursprünglich das goldene Sonnen-Haupt des Tyr, das abends im Meer versinkt.

Garel bekleidet sich und geht zunächst zur Messe, dann zum Mahl mit der Königin samt Frauen und Rittern.

Die Königin hält Rat mit ihren Würdenträgern und alle befinden es für gut, Garel zum König zu machen. Es kommen Fürsten, Grafen und Dienstmannen mit der Jungfrau zu Garel in den Palas und beschließen die Ehe. Ein Bischof bestätigt noch einmal die Gültigkeit dieser Ehe; Garel nimmt die Krone, die Königin, Land und Leute an. Es folgt ein großes Fest.

Am nächsten Tag werden die Belehnungen der Fürsten, Freien und Dienstmannen mit Würden, Burgen, Ländern durchgeführt. Auch Geschenke wie Gold und Silber werden dargebracht. Nun kommt auch Klaris zur Hochzeit seiner Base und erzählt nur Gutes über Garel. So sind alle mit der Wahl zum König über Anferre einverstanden; das Haupt des Vulgan wird inzwischen im Meer versenkt.

Nach der Hochzeit kommen unter Garels Herrschaft viele Flüchtlinge wieder ins Land zurück und verwandeln es wieder in ein schönes Stück Erde.

Über den Winter bis Pfingsten bleibt König Garel auf Muntrogin und während der Feiertage sendet er Boten zur Sammlung und zum Feiern des Pfingstfestes aus. Alle, die Hilfe versprochen und sich bei Eskilabon versammelt haben, werden nach Muntrogin gerufen. Es erscheinen alle Berufenen: Gilan, Retan und Tjofabier bilden mit ca. 11.000 Mann das erste Lager, Gerhart, Klaris, Amurat und Eskilabon mit ca.

18.000 Mann das zweite. Ein drittes Lager fasst die Truppen des Königreichs Anferre mit 10.000 Reitern, 10.000 gepanzerten Schützen und 20.000 Fußknechten.

Am dritten Morgen des Zusammentreffens wird ein feierliches Hochamt abgehalten: Die Königin begrüßt die Fürsten und Werten; Klaris ist noch Knappe und steht etwas abseits. Am vierten Tag werden Klaris und 100 seiner Knappen zu Rittern geschlagen und von Garel und der Königin ausgestattet. Unter großem Gedränge liest ein Bischof die Messe und segnet die Schwerter, darauf findet ein Festmahl statt.

Unter den Führern und Lagern herrscht allgemeine Feststimmung; Albewin erscheint nun auch plötzlich zusammen mit drei Genossen und bringt die versprochenen kunstreichen Waffen und die Ausrüstung fürs Heer als seinen Beitrag zu Garels Kampf. Die Königin hat nun auch Gelegenheit, die Zwerge kennen zu lernen und sie dankbar zu begrüßen.

Bis zum 14. Tag nach Pfingsten wird weitergefeiert; dann bereitet man sich auf die Schlacht vor: Nachdem Rüstung und Aufbruch für den folgenden Tag festgelegt worden sind, wird die Art des Heerzuges im Kriegsrat besprochen. Am Abend wird während des Abendessens von der Königin Abschied genommen. Garel, Laudamie und Albewin reiten auf die Burg zurück.

Garel verwendet den Panther als Helmzier und trägt ein blaues Waffenkleid, auf dem Sterne gleichmäßig verstreut sind. Das Kleidungsstück wurde von Albewin aus der Haut des Meerungeheuers Vulganus angefertigt und mit Helm, Halsberge und Eisenhosen aus den Rüstungen der Riesen vor dem Heerzug gegen Ekunaver übergeben.

I 11. c)   Albewin in der Burg Runkelstein

In einem der Räume auf Burg Runkelstein in Bozen in Südtirol ist die Garel-Sage in 23 Bildern dargestellt worden, auf denen auch der Zwerg Albewin abgebildet worden ist.

Garel (links vorn) befreit Klaris (rechts in der Tür) und Duzabel; rechts unten: Albewin und zwei weitere Zwerge; Schloß Runkelstein in Bozen, 1400-1410 n.Chr.

I 11. d)   Zusammenfassung

Der Zwerg Albewin, dessen Name „Alfen-Freund" bedeutet, ist ein Zwergenkönig, ein Schmied und ein Handwerker und besitzt große Schätze.

Der Zwergenkönig Albewin und seine Zwerge besitzen Unsichtbarkeits-Umhänge („Tarnkappen").

Er wird mit dem Zwergenkönig „Alberich" identisch sein.

So wie Alberich dem Sigurd-Siegfried hilft und Elberich den König Ortnit von Garda unterstützt, so begleitet Albewin den Ritter Garel von Blumenthal.

I 12.   Der Jamtaland-Zwerg in der germanischen Überlieferung

Dieser Zwerg erscheint nur in der Saga über Thorsteinn Hausmacht. Er ist vermutlich mit den anderen Tyr-Zwergen identisch, aber da sein Name nicht genannt wird, läßt sich das nicht auf auf direkte Weise feststellen, sondern nur mithilfe des Vergleiches seines Charakters, seiner Merkmale und seiner Geschichte.

I 12. a)   Die Saga über Thorstein Hausmacht

Im Frühjahr bereitete Thorsteinn sein Schiff für die Fahrt vor. Er hatte ein schnelles Schiff und vierundzwanzig Mann.

Als er nach Jamtaland kam, blieb er für einen Tag im Hafen und ging zur Entspannung an Land.

„Jamtaland" ist die Provinz „Jämtland" in Mittelschweden.

Er kam zu einer Lichtung. Dort war ein großer Stein. Nicht weit davon entfernt sah er einen Zwerg, der fürchterlich häßlich war und laut schrie. Es schien Thorsteinn, als ob der Unterkiefer des Zwerges bis zu seinen Augen hinaufgebogen wäre und andererseits seine Nase bis zu seinem Kinn hinabreichte. Thorsteinn frug ihn, warum er sich so närrisch verhalte.

Der „große Stein" ist offenbar das Hügelgrab, in dem der Zwerg wohnt.

„Wundere Dich nicht," sprach er, „Du guter Mann. Siehst Du nicht den großer Adler dort fliegen? Er hat meinen Sohn geraubt. Ich fürchte, dies ist ein Leid, das Odin gesandt hat, aber ich würde sterben, wenn ich meinen Sohn verlieren würde."

Der Adler, der etwas Wertvolles raubt, erinnert an Tyr-Thiazi in Adlergestalt, der die Göttin Idun und ihre Äpfel graubt hat sowie an Odin in Adlergestalt, in der er den Skaldenmet von Gunnlöd geraubt haben. Da der Adler zudem noch als von Odin gesandt bezeichnet wird, kann man diese Szene als eine Sagen-Variante der Thiazi-Mythe ansehen.

Thorstein schoß auf den Adler und traf ihn unter dem Flügel und er fiel tot herab. Thorsteinn fing den Sohn des Zwerges auf, als er herabfiel und brachte ihn zu seinem Vater.

Dieser „Adler-Schuß" ist auch aus den Mythen über Tyr-Wieland bekannt, was noch einmal den Ursprung dieser Szene in den Tyr-Mythen bestätigt.

Es ist somit recht wahrscheinlich, daß der Zwerg und sein Sohn der alte, gestorbene Tyr-Riese im Jenseits und der junge, wiedergeborene Tyr im Diesseits sind.

Der Zwerg war sehr glücklich und sprach: „Ich verdanke Dir viel für das Geschenk des Lebens meines Sohnes – wähle Dir eine Belohnung an Silber und Gold."

„Schau zuerst einmal nach Deinem Sohn," sprach Thorsteinn, „ich bin es nicht gewohnt, für meine Stärke Belohnungen anzunehmen."

Dieses Gold und Silber werden die Grabbeigaben in dem Hügelgrab sein, die der Zwerg, also der Geist des Toten, der dort bestattet worden ist, von seinen Nachkommen bei seiner Bestattung mit in sein Grab gelegt bekommen hat.

„Ich würde nicht weniger in Deiner Schuld stehen," sagte der Zwerg, „Möchtest Du vielleicht das Hemd aus der Wolle meiner Schafe nehmen? Du wirst nie ermüden und nie verwundet werden, wenn Du es trägst."

Offenbar hat dieses Hemd dieselbe Wirkung wie das Drachenblut, in dem Sigurd gebadet hat und wie das Hemd, daß Aslaug-Kraka für Ragnar Lodbrök erschaffen hat (siehe „Schaf" in Band 42).

Thorsteinn zog das Hemd an und es paßte ihm gut, obwohl er gedacht hatte, daß es selbst für den Zwerg zu klein sei.

Der Zwerg nahm einen silbernen Ring aus seinem Geldbeutel und gab ihn dem Thorsteinn und sagte ihm, daß er ihn gut verwahren solle und daß es ihm nie an Schätzen mangeln würde, solange er den Ring besaß.

Dieser silberne Ring entspricht dem goldenen Ring Draupnir des Odin und dem Ring des Zwerges Andvari, von denen immer wieder gleichartige Ringe „abtropften".

Es ist somit sicher, daß dieser Zwerg ein Tyr-Zwerg, d.h. der Zwergenkönig ist.

Dann nahm er einen schwarzen Stein und gab ihn Thorsteinn, „und wenn Du ihn in Deiner Handfläche verbirgst, kann Dich niemand sehen."

Dieser Stein ist eine Variante des Unsichtbarkeits-Umhanges („Tarnkappe") der drei Zwerge Alberich, Albewin und Eugel.

„Ich habe sonst nichts weiteres von Nutzen, das ich Dir geben könnte. Lediglich einen Stein werde ich Dir noch zu Deinem Vergnügen geben."

Er nahm einen Stein aus seinem Geldbeutel. Zu ihm gehörte noch eine eiserne Spitze. Der Stein war dreieckig. In der Mitte war er weiß, aber rot auf der anderen Seite und um ihn herum war ein goldener Ring.

Der Zwerg sagte: „Wenn Du mit der Spitze den Stein dort, wo er weiß ist, stichst, wird ein so heftiger Hagelsturm kommen, daß ihm niemand standhalten kann.

Wenn Du jedoch Schnee schmelzen willst, dann mußt Du den Stein dort stechen, wo er golden ist – dann wird Sonnenschein kommen, der alles fortschmelzen wird.

Wenn Du ihn jedoch dort stichst, wo er rot ist, wird in einem Schauer von Funken Glut aus dem Feuer kommen, das niemand ertragen kann.

Du kannst mit der Spitze und dem Stein auch auf alles, was Du willst, weisen und es wird in Deine Hand zurückkehren, wenn Du nach ihm rufst.

Ich kann Dich nicht mit noch mehr belohnen."

Dieser dreieckige und dreifarbige (weiß, rot, gold) Stein scheint eine Variante des Hrungnir-Herzens zu sein, das ein Symbol des Tyr, der Sonne und der Seele gewesen ist (siehe Hrungnir-Herz" in Band 67).

Thorsteinn dankte ihm für die Geschenke.

I 12. b) Zusammenfassung

In der Erzählung über den Zwerg aus dem Hügelgrab von Jamtaland treten soviele Motive aus den Mythen des Tyr auf, daß der Ursprung dieses Zwerges der ehemalige Göttervater Tyr gewesen sein muß.

Die Tyr-Motive in dieser Zwergen-Szene aus der Thorsteinn-Saga sind:

- der Raub durch den Adler,
- der Zwerg und sein Sohn (der wiedergeborene Zwerg),
- das Hügelgrab des Zwerges mit den Schätzen in ihm,
- das Hemd aus der Wolle der Schafe des Zwerges, das denjenigen, der es trägt, unverwundbar macht und nie ermüden läßt,
- der silberne Ring, der Reichtum gibt (Draupnir),
- der schwarze Stein, der unsichtbar macht, sowie
- der dreieckige und dreifarbige Stein, mit dem man Hagel, Feuer und Sonnenschein rufen kann und mit dem man alles, auf das mit ihm zeigt, herbeifliegen lassen kann (Hrungnir-Herz).

I 13. Diurnir in der germanischen Überlieferung

Diurnir ist einer der vielen Zwerge, der nur an wenigen Textstellen erwähnt werden und über die keine Mythen bekannt sind.

I 13. a) Der Name „Diurnir"

Der Name „Diurnir" klingt zunächst wie eine Variante von „Durin", was auch nicht völlig ausgeschlossen ist.

„Diurnir" scheint jedoch auch mit der Bezeichnung „Diar" für die Priester des ehemaligen Göttervaters Tyr verwandt zu sein. „Diar" leitet sich wie „Tyr" von dem indogermanischen „dhyaus" für „Sonne, Göttervater" ab. „Diurnir" könnte somit „Sonnengott-Göttervater" bedeuten und somit mit „Tyr" identisch sein.

Daraus ergäben sich mindestens fünf Varianten des ursprünglichen indogermanischen Namens „dhyaus" des Sonnengott-Göttervaters bei den Germanen:

Die Varianten des Namens „dhyaus" bei den Germanen		
Ort des Göttervaters	*Erscheinungsform des Göttervaters*	*Name des Göttervaters*
Götterwelt	Gott	Tyr
	Göttin	Dise
Diesseits	Tyr-Priester	Diar
Jenseits	Riese	Thiazi
	Zwerg	Diurnir

Von diesen fünf Namen haben der Zwerg „Diurnir", die Göttinnen-Bezeichnung „Dise" und der Priester „Diar" die ursprünglichste Form bewahrt.

Ähnliche Ableitungen von dem Namen „dhyaus" des ursprünglichen Göttervaters der Indogermanen finden sich auch bei den anderen indogermanischen Völkern:

187

Der Name „dhyaus" bei den indogermanischen Völkern

Volk	Name	Kommentar
Germanen	Dia-r	die indogermanische Endung „-s" ist über germanisch „-az" zu altnordisch „-r" geworden
	Diu-r-nir	die indogermanische Endung „-s" ist über germanisch „-az" zu altnordisch „-r" geworden; es ist die Endung „-nir" angehängt worden, mit der Namen gebildet wurden
	Di-se	die indogermanische Endung „-s" ist bewahrt worden
	Ty-r	das „dh" ist zu einem „t" geworden; die indogermanische Endung „-s" ist über germanisch „-az" zu altnordisch „-r" geworden
	Thi-azi	das „dh" ist zu einem „t" geworden; die indogermanische Endung „-s" ist über germanisch „-az" zu altnordisch „-azi" geworden
Kelten	Dag-da Nua-da	„Dag-da" = „Tages/Sonnen-Gott" „Nua-da" = „Wasser(-unterwelt)-Gott"
Römer	deu-s	„s" ist die Maskulin-Endung
Slawen	da-z-bhog	die Endung „-s" ist ähnlich wie im Germanischen zu „-z" geworden; „bhog" bedeutet „Geber"
Griechen	Zeu-s	das „dh" am Wortanfang von „dhyaus" hat sich in einen der Zischlaute „z, sh, s" verwandelt; „n" ist die hethitische Maskulin-Endung; „Saba" bedeutet „Vater"
Hethiter	Shiu-n	
Thraker	Saba-ziu-s	
Balten	div-as	das „dh" am Wortanfang von „dhyaus" wird durch „Verwischung" des Tones teilweise zu „t"; das „v" und das „w" entstehen oft durch ein konsonantisch gesprochenes „u" an einem Silbenanfang (genauso verhält sich „j" zu „i")
Perser	Daev-as	
Inder	Dev-a	
Lyder	Tiw-at	
Luwier	Tiw-at	
Palaier	Tiw-at	

I 13. b) Heimskringla

In dieser kleinen, aber damals anscheinend gut bekannten Erzählung erscheint der Zwerg Diurnir dem König Swegde vor einem Hügelgrab.

Swegde nahm das Königreich nach seinem Vater und er tat den feierlichen Schwur, Gott-Heim („Asgard") und Odin zu suchen.

Er zog mit zwölf Männern durch die Welt und kam nach Türkenland („Troja" = „Asgard") und nach Groß-Swithiod, wo er viele seiner Verwandten fand. Er war fünf Jahre auf dieser Fahrt und als er heim nach Schweden kam, blieb er dort für eine Weile.

Er hatte eine Frau aus Vanheim genommen, die „Vana" genannt wurde, und der Sohn der beiden war Vanlande.

Swegde brach anschließend wieder auf, um nach Gott-Heim („Asgard") zu suchen, und kam zu einem Haus auf der Ostseite von Swithiod, das „Stein" genannt wurde, denn dort gab es einen Stein, der so groß wie ein Haus war.

Am Abend nach Sonnenuntergang, als Swedge von der Trink-Tafel zu seinem Schlafraum ging, warf er einen Blick auf diesen Stein und sah einen Zwerg unter ihm sitzen. Swedge und seine Männer waren sehr betrunken und rannten zu dem Stein.

Der Zwerg stand im Eingang und rief nach Swedge und sagte ihm, daß er hereinkommen solle und daß er dann Odin sehen werde.

Swedge lief in diesen Stein, der sich sofort hinter ihm verschloß. Und Swedge kam nie wieder zurück.

Thjodolf von Hvini berichtet darüber:

Aber der Tag-scheue
Diurnir unten
in dem mächtigen Saal
lockte Sveigdi
in den Stein
und führt ihn hinein.

Der arme König
folgte dem Zwerg
in den leuchtende Saal
jenes Mimirs in der Tiefe,
in dessen Riesenwohnstatt,
– dorthin ging er mit.

Diese kleine Geschichte ist voller interessanter Details:

- Der Zwerg Diurnir trägt den Namen des Göttervaters Tyr.
- König Swedge legte wie Eirek der Weitfahrende den Eid ab, Gott-Heim und Odin zu finden.
- Diese Suche nach Asgard im Diesseits ist eine Umdeutung der Jenseitsreise zu dem Göttervater bei der Krönung.
- König Swedge war einer der ersten Könige und ist vermutlich der Gründer von Schweden. Daher sind in seiner Lebensgeschichte mythologische Elemente noch sehr wahrscheinlich. Schweden („Svithiod") ist nach ihm benannt worden – oder umgekehrt.
- Gott-Heim („godheim") könnte allgemein das Land der Asen sein, aber evtl. ist „god" hier eine Übersetzung für „Tyr" – das ist jedoch unsicher.
- „Vanheim" ist das „Wanen-Land" und „Vana" ist eine „Wanen-Frau". Da die einzige bekannte Frau der Wanen die Göttin Freya ist, liegt die Vermutung nahe, daß es sich in dieser Sage bei König Swedge um Odr/Odin handelt, der in den Mythen in „fremde Länder", d.h. in die Unterwelt gereist ist und schließlich von Freya gesucht wird. Daraus ergibt sich, daß Odin nach „godheim" sucht und daß dieses Gott-Heim dann nicht Odins eigenes Walhalla sein kann, sondern eher Tyrs Alfheim sein müßte.
- Der Sohn mit dem Namen „Vanlande" („Wanen-Land") wäre dann möglicherweise der wiedergeborene Swedge-Tyr-Odin. Das Motiv der Heirat des Svedge und der Geburts eines Sohnes müßte in der ursprünglichen Mythe erst am Schluß in dem „Stein" stattgefunden haben.
- Das Haus „Stein" mit dem Zwerg darin ist ein Hügelgrab. Sie wurden oft „fjell", also „Felsen, Hügel" genannt.
- Der Sonnenuntergang ist die Zeit, in der das Tor zum Jenseits offensteht, um den Sonnengott-Göttervater Tyr in die Unterwelt einzulassen. Dies ist folglich die passende Zeit, um ein Hügelgrab zu betreten – vor allem dann, wenn der Bewohner des Hügelgrabes den Namen des Göttervaters trägt: „Diurnir".
- König Swedge trifft den Zwerg Diurnir nachdem er getrunken hat. Dies könnte eine Erinnerung an den Ritual-Met sein.
- Der Stein verschloß sich sofort hinter König Swedge. Der Berg bzw. das Hügelgrab, in dem sich Odin mit Gunnlöd vereint und ihren Met getrunken hat, heißt „Hnitbjörg". Dies bedeutet wörtlich „sich zusammenfügender Berg" im Sinne von sich „verschließender Berg". Gunnlöd ist als Tochter des Tyr-Suttung letztlich Freya – eben König Swedges Frau Vana aus dem Wanen-Land.
- Der Zwerg Diurnir ist „Tag-scheu" und lebt „unten" in einem „mächtigen

190

Saal". Dies wird Tyrs Jenseitshalle Sindri in den Nidabergen im Norden tief in der Erde sein (siehe „Asgard" in Band 52).

- Die Halle Sindri des Tyr ist eine „goldene Halle" und auch Diurnirs Halle ist ein „leuchtender Saal". Beide werden daher wohl identisch sein.

- Mimir ist einer der vielen Tyr-Riesen. Er wird hier „Sökkmimir" genannt, also „der in die Tiefe gesunkene Mimir". Der Begriff „sökk" wurde von den Skalden mehrfach benutzt, um auszudrücken, daß sich etwas in der Unterwelt befindet (Sökkmimir – siehe Mimir" in Band 6; Sökkvabeck – siehe „Saga" in Band 28; Sökkdalir – siehe „Surt" in Band 6).

- Der Saal des Diurnir wird als „Riesenwohnstatt" umschrieben, was bedeutet, daß der Zwerg Diurnir auch als Riese angesehen werden konnte. Diese Eigenheit findet sich nur bei dem Göttervater Tyr.

Diurnir ist offensichtlich der Göttervater Tyr. Die Reise des Königs Swedge zu Tyr und seine Vereinigung mit Freya im Jenseits und seine anschließende Wiedergeburt als Vanlande sind Sagen-Variante entweder von König Swedges Bestattung oder von seiner Krönung, da die Könige bei diesen beiden Gelegenheiten zu dem Göttervater ins Jenseits reisen. Die Betonung des Entschlusses des Swedge, nach „godheim" zu reisen, spricht für eine zur Sage umgedeutete Erinnerung an die Kronungs-Jenseitsreise, da diese von dem König gewollt wird.

I 13. c) Zwergen-Heiti

In einer anonym verfaßten Liste über die Namen von 16 Zwergen wird auch Diurnir aufgeführt, der hier „Durnir" heißt:

Althjofr, Austri,
Aurwang und Dufr,
Ai, Andvari,
Onn und Draupnir,
Dori und Dagfinnr,
Dulin und Onarr,
Alfr und Dellingr,
Oinn und Durnir.

Von diesen 16 Zwergen sind 4 als Tyr-Zwerge, d.h. Zwergenkönige bekannt: Althiofr, Aurwang, Andvari und Oinn.

Da der Ring Draupnir dem Göttervater gehört, wird auch der Zwerg „Draupnir" ein

191

Tyr-Zwerg sein.

„Onarr" ist auch als Mann der Göttin der Nacht und des Jenseits bekannt und daher vermutlich auch ein Tyr-Zwerg.

Delling ist der Morgen und die aufgehende Sonne. Ein Zwerg mit diesem Namen wird daher auch ein Tyr-Zwerg sein.

„Dagfinnr" bedeutet „Tages-Wanderer", d.h. „Sonne". Auch er wird „Tyr in der Unterwelt" und somit der Zwergenkönig sein.

Somit wären insgesamt 8 von diesen 16 Zwergen Tyr-Zwerge. Da die übrigen Zwerge zum größten Teil kaum bekannt sind, wäre es denkbar, daß in dieser Liste vor allem die Namen des Zwergenkönigs aufgezählt worden sind und noch einige weitere von den übrigen 8 Zwergen in dieser Liste Tyr-Zwerge sind.

Unter den Zwergen, die in Band 32 beschrieben werden, befinden sich vermutlich noch einige weitere, die Tyr-Zwerge sind, aber nicht mehr klar als solche erkennbar sind.

I 13. d) Laufas-Edda

In einer Strophe eines Lobliedes werden „Durnirs Krieger" genannt. Möglicherweise hat sich der Skalde noch daran erinnern können, daß „Durnir" einst der Schwertgott-Göttervater Tyr gewesen ist und wollte die Krieger auf diese Weise als stark und mächtig kennzeichnen.

Ich spreche laut das Loblied über den Sturm,
Leichen-schwarz ist das Meer;
Zu wenig Trank für Durnirs Krieger,
dunkel sind die Sonnen des Schiffes.

zuwenig Trank: das Trinkwasser an Bord scheint knapp geworden zu sein
Sonnen des Schiffes = die runden Schilde der Krieger an der Bordwand

I 13. e) Die Vision der Seherin

In diesem Lied erscheint ein Zwerg mit dem Namen „Durin", der eine Variante von „Diurnir" und „Durnir" sein könnte. Da dieser Zwerg offenbar sehr früh gelebt hat und selber über die Zwerge berichtet hat, könnte er ein Tyr-Zwerg sein.

Er ist zudem entweder der Sohn des Modsognir, der der mächtigste Zwerg, d.h. ein

Tyr-Zwerg ist, oder der zweitmächtigste Zwerg. Beides spricht dafür, daß Modsognir der alte, gestorbene Tyr ist und daß Durin der junge, wiedergeborene Tyr ist.

Da ward Modsognir der mächtigste
Dieser Zwerge und Durin nach ihm.
Noch manche machten sie menschengleich
Von den Zwergen in der Erde, wie Durin sagte.

I 13. f) Zusammenfassung

Der Zwergenname „Diurnir" ist identisch mit dem Götternamen „Tyr", dem Riesenname „Thiazi", dem Priestertitel „Diar" und der Göttinnen-Bezeichnung „Dise". Sie leiten sich alle fünf von dem indogermanischen Namen „dhyaus" für den Sonnengott-Göttervater ab.

Vermutlich sind die beiden Zwergennamen „Durnir" und „Durin" Varianten von „Diurnir".

Diurnir geht abends in die Unterwelt ein und wohnt während der Nacht bzw. während des Winters in der Tiefe in der goldenen, leuchtenden Halle Sindri. In der Sage wird diese Halle zum Hügelgrab.

Dorthin reisen auch die Könige bei ihrer Krönung und bei ihrer Bestattung. Nach ihrer Vereinigung mit Vana-Freya werden sie dann bei der Krönung als König und bei der Bestattung als ihr eigenen Sohn wiedergeboren.

I 14.   Thorin in der germanischen Überlieferung

Dieser Zwerg wird u.a. in der „Vision der Seherin" genannt, in der er als Nachkomme des Durin aufgeführt wird.

I 14. a)   Der Name „Thorin"

Dieser Name ist wahrscheinlich eine Bildung zu altnordisch „thoran" für „Mut" und bedeutet daher „der Mutige".

Es ist allerdings auch denkbar, daß „Thorin" eine Variante von „Tyr, Thiazi, Durin, Durnir, Diurnir, Diar, Dise" ist – zumal er der Nachkomme des Durin ist, dessen Name „Thorin" sehr ähnlich ist.

I 14. b)   Fiölswin-Lied

In diesem Lied sagt Fiölswin (Odin), daß der Großvater der Menglöd (Freya) den Namen „Thorin" trug.

Swipdag (Tyr):
„Sage mir, Fiölswinn, was ich Dich fragen will
Und zu wissen wünsche:
Wer schaltet hier das Reich besitzend
Mit Gut und milder Gabe?"

Fiölswin (Odin):
„Menglada heißt sie, die Mutter zeugte sie
Mit Swaf, Thorins Sohne.
Die schaltet hier das Reich besitzend
Mit Gut und milder Gabe."

„Menglöd" („die ihren Schmuck liebt") ist ein Beiname der Freya und bezieht sich auf ihren goldenen Halsreif Brisingamen.

Menglöds Vater Swaf („Schläfer") sollte daher mit Njörd identisch sein und ihre Mutter mit Nerthus. „Swaf" ist ansonsten nicht bekannt, aber man kann aufgrund seines Namens davon ausgehen, daß auch er ein Zwerg ist, da „schlafen" eine gängige Umschreibung für „tot" gewesen ist und die Zwerge die Ahnen im Jenseits sind.

Die Bezeichnung „Zwerg" in dem folgenden Stammbaum bedeutet lediglich, daß sich das betreffende Wesen im Jenseits befindet – darüber, ob dieses Wesen ein Mensch oder ein Gott ist, sagt die Bezeichnung „Zwerg" nichts aus.

Als Vater des Swaf-Niörd kommt eigentlich nur ein Göttervater infrage, wie u.a. die Folge „Niörd – Freyr/Swipdag – Schwedenkönige" zeigt.

Vermutlich ist der Sonnengott Swipdag nicht nur mit Tyr, sondern auch mit Freyr assoziiert worden – wahrscheinlich hat Freyr nach der Absetzung des Tyr als Göttervater durch Thor und Odin um 500 n.Chr. einen Teil der Symbolik des Tyr übernommen.

Die Sonnensymbolik des Swipdag könnte ein Hinweis darauf sein, daß Thorin der ehemalige Sonnengott-Göttervater Tyr ist, der als Schwert- und Kriegsgott durch aus „Thorin", d.h. „der Mutige" genannt werden könnte.

Wenn diese Deutung zutrifft, wäre Thorin wie Alberich, Andvari und Alwis ein „Tyr-Zwerg" im Jenseits.

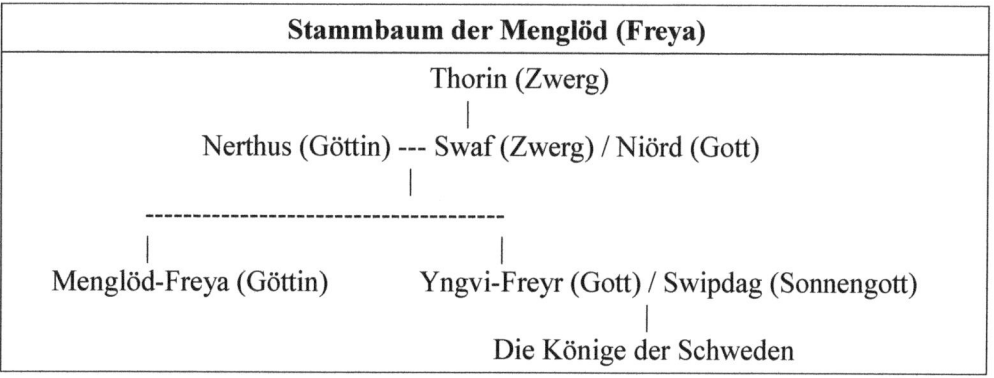

Stammbaum der Menglöd (Freya)

Thorin (Zwerg)
|
Nerthus (Göttin) --- Swaf (Zwerg) / Niörd (Gott)
|

| |
Menglöd-Freya (Göttin)   Yngvi-Freyr (Gott) / Swipdag (Sonnengott)
|
Die Könige der Schweden

Aus diesem Stammbaum ergibt sich, daß Thorin ein wichtiger Zwerg gewesen sein muß und vermutlich ein Gott im Jenseits ist.

I 14. c) Die Vision der Seherin

Die vier Strophen in diesem Lied, in der „Thorin" aufgeführt wird, lauten:

Da ward Modsognir der mächtigste
Dieser Zwerge und Durin nach ihm.
Noch manche machten sie menschengleich
Von den Zwergen in der Erde, wie Durin sagte.

195

Nyi und Nidi, Nordri und Sudri,
Austri und Westri, Althiof, Dwalin,
Nar und Nain, Niping, Dain,
Bifur, Bafur, Bömbur, Nori;
Ann und Anarr, Ai, Miödwitnir.

Weig, Gandalf, Windalf, Thrain,
Theck und <u>Thorin</u>, Thror, Witr und Litr,
Nar und Nyrad; nun sind diese Zwerge,
Regin und Raswid, richtig aufgezählt.

Fili, Kili, Fundin, Nali,
Hepti, Wili, Hannar und Swior,
Billing, Bruni, Bild, Buri,
Frar, Hornbori, Frägr und Loni,
Aurwang, Jari, Eikinskjaldi.

Der Stammbaum der Thorin läßt sich nun ergänzen:

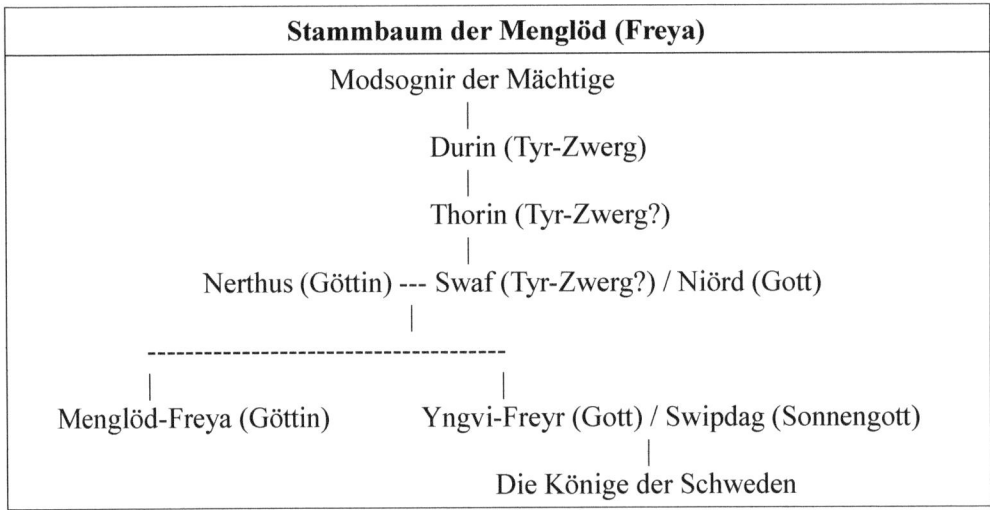

Stammbaum der Menglöd (Freya)

Modsognir der Mächtige
|
Durin (Tyr-Zwerg)
|
Thorin (Tyr-Zwerg?)
|
Nerthus (Göttin) --- Swaf (Tyr-Zwerg?) / Niörd (Gott)
|
\-------------------------------------
| |
Menglöd-Freya (Göttin)   Yngvi-Freyr (Gott) / Swipdag (Sonnengott)
|
Die Könige der Schweden

Wahrschenlich handelt es sich bei der Reihe „Modsognir – Durin – Thorin – Swaf/ Niörd – Yngvi-Freyr" um die Folge der Wiedergeburten des ehemaligen Sonnengott-Göttervaters Tyr.

Zu dieser Deutung paßt, daß auch Durin ein Tyr-Zwerg ist.

I 14. d) Gylfis Vision

Hier wird gesagt, daß Thorin einer der Zwerge ist, die in der Erde wohnen:

Und dieses, heißt es, sind die Namen dieser Zwerge:

Nyi und Nidi, Nordri und Sudri, Austri und Westri, Althiofr, Dwalin, Nar und Nain, Niping, Dain, Beiwörter, Bawör, Bömbör, Nori, Ori, Onar, Oin, Modwitnir, Wig und Gandalf, Windalf, Thorin, Fili, Kili, Fundin, Wali, Thror, Thorin, Theck, Lit, Wit, Nyr, Nyrad, Reck, Radswid.

Und diese sind auch Zwerge und sie wohnen im Gestein wie jene in der Erde:

Draupnir, Dolgthwari, Hör, Hugstari, Hlediolf, Gloin, Dori, Ori, Duf, Andwari, Hepti, Fili, Har, Siar.

I 14. e) Eiriksdrapa

In diesem Loblied auf König Erik Blutaxt des Skalden Thordr Kolbein-Sohn werden in einer Blut-Kenning die Zwerge als die „Männer des Thorin" umschrieben.

Die Kenning lautet „*Regen der Männer des Thorinn*". Thorinn ist ein Zwerg, weshalb auch seine „Männer" Zwerge sind. Da Zwerge Totengeister sind, sind die „Männer des Thorinn" die Toten. Der „Regen der Toten" ist somit das Blut, das aus den Wunden der auf dem Schlachtfeld gefallenen Männer fließt.

Aus der Verwendung des Namens „Thorinn" in dieser Kenning ergibt sich, daß Thorinn einer der bekannteren Zwerge gewesen sein muß, denn sonst hätte nicht jeder diese Kenning verstanden.

In dieser Art von Kenning wird in der Regel der wichtigste Zwerg oder Riese genannt, d.h. Tyr als Zwergenkönig bzw. Riesenkönig. Daher ist in der Kenning der Art „die Männer des X" der genannte „X" tatsächlich der Zwergenkönig bzw. der Riesenkönig, der über seine „Männer" herrscht. Auch aus dieser Überlegung heraus sollte „Thorin" Tyr als Zwergenkönig sein.

I 14. f) Zusammenfassung

Der Erd-Zwerg „Thorin" aus der Sippe des Durin ist vermutlich der Göttervater Tyr im Jenseits. Er ist der Großvater der Freya-Menglöd, was der häufigen Umdeutung der Muttergöttin in die Tochter oder Enkelin des Göttervaters entspricht, durch die sie ihm untergeordnet werden sollte.

Auch die Bedeutung „der Mutige" des Namens „Thorin" würde gut zu dem Schwertgott Tyr passen.

I 15. Modsognir in der germanischen Überlieferung

Dieser Zwerg wird nur in der „Vision der Seherin" und in „Gylfis Vision" genannt, in der er als der erste und der mächtigste aller Zwerge bezeichnet wird.

Die Bezeichnung des Modsognir als „erster und mächtigster Zwerg" kennzeichnet ihn als den „Zwergenkönig". Da die Zwerge generell die Geister der Toten in der Unterwelt waren, wird Modsognir der Götterkönig Tyr in der Unterwelt sein. Modsognir wäre dann mit den anderen Namen des Zwergenkönigs wie Alberich, Andvari oder Alwis identisch.

Diese Deutung ist so gut wie sicher, da Modsognir der Vater des Durin und der Großvater des Thorin ist, die beide recht wahrscheinlich ebenfalls Tyr-Zwerge sind. Zudem wurde der Zyklus von Tod und Wiedergeburt von den Germanen durch drei Generationen dargestellt – hier also durch Modsognir, Durin und Thorin.

I 15. a) Der Name „Modsognir"

Der erste Teil seinen Namens bedeutet „Mut, Wut, Ekstase" und ist mit dem germanischen Wort „motha" für „besessen, erregt, ekstatisch" verwandt, von dem sich auch der Göttername Wotan/Odin ableitet.

Der zweite Teil dieses Namens kann von mehreren Wurzeln hergeleitet werden:
- von „sögn" für „Sprache, Rede, Nachricht",
- von „sögu" für „Saga",
- von „sögn" für „Männerschar, Besatzung",
- von „sögr" für „feuchtes Wetter, Regen",
- von „sögr" für „Tumult, Aufruhr",
- von „sög" für „Säge", und
- von „sögr" für „Zerfetztes, Späne".

Von diesen möglichen Deutungen von „sog-nir" ergibt in Kombination mit „mod" für „Mut, Wut, Ekstase" eigentlich nur „Sprache" und „Aufruhr" einen Sinn.

Wenn „Modsognir" die Bedeutung „Ekstase-Sprache" haben sollte, dann wäre damit wohl die inspirierte Rede eines Sehers, die Anrufung eines Priesters oder die Anfeuerungsrede eines Heerführers vor der Schlacht gemeint. Diese Deutung würde durchaus zu dem Schwertgott-Göttervater Tyr und vor allem zu dessen Priestern passen.

Falls „Modsognir" die Bedeutung „Ekstase-Aufruhr" haben sollte, wäre damit vermutlich der Ekstase-Kampf der Berserker und der Ulfhedinn gemeint. Auch diese Deutung würde gut passen, da Tyr (und nach ihm Odin) der Gott dieser Kämpfer gewesen ist.

Modsognir ist daher recht wahrscheinlich der Göttervater Tyr als Zwergenkönig im Jenseits, dem die Ekstase-Kämpfer unterstehen und der die Seher, Priester und Krieger „begeistert".

I 15. b) Die Vision der Seherin

Die beiden Strophen in „Die Vision der Seherin", in der „Modsognir" aufgeführt wird, lauten:

Da gingen die Regin zu ihren Richterstühlen,
die hochheiligen Götter, und hielten Rat,
wer erschaffen sollte der Zwerge Geschlecht
aus Brimirs Blut und Blains Gebein.

Da ward Modsognir der mächtigste
all dieser Zwerge und Durin der nächste;
noch manche machten sie menschengleich,
von den Zwergen in der Erde, wie Durin sagte.

I 15. c) Gylfis Vision

Diese Szene wird auch in „Gylfis Vision" berichtet, in der sich aber leider keine zusätzlichen Informationen finden:

Danach setzten sich die Götter auf ihre Hochsitze und hielten Rat und Gericht, und gedachten, wie die Zwerge belebt würden im Staub und in der Erde gleich Maden im Fleisch. Die Zwerge waren zuerst erschaffen worden und hatten Leben erhalten in Ymirs Fleisch und waren da Maden. Aber nun nach dem Ausspruch der Götter erhielten sie Menschenwitz und Menschengestalt und wohnten in der Erde und im Gestein. Modsognir hieß einer dieser Zwerge und ein anderer Durin.

I 15. d) Zusammenfassung

„Modsognir" („Begeisterer") ist wie Alberich, Andvari und Alwis ein Name des Zwergenkönigs, d.h. des Göttervaters Tyr im Jenseits.

I 16. Thjodrerir in der germanischen Überlieferung

Dieser Zwerg wird nur im Havamal erwähnt.

I 16. a) Der Name „Thjodrerir"

Sein Name setzt sich aus „thjod" für „Volk" und „reisa" für „erheben, aufrichten" zusammen und bedeutet daher „Volks-Wecker".

Manchmal wird dieser Name auch als „Volkrast", also „Volks-Rast" übersetzt, was aber nicht zutreffend ist.

I 16. b) Havamal

Die Strophe des Havamal, in der Thjodrerir beschrieben wird, ist eins der achtzehn Runenlieder des Odin und bezieht sich auf die Man-Rune:

Ein Fünfzehntes kann ich,
das Thjodrerir der Zwerg
sang vor dem Tor des Tages:
er sang Stärke den Asen
und den Alfen glückliches Gelingen,
klaren Geist dem Schrei-Tyr.

Das Verb „gol", daß hier mit „singen" übersetzt ist, bezeichnet den Galdr-Gesang, also das rituelle Vortragen von Anrufungen, Liedern, Zaubersprüchen und ähnlichem. Thjodrerir führt also ein Ritual durch.

Der „Tag" ist in dem Originaltext der Gott „Delling", der den Morgen verkörpert. Sein Tor befindet sich folglich im Osten am Ort des Sonnenaufgangs – Delling ist die wiedergeborene Sonne.

Die „Stärke", die Thjodrerir den Asen wünscht, ist von dem verwendeten Wort her eindeutig die Körperkraft.

Mit dem „glücklichen Gelingen" ist sowohl das Geschick im Handeln als auch das Glück bei der Durchführung gemeint. Dies bezieht sich vermutlich auf die Wiedergeburt und ein gutes Leben in Alfheim.

Das Wort, das hier mit „klarer Geist" übersetzt worden ist, bedeutet „Gedanken, Meinung, Absicht, Rat".

Der „Schrei-Tyr" ist eine Odin-Kenning. Die „Schreie" des Odin könnte die Schreie seiner Raben sein, aber genausogut auch Kriegsgeschrei oder magische Gesänge, da diese Art von Zaubergesang auch als „Schreien" bezeichnet wurde. Die Benutzung dieser Kenning könnte bedeuten, daß dieses Lied ursprünglich an die Asen, die Alfen und Tyr gerichtet gewesen ist.

Generell sind die mit „Tyr" gebildeten Odins-Namen einst Beinamen des ehemaligen Göttervaters Tyr gewesen. Der Zaubersänger ist also ursprünglich Tyr gewesen.

Man

Die Man-Rune, auf die sich dieser Spruch bezieht, hat die Gestalt eines Menschen mit erhoben Armen. Die Rune stellt also die weitverbreitete Anrufungsgeste dar.

Da Thjodrerir ein Zwerg ist, singt er dieses Lied wahrscheinlich im Jenseits oder zumindestens im Zusammenhang mit dem Jenseits.

Er singt es zudem kurz vor der Morgendämmerung, was vermuten läßt, daß dieses Lied an die aufgehende Sonne gerichtet ist. Ein solche Hymne an die aufgehende Sonne ist von vielen indogermanischen Völkern bekannt und ist eines der wichtigsten Elemente in ihrem Kult gewesen und wurde in früher Zeit, z.B. bei den Hethitern um 1500 v.Chr. von den Königen selber gesungen. Die Wahrscheinlichkeit, daß sich auch dieses Runen-Lied ursprünglich auf den Sonnengott-Göttervater Tyr bezogen hat, ist folglich sehr groß.

Es fragt sich nun, wer Thjodrerir ist. Er ist ein Zwerg, er singt wie ein Priester die Sonnenaufgangs-Hymne, er gibt durch seinen Gesang den Asen Stärke, den Alfen Erfolg und dem Göttervater Tyr einen klaren Geist, und er weckt („reisa") die Menschen („thjod") auf. Diese erstaunliche Macht des Thjodrerir, sein Bezug zum Sonnenaufgang und sein Aufenthalt im Jenseits machen es gut denkbar, daß Thjodrerir einst ein Beiname des Tyr bei seiner morgendlichen Wiedergeburt gewesen ist.

Der Sonnengott-Göttervaters Tyr ist im Jenseits auch selber ein Totengeist, d.h. ein Zwerg – genaugenommen der Zwergenkönig. Als Morgensonne konnte Tyr den Beinamen „Menschen-Erwecker" tragen – er weckt am Morgen die Menschen und gibt allen Wesen durch sein Licht Wachheit und Kraft gibt. Tyr ist auch der Morgensonnen-Gott Delling, der am Morgen am Horizont im Osten durch das „Tor des Delling" tritt und dann am Himmel emporsteigt.

Schließlich scheint der Beiname „Menschen-Erwecker" des Tyr auch auf seine Priester („Diar") übertragen worden zu sein, die nun am Morgen das Zauberlied singen, daß die Sonne aus der Unterwelt zurückruft.

Das Wecklied, das Tyr-Delling-Thjodrerir singt und das die Tyr-Priester am Morgen gesungen haben, ist dasselbe „Sonnenlied".

Das folgende ist eine etwas wörtlicher übersetzte Version der Runenstrophe:

Ein Fünfzehntes kann ich,
das 'Volks-Wecker' der Zwerg
sang vor dem Tor des Gottes Delling:
er sang Stärke den Asen
und den Alfen glückliches Gelingen,
klaren Geist dem Schrei-Tyr.

Siehe zu diesem Thema auch das Kapitel „Drei wahre Worte und der besondere Schrei" in Band 64. Das folgende ist die Zusammenfassung dieses Kapitels:

Die drei wahren Worte und der besondere Schrei sind beides Formen der Sonnen-Anrufung, wobei die drei wahren Worte sich auf das Erscheinen am Morgen und der Schrei/Ruf sich auf das Erscheinen, d.h. das Stärkerwerden der Sonne im Frühjahr beziehen.

Sowohl die drei wahren Worte als auch der Morgenruf werden von dem Priester gesprochen, wobei der Morgenruf auch in Asgard stattfindet, wo er zu den Aufgaben des Heimdall gehört, der möglicherweise mit dem Riesen Aurgelmir und dem Zwerg Thjodrerir identisch ist.

I 16. c) Zusammenfassung

Der Zwerg Thjodrerir („Volks-Wecker") ist der am Morgen wiedergeborene Sonnengott-Göttervater Tyr, der singt, um alle Götter und Menschen aufzuwecken – so wie die Diar-Priester des Tyr am Morgen die Sonnenaufgangs-Hymne singen.

I 17.   Lofar in der germanischen Überlieferung

Der Zwerg „Lofar" wird nur an einer einzigen Stelle in „Die Vision der Seherin" genannt.

I 17. a)   Der Name „Lofar"

Der Name „Lofar" bedeutet „Lobender, Lobpreisender, Hymnen-Singender". Dies ist vermutlich eine Parallele zu dem Zwerg Thjodrerir, der Odins 15. Runenlied beschrieben wird. Er ist der Göttervater im Jenseits selber, der am Morgen das Sonnenaufgangslied singt. Vermutlich ist „Lofar" entweder ebenfalls der Göttervater selber, der die Sonnenhymne singt, oder er ist nicht der „Lobende", sondern der „Gelobte".

I 17. b)   Die Vision der Seherin

Zeit ist's, die Zwerge von Dwalins Zunft
Den Leuten zu leiten bis Lofar hinauf,
Die aus Gestein und Klüften strebten
Von Aurwangs Tiefen zum Erdenfeld.

Lofar wird anscheinend als Vorfahr des Dwalin angesehen, was mit der Deutung des Lofar als Tyr übereinstimmen würde, da Tyr der Vater seiner beiden Pferdesöhne Dwalin und Durin ist.

I 18. c)   Gylfis Vision

Lofar erscheint in dieser Liste als einer der frühen Zwerge, d.h. vermutlich als der auf Tyr in der Unterwelt zurückgehende Zwergenkönig:

Und dieses, heißt es, sind die Namen dieser Zwerge:

Nyi und Nidi, Nordri und Sudri,
Austri und Westri, Althiofr, Dwalin,
Nar und Nain, Niping, Dain,
Biwör, Bawör, Bömbör, Nori,
Ori, Onar, Oin, Modwitnir,
Wig und Gandalf, Windalf, Thorin,
Fili, Kili, Fundin, Wali,
Thror, Throin, Theck, Lit, Wit,
Nyr, Nyrad, Reck, Radswid.

Und diese sind auch Zwerge und wohnen im Gestein wie jene in der Erde:

Draupnir, Dolgthwari, Hör, Hugstari,
Hlediolf, Gloin, Dori, Ori,
Duf, Andwari, Hepti, Fili,
Har, Siar.

Aber folgende kamen von Swarins Hügel gen Aurwang auf Jöruwall, und von ihnen stammt <u>*Lofars*</u> *Geschlecht. Dies sind ihre Namen:*

Skirfir, Wirfir, Skafid, Ai,
Alf, Ingi, Eikinskialdi,
Fal, Frosti, Fid, Ginnar.

„Jöruwall" könnte evtl. „Erdwall" („Jörd-Wall") bedeuten und wäre dann wohl entweder eine Bezeichnung für „Hügelgrab" oder für den im Fiölswin-Lied beschriebenen „Lehmwall" um die Jenseits-Festung der Freya-Menglöd.

I 17. d)   Zusammenfassung

„Lofar" („Lobpreisender") ist wie „Thjodrerir" der ehemalige Sonnengott-Göttervater Tyr, der die Sonnenausgangshymne singt.
Er ist der Vater von Dwalin und Durin, die wiederum die Ahnen der Zwerge sind.

I 18. Aurwang in der germanischen Überlieferung

Der Zwerg Aurwang wird an drei Textstellen genannt, leider jedoch jedesmal ohne nähere Beschreibung.

I 18. a) Der Name „Aurwang"

Der Name dieses Zwerges bedeutet entweder „Licht-Land" oder „Lehm-Gefilde". Im ersten Fall wäre wohl das lichte Jenseits des Tyr in Alfheim gemeint und im zweiten Fall das Grab in der Erde und somit das Jenseits der Hel.

Da „aur" in Gottheiten- und Zwergennamen allgemein die Bedeutung „Licht" hat, wird auch „Aurwang" die Bedeutung „Licht-Gefilde" haben.

Dieser Name entspricht dem „Glasisvellir" („Glanz-Feld"), in dem in den Sagas der zu einem König umgedeutete Tyr-Godmund wohnt.

„Aurwang" ist recht wahrscheinlich eine Umschreibung für „Tyr" als Zwergenkönig, die von seinem Wohnort abgeleitet worden ist.

I 18. b) Zwergen-Namen

In dem Lied „Dwerga-Heiti" („Zwergen-Namen"), dessen Verfasser unbekannt ist, wird Aurvang ohne nähere Beschreibung aufgelistet:

Althiofr, Austri,
Aurwangr und Dufr,
Ai, Andvari,
Onn und Draupnir,
Dori und Dagfinnr,
Dulinn und Onarr,
Alfr und Dellingr,
Oinn und Durnir.

I 18. c) Die Vision der Seherin

In der „Vision der Seherin" wird Aurwang als Nachkomme des Durin aufgeführt. Die sieben Strophen aus dem Lied „Die Vision der Seherin", die sich auf „Aurwang beziehen, lauten:

Zeit ist's, die Zwerge von Dwalins Zunft
Den Leuten zu leiten bis Lofar hinauf,
Die aus Gestein und Klüften strebten
Von <u>Aurwangs</u> Tiefen zum Erdenfeld.

Da war Draupnir und Dolgtrasir,
Har, Haugspori, Hläwang, Gloi,
Skirwir, Wirwir, Skafid, Ai,
Alf und Yngwi, Eikinskjaldi.

Fialar und Frosti, Finnar und Ginnar,
Heri, Höggstari, Hliodolf, Moin.
So lange Menschen leben auf Erden,
Wird zu Lofar hinauf ihr Geschlecht geleitet.

Da ward Modsognir der mächtigste
Dieser Zwerge und Durin nach ihm.
Noch manche machten sie menschengleich
Von den Zwergen in der Erde, wie Durin sagte.

Nyi und Nidi, Nordri und Sudri,
Austri und Westri, Althiof, Dwalin,
Nar und Nain, Niping, Dain,
Bifur, Bafur, Bömbur, Nori;
Ann und Anarr, Ai, Miödwitnir.

Weig, Gandalf, Windalf, Thrain,
Theck und Thorin, Thror, Witr und Litr,
Nar und Nyrad; nun sind diese Zwerge,
Regin und Raswid, richtig aufgezählt.

Fili, Kili, Fundin, Nali,
Hepti, Wili, Hannar und Swior,
Billing, Bruni, Bild, Buri,
Frar, Hornbori, Frägr und Loni,
<u>*Aurwang*</u>*, Jari, Eikinskjaldi.*

In der ersten Strophe erscheint „Aurwang" als Ort, an dem die Zwerge wohnen.
In der letzten Strophe erscheint Aurwang als Zwerg.

I 18. d)   Gylfis Vision

Aurwang erscheint auch in dieser Liste als Wohnort der Zwerge:

Und dieses, heißt es, sind die Namen dieser Zwerge:

Nyi und Nidi, Nordri und Sudri,
Austri und Westri, Althiofr, Dwalin,
Nar und Nain, Niping, Dain,
Biwör, Bawör, Bömbör, Nori,
Ori, Onar, Oin, Modwitnir,
Wig und Gandalf, Windalf, Thorin,
Fili, Kili, Fundin, Wali,
Thror, Throin, Theck, Lit, Wit,
Nyr, Nyrad, Reck, Radswid.

Und diese sind auch Zwerge und wohnen im Gestein wie jene in der Erde:

Draupnir, Dolgthwari, Hör, Hugstari,
Hlediolf, Gloin, Dori, Ori,
Duf, Andwari, Hepti, Fili,
Har, Siar.

Aber folgende kamen von Swarins Hügel gen <u>*Aurwang*</u> *auf Jöruwall, und von ihnen*
stammt Lofars Geschlecht. Dies sind ihre Namen:

Skirfir, Wirfir, Skafid, Ai,
Alf, Ingi, Eikinskialdi,
Fal, Frosti, Fid, Ginnar.

I 18. e)   Zusammenfassung

Der Name „Aurwang" bedeutet „Licht-Land" und bezeichnet sowohl einen Zwerg aus Durins Sippe als auch die Unterwelt selber.

Als Ortsbezeichnung entspricht „Aurwang" dem Ort „Glasisvellir" („Glanztal"), an dem Tyr-Godmund wohnt.

Daraus wird man schließen können, daß „Aurwang" der König des Jenseits, also der Göttervater Tyr ist.

I 19.   Dagfinnr in der germanischen Überlieferung

Über diesen Zwerg ist nur sein Name bekannt.

I 19. a)   Der Name „Dagfinnr"

Der Name dieses Zwerges bedeutet „Tag-Wanderer" – dies klingt eher wie der Name eines Alfen aus dem Sonnenjenseits des Tyr im südlichen Himmel als wie der Name eines Zwerges. Da die Zwerge, Riesen und Alfen jedoch keine streng voneinander getrennten „Gattungen" waren, sondern drei Formen der Totengeister, ist dies kein Widerspruch.

Vermutlich ist „Dagfinnr" ursprünglich ein Beiname der Sonne und somit auch des Sonnengott-Göttervaters Tyr gewesen.

I 19. a)   Dwerga-Heiti

In dem Lied „Dwerga-Heiti" („Zwergen-Namen"), dessen Verfasser unbekannt ist, wird Dagfinnr ohne nähere Beschreibung aufgelistet:

Althiofr, Austri,
Aurwangr und Dufr,
Ai, Andvari,
Onn und Draupnir,
Dori und <u>Dagfinnr</u>,
dulinn und Onarr,
Alfr und Dellingr,
Oinn und Durnir.

I 19. c)   Zusammenfassung

„Dagfinnr" bedeutet „Tag-Wanderer", was ein Beiname der Sonne und des Tyr gewesen sein wird. „Dagfinnr" wird daher ein Tyr-Zwerg sein.

I 20. Delling in der germanischen Überlieferung

Dieser Zwerg ist auch als der Gott der Morgensonne, d.h. als der am Morgen wiedergeborene Tyr, bekannt.

I 20. a) Der Name „Delling"

Der Name „Dellingr" bedeutet „Strahlender, Tagesanbruch".

I 20. b) Zwergen-Namen

In dem Lied „Dwerga-Heiti" („Zwergen-Namen"), dessen Verfasser unbekannt ist, wird Dellingr ohne nähere Beschreibung aufgelistet:

Althiofr, Austri,
Aurwangr und Dufr,
Ai, Andvari,
Onn und Draupnir,
Dori und Dagfinnr,
Dulinn und Onarr,
Alfr und Dellingr,
Oinn und Durnir.

Delling ist der Vater des Dag, d.h. des Tages bzw. der Sonne. Dag erscheint in der Liste als „Dagfinnr" („Tag-Wanderer" = „Sonne").

I 20. c) Zusammenfassung

Der Zwerg Dellingr ist mit dem Gott der Morgensonne, der ebenfalls „Delling" genannt wird, identisch (siehe „Delling" in Band 20).

I 21.   Draupnir in der germanischen Überlieferung

Dieser Zwerg wird in den „Dwerga-Heiti", in der „Vision der Seherin" und in „Gylfis Vision" genannt, in der er ein Nachkomme des Dwalin ist.

I 21. a)   Der Name „Draupnir"

Er ist nach dem Ring „Draupnir" („Tröpfler") benannt worden, der die Sonne, die Jenseitsreise und die Wiedergeburt symbolisiert.

„Draupnir" könnte wie der Riesenname „Hringi" („Ring") ursprünglich ein Beiname des Sonnengott-Göttervaters Tyr gewesen sein, da der goldene Ring ein Symbol der Sonne und ihrer Wiedergeburt gewesen ist.

I 21. b)   Die Vision der Seherin

Die drei Strophen in „Die Vision der Seherin", in der Draupnir genannt wird, lauten:

Zeit ist's, die Zwerge von Dwalins Zunft
Den Leuten zu leiten bis Lofar hinauf,
Die aus Gestein und Klüften strebten
Von Aurwangs Tiefen zum Erdenfeld.

Da war Draupnir und Dolgtrasir,
Har, Haugspori, Hläwang, Gloi,
Skirwir, Wirwir, Skafid, Ai,
Alf und Yngwi, Eikinskjaldi.

Fialar und Frosti, Finnar und Ginnar,
Heri, Höggstari, Hliodolf, Moin.
So lange Menschen leben auf Erden,
Wird zu Lofar hinauf ihr Geschlecht geleitet.

I 21. c)   Gylfis Vision

In „Gylfis Vision", die aus „die Vision der Seherin" zitiert, wird gesagt, daß Draupnir einer der Zwerge ist, die in den Felsen wohnen:

Und diese sind auch Zwerge und wohnen im Gestein wie jene in der Erde:

Draupnir, Dolgthwari, Hör, Hugstari, Hlediolf, Gloin, Dori, Ori, Duf, Andwari, Hepti, Fili, Har, Siar.

I 21. d)   Zwergen-Namen

In dem Lied „Dwerga-Heiti" („Zwergen-Namen"), dessen Verfasser unbekannt ist, wird Draupnir ohne nähere Beschreibung aufgelistet:

Althiofr, Austri,
Aurwangr und Dufr,
Ai, Andvari,
Onn und Draupnir,
Dori und Dagfinnr,
dulinn und Onarr,
Alfr und Dellingr,
Oinn und Durnir.

I 21. e)   Zusammenfassung

Dieser Felsen-Zwerg aus der Sippe des Dwalin ist nach dem Jenseitsreise-Ring „Draupnir" benannt worden.

Da dieser Ring die Sonne und die Wiedergeburt symbolisiert hat, wird „Draupnir" wie die beiden anderen Sonnenzwerge „Dagfinnr" und „Delling" ein Tyr-Zwerg sein.

213

22. Swaf in der germanischen Überlieferung

Dieser Zwerg tritt nur im Fiölswin-Lied auf.

I 22. a) Der Name „Svaf"

Wie die Zwergennamen „Dwalin" und „Reck" hat auch „Svaf" bzw. „Swaf" die Bedeutung „Schläfer". Dies war offenbar eine beliebte Umschreibung für „Toter".

I 22. b) Fiölswin-Lied

Fiölswinn:
„Menglada heißt sie, die Mutter zeugte sie
Mit Swaf, Thorins Sohne."

Menglada/Menglöd ist ein Beiname der Freya. Menglöds Vater Swaf und Freyas Vater Niörd sollten daher identisch miteinander sein.

Da der Gott Freyr zusammen mit Thor und Odin die Symbolik des Göttervaters Tyr nach dessen Sturz übernommen hat, könnte Niörd, der Vater der Freya und des Freyr, durchaus einen ehemaligen Titel des „Tyr-Riesen/Zwerges im Jenseits" übernommen haben, da der Tyr-Riese/Zwerg der „Vater" des „wiedergeborenen Tyr im Diesseits" war.

„Swaf" könnte somit ursprünglich ein Name des Tyr in der Unterwelt gewesen sein. Dies wird durch den König Svafnir in dem „Lied über Helgi Hjörvard-Sohn" bestätigt, der deutlich als der in einen Sagenkönig umgedeutete ehemalige Göttervater Tyr ist.

I 22. c) Zusammenfassung

Der Name des Zwerges „Svaf" bedeutet „Schläfer". Er ist ursprünglich vermutlich der Tyr-Riese/Zwerg in der Unterwelt gewesen.

Als Thor, Odin und Freyr den Tyr stürzten und dessen Symbolik übernahmen, fiel dem Niörd, also Freyrs und Freyas Vater, der Name „Svaf" des ehemaligen Göttervaters Tyr in der Unterwelt zu.

Diese Übertragung wird dadurch erleichtert worden sein, daß Freya als die Jenseits-Frau des Tyr evtl. schon als die Tochter des „alten Tyr" angesehen worden ist.

Svaf als Vater der Freya könnte somit ein Motiv sein, das bereits in den Tyr-Mythen vorhanden gewesen ist.

23. Thror in der germanischen Überlieferung

Dieser Zwerg wird nur in der „Vision der Seherin" genannt, in der er als Nachkomme des Durin aufgeführt wird.

I 23. a) Der Name „Thror"

„Thror" bedeutet „Angreifer". In den Thulur-Listen findet sich „Thror" als Bezeichnung für ein Schwert, einen Keiler und einen Hirsch, woraus sich ergibt, daß man sich Thrors Angriff wie den eines Mannes mit einem Schwert, eines Keilers mit seinen Hauern oder eines Hirsches mit seinem Geweih vorstellte – „Thror" bezieht sich somit auf einen „stechenden Angriff".

I 23. b) Nafna-Thulur

In den Namenslisten am Ende der Skaldskaparmal wird „Thror" als Name eines Schwertes, eines Hirsches („Durathror") und eines Keilers angeführt.

Daraus kann man zumindest schließen, daß „Thror" ein Name gewesen ist, den man u.a. auch Dingen und Tieren geben konnte. „Thror" ist jedoch nicht als Personenname bekannt, woraus sich ergibt, daß „Thror" ein „beschreibender Name", also die Bezeichnung einer Qualität o.ä. ist – Thror ist der „Angreifer".

I 23. c) Grimnir-Lied

Der Hirschname „Durathror" wird in diesem Lied zusammen mit den Namen von drei weiteren Hirschen genannt:

Der Hirsche sind vier, die mit krummem Halse
An der Esche Ausschüssen weiden:
Dain und Dwalin, Duneyr und Durathror.

Ihre Namen bedeuten:

- Dain = „Verstorbener",
- Dwalin = „Langsamer, Schlafender",
- Duneyr = „Feuerläufer" oder „Dunkelohr", und
- Durathror = „schlafender/stiller Kämpfer" im Sinne von „toter Kämpfer".

Da auch „Dain" und „Dwalin" Namen von Zwergen sind, erscheint eine Verbindung zwischen dem Zwerg „Thror" und dem Hirsch „Durathror" recht wahrscheinlich.

Die Verbindung zwischen den Hirschen und den Zwergen wird das Opfer eines Hirsches bei den Bestattungen sein, durch das die Toten im Jenseits zu Hirschen wurden, die aufgrund der Zeugungskraft des Hirsches erfolgreich ihre Wiederzeugung vollziehen konnten.

Da man vor allem dem Tyr Hirsche geopfert zu haben scheint, besteht der begründete Anfangsverdacht, daß „Thror" ein Tyr-Zwerg ist.

Die Vierzahl dieser Hirsch-Zwerge, zu denen auch Thror zu gehören scheint, läßt einen Zusammenhang mit den vier Himmelsträger-Zwergen Austri, Nordri, Sudri und Westri vermuten (siehe „Vier Zwerge" in Band 32).

I 23. d) Grimnir-Lied

Im Grimnir-Lied bezeichnet sich auch Odin selber als „Thror". Dies paßt in Bezug auf die Bedeutung „Angreifer", da Odin der Kriegsgott ist, und es paßt auch deshalb, weil Odin einen sehr großen Teil der Tyr-Symbolik übernommen hat – offenbar auch den Namen „Thror" und die Hirsch-Symbolik.

Odin:
„Grimnir hießen sie mich bei Geirröd,
Bei Asmund Jalk;
Kialar schien ich, da ich Schlitten zog;
Thror dort im Thing;
Widr den Widersachern;
Oski und Omi, Jafnhar und Biflindi,
Göndlir und Harbard bei den Göttern."

Odins Beiname „Thror" wurde offenbar von den Germanen bei ihren Gerichtsverhandlungen („Thing") für Odin benutzt. Vermutlich ist die Bedeutung „Angreifer" des Namens „Thror" in diesem Zusammenhang als „Ankläger" oder „Bestrafer" zu verstehen.

Geirröd ist Tyr als Riese im Jenseits.

I 23. e)   Die Vision der Seherin

Die vier Strophen in diesem Lied, in der „Thror" aufgeführt wird, lauten:

Da ward Modsognir der mächtigste
Dieser Zwerge und Durin nach ihm.
Noch manche machten sie menschengleich
Von den Zwergen in der Erde, wie Durin sagte.

Nyi und Nidi, Nordri und Sudri,
Austri und Westri, Althiof, Dwalin,
Nar und Nain, Niping, Dain,
Bifur, Bafur, Bömbur, Nori;
Ann und Anarr, Ai, Miödwitnir.

Weig, Gandalf, Windalf, Thrain,
Theck und Thorin, Thror, Witr und Litr,
Nar und Nyrad; nun sind diese Zwerge,
Regin und Raswid, richtig aufgezählt.

Fili, Kili, Fundin, Nali,
Hepti, Wili, Hannar und Swior,
Billing, Bruni, Bild, Buri,
Frar, Hornbori, Frägr und Loni,
Aurwang, Jari, Eikinskjaldi.

I 23. f)   Gylfis Vision

Hier wird gesagt, daß Thror einer der Zwerge ist, die in der Erde wohnen:

Und dieses, heißt es, sind die Namen dieser Zwerge:

Nyi und Nidi, Nordri und Sudri, Austri und Westri, Althiofr, Dwalin, Nar und Nain,

218

Niping, Dain, Biwör, Bawör, Bömbör, Nori, Ori, Onar, Oin, Modwitnir, Wig und Gandalf, Windalf, Thorin, Fili, Kili, Fundin, Wali, <u>Thror</u>, Throin, Theck, Lit, Wit, Nyr, Nyrad, Reck, Radswid.

Und diese sind auch Zwerge und wohnen im Gestein wie jene in der Erde:

Draupnir, Dolgthwari, Hör, Hugstari, Hlediolf, Gloin, Dori, Ori, Duf, Andwari, Hepti, Fili, Har, Siar.

I 23. g)   Zusammenfassung

Der Name des Erd-Zwerges „Thror" aus der Sippe des Durin bedeutet „Angreifer". Dieser Name wurde auch für einen Hirsch, einen Keiler, ein Schwert und für Odin bei Gerichtsverhandlungen benutzt.

Die Assoziation mit dem Hirsch beruht wahrscheinlich auf dem Hirschopfer in den Tyr-Ritualen.

I 24. Alwis in der germanischen Überlieferung

Der Zwerg Alwis ist relativ unbekannt und erscheint nur in einem einzigen Lied. Aufgrund der Strukturen in diesem Lied kann dieser Zwerg jedoch in einen größeren Zusammenhang eingeordnet werden.

I 24. a) Der Name „Alwis"

Dieser Name ist eigentlich eine Kenning, also eine Umschreibung. Er bedeutet „Allwissender". Eine solche Kenning würde am ehesten zu Odin passen, aber da Odin ein Ase und kein Zwerg ist, liegt der Verdacht nahe, daß es sich bei Alwis um Tyr, den Vorgänger des Odin als Göttervater handelt, der im Jenseits ist.

Im Fiölswin-Lied wird Odin „Fiölswin", d.h. „Vielwissender" genannt, was dem Namen „Alwis" sehr ähnlich ist.

I 24. b) Alwis-Lied

Im Alwis-Lied wirbt ein Zwerg um eine nicht mit Namen genannte Tochter des Thor, die aber wohl Thrudr sein wird, da nirgendwo eine andere Tochter des Thor erwähnt wird. „Thrudr" ist einer der Namen der Jenseitsgöttin, die hier zur Tochter des Thor umgedeutet worden ist.

Wenn Alwis „Tyr im Jenseits" sein sollte, würde diese Brautwerbung dem Raub der Idun durch Thiazi, dem Fordern der Freya durch Thrym, dem Verlangen des Hrungnir nach Freya und Sif usw. entsprechen – diese Deutung ist also recht wahrscheinlich.

Alwis:
„Gedeckt sind die Bänke: so sei die Braut nun
Mit mir zu reisen bereit.
Für allzuhastig hält man mich wohl;
Doch daheim: wer raubt uns die Ruhe?"

220

Thor:
„Wer bist Du, Bursche? Warum so bleich um die Nase?
Hast Du bei Leichen gelegen?
Vom Thursen ahn ich etwas in Dir:
Solch eine Braut gebührt Dir nicht!"

Die beiden letzten Zeilen zeigen, daß für die Germanen Zwerge und Thursen (Riesen) letztlich dieselbe Kategorie von Wesen waren: Wesen aus Utgard, also der Unterwelt, d.h. Totengeister.

Dieser Kommentar des Thor setzt den Tyr-Zwerg Alwis mit den diversen Tyr-Riesen in Verbindung, was die Auffassung des Alwis als „Tyr im Jenseits" bestätigt.

Alwis:
„Alwis heiß ich, unter der Erde
Steht mein Haus im Gestein.
Warnen will ich den Wagenlenker:
Breche niemand festen Bund."

Das Haus des Zwerges befindet unter der Erde, weil er ein Wesen der Unterwelt ist. Sein Haus ist letztlich das Hügelgrab, das aus Felsen erbaut („*im Gestein*") und dann mit Erde bedeckt wurde („*unter der Erde*").

Der „*Wagenlenker*" ist der Donnergott Thor, dessen Streitwagen von zwei Ziegen gezogen wurde.

Thor:
„Ich will ihn brechen: die Braut hat der Vater
Allein zu gewähren Gewalt.
Ich war nicht daheim, da sie Dir verheißen ward;
Kein anderer der Götter gibt sie."

Es scheint so, als ob Thrud dem Alwis von jemand anderem, evtl. von deren Mutter Sif, versprochen worden ist – was Thor jedoch kurzerhand für null und nichtig erklärt. Die patriarchale Familienordnung der Germanen zur Zeit der Edda ist hier offensichtlich. Vielleicht haben auch nur Alwis und Thrudr sich einander versprochen.

Alwis:
„Wer ist der Recke, der sich rühmt zu schalten
Über die blühende Braut?
Als Landstreicher lästert Dich niemand:
Wer hat Dich mit Ringen beraten?"

Alwis zweifelt die Autorität des Thor an und will zunächst einmal wissen, wer er eigentlich ist. Die Anspielung auf den Landstreicher soll wohl bedeuten, daß Alwis keinen Streit mit Thor will und ihn zu beruhigen versucht, indem er ihm sagt, daß er ihm nichts vorwirft, aber sich der Autorität des Thor in Bezug auf Thrudr versichern will. Die Ringe des Thor sind sein Herrschaftszeichen.

Thor:
„Wingthor heiß ich, der weitgewanderte,
Sidgranis Sohn.
Wider meinen Willen erwirbst Du das Mädchen nicht
Noch jemals das Jawort."

„Wingthor" bedeutet „der (seinen Hammer) schwingende Thor". „Sidgrani" ist ein Beiname des Odin und bedeutet „der mit dem langen Schnauzbart".

Alwis:
„So wünsch' ich denn Deine Bewilligung
Und das Jawort zu gewinnen.
Besser zu haben als zu entbehren
Ist mir das mehlweiße Mädchen."

Thor:
„Des Mädchens Minne mag ich Dir,
Weiser Gast, nicht weigern,
Kannst Du aus allen Welten mir kund tun
Was ich zu wissen wünsche."

Alwis:
„Versuch es, Wingthor, da Du gesonnen bist
An des Zwerges Wissen zu zweifeln.
Alle neun Himmel hab ich durchmessen
Und weiß von allen Wesen."

Thor stellt dem Zwerg Alwis nun dreizehnmal eine Frage und Alwis antwortet jedesmal richtig.

Die *„neun Himmel"* sind das Jenseits, da die „9" von den Germanen wie ein Adjektiv mit der Bedeutung „zum Jenseits gehörend" benutzt worden ist.

Doch dann macht er einen schwerwiegenden Fehler – auch wenn seine Antworten alle richtig sind:

Thor:

„Aus einer Brust alter Kunden
Vernahm ich nie so viel.
Mit schlauen Listen verlorst Du die Wette,
Der Tag verzaubert Dich, Zwerg:
Die Sonne scheint in den Saal.“

Der Zwerg Alwis erstarrt wie ein Troll zu Stein, weil er über dem Rätselraten nicht darauf geachtet hat, vor dem Sonnenaufgang wieder unter der Erde zu sein.

Alwis wird von Thor letztlich wie die Tyr-Riesen getötet. Die Verwendung einer List und eines Rätselkampfes statt seines Hammers ist jedoch völlig Thor-untypisch. Vermutlich ist dieses Lied relativ neu und hatte u.a. auch die Aufgabe, die Eigenschaften des listigen Odin, der viele Rätselkämpfe mit Tyr-Riesen geführt hat, auf den Hauptgott Thor zu übertragen.

I 24. c) Ragnarsdrapa

In einer Strophe aus diesem um 850 n.Chr. von Bragi dem Alten verfaßten Lied findet sich ein Hinweis auf den Ursprung des Alwis-Liedes:

„Willst Du hören, o Hrafnketil,
Wie ich die Fußsohlen-Klinge
von Thrudrs Dieb preise, die mit Geschick
mit Farbe befleckt wurde,
und wie ich meinen König preise?“

Der Skalde Bragi spricht den Fürsten Ragnar mit dem Namen „Hrafnketil“ an, der „Raben-Kessel“ bedeutet. Der Rabe ist der Vogel des Odin. Odin kann einen Kessel für den Skaldenmet brauchen, den er von Tyr-Thiazi geraubt hat. Wenn Ragnar als „Kessel“ angesprochen wird und zudem als großzügig angesehen wird (er hat Bragi für seine Lieder einen Schild geschenkt), dann ist Ragnar als „Kessel“ für Bragi ein Spender des Mets – nicht nur des Mets an der Tafel in der Halle des Fürsten, denn Ragnar ermöglicht Bragi durch die Bezahlung der Dichtungen des Skalden auch, aus dem Kessel mit dem Skaldenmet zu trinken. Wenn die Fürsten ihn nicht belohnen würden, müßte Bragi sich eine andere Arbeit suchen ...

Das Wort „Klinge“ ist in diesen Versen eine Heiti (Umschreibung mit einem Wort) für „Waffe“. Da sich diese Waffe unter den „Fußsohlen“ befindet, kann dies nur der Schild des Geirröd sein.

In diesen Versen wird gesagt, daß Hrungnir die Thrudr geraubt hat, die ursprünglich die Geliebte und später die Tochter des Thor gewesen ist. Sie entspricht offenbar der geraubten Wiederzeugungs-Geliebten, also Freya, Sif, Idun usw.

Man wird davon ausgehen können, daß aus der Verbindung zwischen Hrungnir und Thrudr nichts geworden ist, da Thor den Hrungnir wie alle anderen Tyr-Riesen auch getötet hat. Allerdings sind diese Morde „nur" eine Umdeutung des abendlichen Todes des Tyr-Hrungnir, der sich als der tote Göttervater in der Unterwelt zusammen mit der Jenseitsgöttin wiederzeugt.

Diese Vereinigung des Tyr-Hrungnir mit Thrudr wird der Kern sein, aus dem die Werbung des Tyr-Alwis um die Hand der Thor-Tochter Thrudr abgeleitet worden ist.

Thrudr wurde zunächst als die Geliebte des Thor und später dann als seine Tochter angesehen. Diese Umdeutung der Muttergöttin zu der Tochter des Göttervaters ist weltweit verbreitet – sie sollte eine solide patriarchale Ordnung in der Götterwelt herstellen.

I 24. d) Zusammenfassung

Alwis ist der Göttervater Tyr als Zwerg in der Unterwelt. Die Haupteigenschaft dieses Zwerges ist hier sein großes Wissen, daß ihm jedoch nicht hilft, da er sich von Thor dazu überlisten ließ, bis zum Tagesanbruch über der Erde zu bleiben – und deshalb zu Stein erstarrte.

Der Rätselwettstreit zwischen Thor und Alwis stammt aus den Mythen des Odin, der seine Überlegenheit über seinen Vorgänger Tyr durch sein Wissen zu beweisen bestrebt ist.

Das ursprüngliche Motiv wird gewesen sein, daß die Totengeister nur des nachts in das Diesseits über der Erde gelangen <u>konnten</u>, und nicht, daß sie nur des nachts in das Diesseits <u>durften</u>, weil sie sonst zu Stein erstarrten, d.h. „starben". Stattdessen mußten sie tagsüber in ihrem „Stein", d.h. in ihrem Hügelgrab bleiben.

I 25.   Botewart in der germanischen Überlieferung

Der irische Missionar Brendan der Reisende, der später heiliggesprochen wurde, lebte von ca. 484 – 577 n.Chr. und unternahm mit zwölf Gefährten eine berühmte Seereise in den Westen, um das Land der Seligen zu finden – das Tir-nan-og („Land der ewigen Jugend") der Kelten, das „Avalon" („Apfelinsel") der Iren, das Walaskialf („Toteninsel") der Wikinger und das „Atlantis" der Griechen.

Die ersten Berichte über Brendans Reise stammen von ca. 850 n.Chr.. Seit ca. 1150 n.Chr. war Brendans Reise ein beliebte Thema in der mittelalterlichen Literatur.

I 25. a)   Der Name „Boteward"

Auf dieser Reise begegnete er dem Zwerg „Boteward", dessen Name eine Variante des altnordischen „Bodvar" ist und „Kampf-Krieger" bedeutet. Dies könnte ein Name des Kriegsgottes Tyr gewesen sein – aber diese Deutung ist recht unsicher.

I 25. b)   Brendans Reise

Das Folgende sind einige Auszüge aus diesem Lied, in denen der Zwerg auftritt.

Da sprach Sankt Brendan:
„Ich sehe ein Barke nahen
mit einem kleinen Segel.
Wenn jemand Reines darinnen ist,
der eine Seele hat,
dann wird er uns guten Rat geben."

... ...

Hinter ihm sahen sie
einen greulichen Zwerg stehen,
der an dem Steuerruder stand.
Er schien ihnen ein ungeheuerliches Wesen.
Der Zwerg hieß Botewart.

225

Sehr groß war sein Bart
und lang sein Haar.

... ...

Seine Kehle war ganz weiß
und seine Stimme sehr groß
– sie klang wie ein Horn.
Er hielt das Steuer in der Hand.
All sein Gewand
war aus Fell und Seide.
Sie fuhren zu dem Boot
und halfen ihm aus der Not,
ihn, der ihnen dasselbe geboten hatte.

... ...

Da ließen sie den Zwerg
bewachen und lenken:
Er half ihnen auf allen ihren Wegen
und arbeitete fleißig in dem Schiff,
sodaß er allen wohl gefiel.

... ...

Den Ruf hörte ein Zwerg:
Er ging zu einer Pforte,
vor der er einen Einsiedler fand.
Zu dem sprach der Zwerg:
„Auf dem Meer liegt ein Schiff
das fest gefangen ist."
Zu dem Zwerg sprach der Gute
mit einfältigem Mute:
„Ich kann euch nicht helfen so wie ich sollte."
Der Zwerg sprach, er wolle
ihn zur Küste führen.
Da freute sich des guten Mannes Sinn
als er eine Barke fand.
Er fuhr von dannen,
das Boot fuhr durch das Naß,
in dem er mit dem Zwerge saß.

I 25. c)   Zusammenfassung

Botewart („Kampf-Krieger") ist ein freundlicher und hilfsbereiter Zwerg, der dem Heiligen Brendan auf seiner Fahrt zu der Jenseitsinsel im Westen beisteht.

Sein Name sowie seine Verbindung mit den Schiffen („Barke des Sonnengottes") und mit der Jenseitsinsel im Westen legen es nahe, daß auch er ein Tyr-Zwerg ist.

I 26. Althiof in der germanischen Überlieferung

Dieser Zwerg wird in der „Vision der Seherin" genannt, in der er als Nachkomme des Durin aufgeführt wird. Der Zwergenname „Althiof" wird auch „Althiosr" geschrieben. Da „thjos" die Bezeichnung für die Leiche eines Wals ist, wird „Althiosr" wohl ein Schreibfehler für „Althiofr" sein.

I 26. a)   Der Name „Althiof"

Dieser Zwergenname könnte sich von „all-thiofr" für „All-Dieb" ableiten. Bei dieser Deutung stellt sich die Frage, wie dieser Name wohl entstanden sein könnte. Evtl. liegt dem eine Assoziation zu dem Dieb Loki oder zu dem nach seinem Sturz ebenfalls als Dieb dargestellten Tyr-Riesen (Thiazi, Thrym, Hrungnir usw.) zugrunde. Es könnte auch die Rolle des Tyr sowie des Loki in dem endlosen Streit zwischen den beiden sein, die sich gegenseitig die Herrschaft, die Frau (Freya, Sif, Idun) und den Ring als Wiedergeburtssymbol rauben.

Da „thiofr" auch einen erfolgreichen Wikinger bezeichnen konnte, die ja Händler, Räuber und Eroberer waren, könnte der Name „Althiof" auch in etwa „Großer Krieger" bedeuten.

I 26. b)   Die Vision der Seherin

Die vier Strophen in „Die Vision der Seherin", in der „Althiof" aufgeführt wird, lauten:

Da ward Modsognir der mächtigste
Dieser Zwerge und Durin nach ihm.
Noch manche machten sie menschengleich
Von den Zwergen in der Erde, wie Durin sagte.

Nyi und Nidi, Nordri und Sudri,
Austri und Westri, Althiof, Dwalin,
Nar und Nain, Niping, Dain,
Bifur, Bafur, Bömbur, Nori;
Ann und Anarr, Ai, Miödwitnir.

Weig, Gandalf, Windalf, Thrain,
Theck und Thorin, Thror, Witr und Litr,
Nar und Nyrad; nun sind diese Zwerge,
Regin und Raswid, richtig aufgezählt.

Fili, Kili, Fundin, Nali,
Hepti, Wili, Hannar und Swior,
Billing, Bruni, Bild, Buri,
Frar, Hornbori, Frägr und Loni,
Aurwang, Jari, Eikinskjaldi.

I 26. c)   Die Vision der Seherin

In „Gylfis Vision", die aus „die Vision der Seherin" zitiert, wird gesagt, daß Althiof einer der Zwerge ist, die in der Erde wohnen:

Und dieses, heißt es, sind die Namen dieser Zwerge:

Nyi und Nidi, Nordri und Sudri, Austri und Westri, Althiosr, Dwalin, Nar und Nain, Niping, Dain, Biwör, Bawör, Bömbör, Nori, Ori, Onar, Oin, Modwitnir, Wig und Gandalf, Windalf, Thorin, Fili, Kili, Fundin, Wali, Thror, Throin, Theck, Lit, Wit, Nyr, Nyrad, Reck, Radswid.

Und diese sind auch Zwerge und wohnen im Gestein wie jene in der Erde:

Draupnir, Dolgthwari, Hör, Hugstari, Hlediolf, Gloin, Dori, Ori, Duf, Andwari, Hepti, Fili, Har, Siar.

I 26. d)   Zwergen-Namen

In dem Lied „Dwerga-Heiti" („Zwergen-Namen"), dessen Verfasser unbekannt ist, wird Althiof ohne nähere Beschreibung aufgelistet:

229

Althiofr, Austri,
Aurwangr und Dufr,
Ai, Andvari,
Onn und Draupnir,
Dori und Dagfinnr,
dulinn und Onarr,
Alfr und Dellingr,
Oinn und Durnir.

I 26. e) Zusammenfassung

Der Name des Erd-Zwerges „Althiof" aus Durins Sippe bedeutet „All-Dieb", womit jedoch veremutlich „Großer Krieger" gemeint ist.

Dieser Name könnte eine Anspielung auf den endlosen Streit zwischen Tyr und Loki sein – was jedoch recht unsicher ist.

I 27. Goldemar in der germanischen Überlieferung

Der Zwergenkönig Goldemar ist aus mehreren Liedern und Sagen bekannt.

I 27. a) Der Name „Goldemar"

Dieser Zwergenname bedeutet „Gold-Ruhm". Dieser Name erklärt sich dadurch, daß Goldemar schon in den frühesten Texten mehrfach als „reicher Zwerg" bezeichnet wird. Der Ursprung dieses Reichtums sind sicherlich die Grabbeigaben in den Hügelgräbern, die auch zu dem Motiv des Drachen (Geist des Toten) auf einem Schatz geführt haben.

I 27. b) Goldemar

Von diesem Heldenlied aus dem Umkreis der Sagen über Dietrich von Bern, das um ca. 1230 n.Chr. von Albrecht von Kementaten verfaßt worden ist, sind nur die ersten neuneinhalb Strophen erhalten geblieben.

Wir haben viel von Helden vernommen,
die großen Kämpfe bestritten haben
zu Herrn Dietrichs Zeiten.
Sie vollbrachten viele Rittertaten
und einer schlug den anderen,
keiner wollte sich unterwerfen
und sie waren zum Kampfe bereit.
Ihre Schilde und ihre starken Helme
erlitten so manchen Kummer.
Man sagte, daß der der beste wäre,
der die meisten anderen erschlug;
da wurde ihr Lob gepriesen,
wenn man die Toten davontrug.

Nun hört zu, ihr Herren, denn das schickt sich,
dem Albrecht von Kementaten,
der in dieser Mär erzählt,

wie der sehr gute Berner
den Zuneigung einer Frau gewann.
Man sagt, daß er
den Frauen gegenüber kein höflicher Mann sei:
sein Sinn stand ihm zu streiten,
als er eine schöne Frau
sah zu seiner Zeit,
das war eine hochgelobte Maid,
die den Berner dort bezwang,
wie uns das Abenteuer berichtet.

Der „Berner" ist Dietrich von Bern.

Herr Dietrich von Bern ritt,
die großen Straßen vermeidend;
er wandte sich in die Wildnis.
man hört von seiner Ritterlichkeit,
was er in Not und Streit erlitt
im Wald und im Gefilde;
Wir hören von ihm Wunder berichten,
daß er so viel erreichte,
das mancher von ihm erschlagen wurde
und er auch einige nach Bern brachte,
sowohl gefangen als auch verwundet,
die er mit seiner Ritterlichkeit bezwang:
er wußte wohl zu streiten.

Da wurde dem tugendhaften Mann
von großen Riesen berichtet,
die in dem Wald waren,
da konnte man sie jederzeit finden.
Das Gebirge heißt Trutmund;
dorthin wandte sich der Ritter.
Er sagte, er wolle gerne
die gewaltigen Riesen sehen;
was ihn dort an Kummer erwarten möge,
ob ein jeder von ihnen
eine große und auch lange Stange trüge.
Diese Wunder wollte er gerne erblicken;

Seine Mannheit zwang ihn dazu.

Der Name „Trutmund" bedeutet „Thrudr-Hand", d.h. „Kraft-Hand". Dies klingt nach dem Namen eines Riesen oder Helden. Möglicherweise gehörte dieser Name einst wie „Sigmund" oder „Gudmund" zu den Beinamen des Tyr.

In dem Wald fand er einen Berg;
den hatte gar wilde Zwerge
erbaut und besetzt;
bei ihnen sah er eine Maid,
daß ihm sein Herz verging,
dem edlen wagemutigen Helden,
noch hatte er ein solch schönes Weib gesehen:
darüber freute sich der Gute.
Man wollte ihn sie nicht sehen lassen:
sie war wohl bewacht.
Die Zwerge traten ihm in seinen Weg,
die schöne Frau
führten sie in den Berg.

Ein Berg, der von Zwergen erbaut und bewohnt wird, ist mit Sicherheit ein Hügelgrab. Die Maid in diesem Hügelgrab wird ursprünglich die Jenseitsgöttin als die Wiederzeugungs-Geliebte gewesen sein: Freya, Menglöd, Gunnlöd usw.

Darüber wurde Dietrich gar unfroh.
Er sprach freundlich und auch mit Drohungen
zu den Zwergen:
„Sagt, was habe ich euch getan,
daß ihr mich die Frau nicht sehen laßt
und ihr sie verbergt?
Ich verspreche auf meine Ehre,
daß ich ihr keinen Schaden zufügen wollte.
Wenn ich sie mit eurer Güte
sehen dürfte,
würde ich das lieber als tausend Mark nehmen."
Der reiche König Goldemar
verbarg die Frau hinter sich.

Der Zwerg Goldemar könnte mit dem Riesen Trutmund (Tyr?) identisch sein, nach dem der Wald benannt worden ist. Wenn dies zutreffen sollte, wäre „Goldemar" ein

Beiname, den Trutmund als Totengeist, d.h. als Zwerg aufgrund der goldenen Grabbeigaben in seiner Grabkammer erhalten hat.

Als dies der Herr Dietrich sah,
sprach er schnell:
„Erzählt mir von der Frau
und woher ihr sie geholt habt,
oder woher ihr sie erhalten habt.
ich sehe hier keine zerschlagenen
Schilde und Speere;
der ist hier nicht zerbrochen:
das betrübt mich heute und immer.
Hier hat kein Speer Männer erstochen,
so wie man dies für schöne Frauen tut.
Wenn hier mein Speer heil bleiben sollte,
würde das mir den Sinn noch mehr betrüben.

Oder ist hier kein Herr in der Nähe,
der für diese Frau kämpfen will,
der mir durch seine Ehre beweist,
ob sie ihm das nicht wert ist:
So sollte mir lieber nicht geschehen;
ich freue mich, wenn ich zurückkehre.
Oder ist sie durch eines Mannes Liebe
in diese Wildnis gelangt,
wie schon früher schöne Frauen taten,
ob sie das nicht begraben will
und mit einem Mann gehen,
und wenn meine Frau dies will,
so werde ich trauern nachstellen sein lassen."

Der Held, der die „Frau im Berg" erringen will, ist ursprünglich der Jenseitsreisende (Toter, Schamane, König) gewesen, der sich in dem Hügelgrab, d.h. in der Unterwelt mit der Jenseitsgöttin vereint hat, um anschließend von ihr wiedergeboren zu werden.

Goldemar sprang von dem Berg,
der Zwerg war ein reicher König
gewaltig wilder Leuten.
Er sprach: „Nun höre, mein guter Ritter,
ihr mögt wohl einen großen Mut besitzen;

vernehmt, was ich euch sage.
ich bin euch, Herr, und das ist wahr,
im Streite nicht gewachsen.
Euer Schild und Euer glänzender Helm,
den führt gegen die Sachsen.
Zerbrecht dort Euren Speer;
mit mir findet ihr keinen Streit. "
sprach Goldemar, der hehre König.

„Doch will ich Euch hier kundtun,
wenn ihr in kurzer Stunde
von meiner Frau berichte
... ...
... ...
... ...
wenn ihr von Schande frei bleibt,
mit unzerschlagem Schwert,
von meiner Jungfrau.
Die hat mich vor den Berg gebracht
mit ihrer
... ...
... ...
... ...

I 27. c)   Anhang des „Heldenbuches"

In dieser um ca. 1400 verfaßten Schrift wird das Helden-Epos „Goldemar" kurz zusammengefaßt:

Des Berners Weib heißt Hertlin und war die Tochter eines frommen Königs von Portugal, der von den Heiden erschlagen worden war. Da kam Goldemar und stahl ihm die Tochter. Da starb die alte Königin vor Leid. Da nahm sie der Berner dem Goldemar wieder mit großer Mühe ab. Sie war bei Goldemar Jungfrau geblieben. Als sie starb, da nahm er Herrot, die Schwestertochter des Königs Etzel, zur Frau.

Die Werbung des Dietrich von Bern um die schöne Frau ist also erfolgreich gewesen.

I 27. d)   Reinfried von Braunschweig

In diesem um ca. 1280 n.Chr. verfaßten Versroman wird Goldemar kurz erwähnt:

Ihnen konnten sicherlich nicht die Riesen bei Goldemar,
dem reichen kaiserlichen Zwerg, verglichen werden,
der den Wald beherrschte
und den Berg dort vor den Wülfingern schützen.

In einer späteren Strophe wird berichtet, daß Goldemar sich gegen Dietrich von Bern die Riesen des Waldes Thrutmund zu Hilfe ruft. Bei dem anschließenden Kampf werden sowohl der Wald als auch der Berg zerstört.

Offensichtlich ist Goldemar damals gut bekannt gewesen, da man einen anderen Zwerg zu dessen Einordnung mit Goldemar vergleichen konnte.

I 27. e)   Zimmerische Chronik

In dieser um 1565 n.Chr. verfaßten Schrift ist Goldemar zu einem Hausgeist auf der Burg Hardenstein in der Nähe von Witten an der Ruhr geworden.

Aber den Edelmann warnte er wiederholt vor einem Überfall oder der Ankunft seiner Feinde und Widersacher, und zeigte ihm auch Mittel und Wege, wie er ihnen ausweichen und sich ihnen widersetzen konnte.

Er nannte sich selber König Goldemar, aber er ließ sich niemals sehen, doch er ließ sich seine Hände anfassen, wenn dies jemand wollte, und die Hände waren ganz weich und zart – so als wenn man eine Maus anfassen würde.

Unter anderem sagte er denen, die um ihn waren, daß der christliche Glaube allein in Worten bestünde, der jüdische in Gesteinen und der heidnische in Kräutern.

Dieser Edelmann von Hartenberg hatte eine schöne Schwester, die den Geist sehr achtete und die mit Gewißheit wissen wollte, wer der Geist in dem Haus sei – ihr zuliebe nannte der Geist daher den Edelmann manchmal seinen Schwager.

Er lehrte ihn unter anderem, daß er, wenn er des nachts schlafen ging oder des morgens aufstand oder sonst etwas besonderes tat oder begann, er sich vorher Gott anvertrauen sollte und mit folgenden Worten seinen Glauben an ihn bekennen sollte: „Increatus apter, increatus filius, increatus spiritus sanctus!"

Schließlich ist er (Goldemar) von ihm (Edelmann) fortgegangen, sodaß niemand weiß, wo er nun ist."

Burg Hardenstein

I 27. f) Die Sage über Burg Hardenstein

In dieser Chronik wird dieselbe Sage ausführlicher berichtet:

Vor mehr als 600 Jahren wohnte auf Burg Hardenstein der Zwergenkönig Golde-mar. Bei Tisch saß er stets zur Rechten des Ritters Neveling von Hardenberg; man hörte den Zwergenkönig schlürfen und schmatzen, aber er selbst blieb den Augen verborgen, er war nämlich unsichtbar.

Mit seinem Pferd verhielt es sich nicht anders. Es stand im Stall, man hörte es sau-fen, trampeln und wiehern, aber niemand hat es je erblicken können.

Solange Goldemar auf der Burg wohnte, hatte Hardenstein eine gute Zeit. Die Speisekammern wurden nie leer, und das Weinfaß war stets bis zum Rand gefüllt. Wenn sich einmal Feinde in böser Absicht der Burg näherten, warnte der Zwergen-könig den Ritter, so daß er rechtzeitig Vorkehrungen treffen konnte. Beim gemein-

samen Würfelspiel leerte der Zwergenkönig mit dem Burgherrn manchen Becher guten Weines, und hin und wieder ließ er dabei Harfenspiel erklingen. Viele Leute, geistliche wie weltliche Herren besuchen Goldemar auf Burg Hardenstein. Der Zwergenkönig redete zwar mit allen, aber die Geistlichen konnte er nicht leiden; oftmals trieb er ihnen die Schamesröte ins Gesicht, indem er ihre heimlichen Sünden vor allen Leuten offenbarte. Den Ritter Neveling, den er seinen Schwager nannte, lehrte Goldemar, sich mit den Worten zu bekreuzigen: 'Unerschaffen ist der Vater, unerschaffen ist der Sohn, unerschaffen ist der Heilige Geist!'

Zu dieser Zeit wohnte auch ein Küchenjunge auf Hardenstein, der unbedingt wissen wollte, wie der Zwergenkönig denn aussähe. Man munkelte, Goldemar habe Hände, kalt wie ein Fisch und weich wie eine Maus – aber es hatte ihn ja kein Sterblicher jemals zu Gesicht bekommen. Dem Küchenjunge jedoch war bekannt, das Goldemar die Angewohnheit hatte, noch zu später Stunde in die Burgküche zu gehen, um sich mit ein paar vom Abendessen übriggebliebenen Happen zu stärken.

Der Junge hatte einen Plan: „Wenn ich nun Mehl und Erbsen auf die Küchenstufe ausstreue, so stolpert Goldemar über die Erbsen, fällt zu Boden und verliert seine Tarnkappe, so daß ich ihn sehen kann, zumindest aber wird sich seine Gestalt im Mehl abzeichnen!"

Gesagt, getan. Der Junge bereitete alles vor, versteckte sich hinter der Küchentür und wartete, eine Stunde, zwei Stunden. Von Herbede klang der Glockenschlag zwölfmal herüber – Mitternacht. Plötzlich kam etwas durch den Flur, der Junge hörte es ganz deutlich. Knarrend öffnete sich die Tür, ein Schatten huschte herein, da – ein Aufschrei, der Zwergenkönig stolperte über die Erbsen und fiel polternd zu Boden.

In diesem Augenblick sprang der Küchenjunge hinter der Tür hervor und erblickte Goldemar. Dieser aber schnappte den Jungen, außer sich vor Wut, riß ihn auseinander und kochte und briet ihn anschließend in großen Töpfen. Diese Gerichte ließ er sich auf sein Turmzimmer bringen, das bis auf den heutigen Tag „Goldemars Kammer" heißt, und dort verspeiste er den Küchenjungen. Sein Schmausen war begleitet von Musik und Gesang, sonst war es mucksmäuschenstill in der Burg. Kein Mensch wagte auch nur einen Ton von sich zu geben, denn alle hatten große Furcht vor dem unheimlichen Treiben.

Neveling von Hardenberg war es, der am nächsten Morgen seinen ganzen Mut zusammennahm und als erster nach dem Rechten sah. Er ging also zu Goldemars Turmkammer und sah, das über der Tür etwas geschrieben stand. Beim Nähertreten durchlief ihn ein kalter Schauder, denn die Worte ergaben einen Fluch: „Burg Hardenstein soll künftig so unglücklich sein, wie sie vormals glücklich gewesen ist, und all ihr Gut soll zerrinnen, solange nicht drei Generationen derer von Hardenberg zugleich am Leben sind!"

In der Folgezeit aber lebten niemals Großvater, Vater und Sohn in dem alten Gemäuer zusammen, und die Familie von Hardenberg starb schon vierzig Jahre nach

diesem schicksalsschweren Fluch im Jahre 1439 im Mannesstamme aus. Die einst-
mals stolze Burg zerfiel im Laufe der Jahrhunderte zu der noch heute stehenden
Ruine. Den Zwergenkönig Goldemar hat man seit jener Nacht nicht wieder in dieser
Gegend gesehen.

I 27. g) Zusammenfassung

Der Zwergenkönig Goldemar der Reiche wohnt mit seinem Volk in einem Hügelgrab („Berg") in dem Wald „Thrudmund" („Stark-Hand"). Vermutlich ist dieser
Wald nach einem Riesen oder Helden mit dem Namen „Thrudmund" benannt worden. Der Name könnte wie „Sigmund" oder „Godmund" einst ein Beiname des Tyr
gewesen sein.

Der Reichtum des Zwergenkönigs ist der Grabschatz in dem Hügelgrab.

Die schöne Jungfrau, die dort von ihm bewacht wird, geht letztlich auf die Jenseitsgöttin bei der Wiederzeugung zurück (Freya, Menglöd, Gunnlöd u.a.).

Der Ritter Dietrich von Bern, der schließlich nach hartem Kampf die schöne Jungfrau „befreit", geht auf den Jenseitsreisenden zurück, der durch die Wiederzeugung
mit der Göttin im Hügelgrab seine Wiedergeburt erlangt.

Wie andere Zwergenkönige auch, kann sich Goldemar unsichtbar machen (siehe
„Tarnkappe" in Band 64). Auch sein Pferd ist unsichtbar.

In der späteren Sage kann er Harfe spielen, kennt die Sünden anderer Menschen,
warnt den Burgherrn vor Gefahren und sorgt dafür, daß die Fässer und die Speisekammern niemals leer werden.

Als ein Küchenjunge ihn durch ein List zu sehen bekommt, verflucht er die Burg.

239

I 28. Laurin in der germanischen Überlieferung

König Laurin ist ein Zwerg aus den Südtiroler Sagen.

I 28. a) Der Name „Laurin"

Laurins Name bedeutet vermutlich „Lorbeer-bekränzter" im Sinne von „Sieger".
Dies wäre ein passender Name für einen Tyr-Zwerg.

I 28. b) Die Laurin-Sage

Über Laurin wird die folgende Sage berichtet. Die Verse stammen aus der frühesten
bekannten Fassung dieser Sage, die um ca. 1500 n.Chr. niedergeschrieben worden ist.
Der Prosatext stammt aus einer späteren Fassung der Sage.

*Hoch oben in den grauen Felsen des Rosengartens, dort, wo sich heute nur mehr
eine öde Geröllhalde, das „Gartl", ausbreitet, lag einst König Laurins Rosengarten.*

Ihm dienten alle wilden Lande:
Er war ein reicher König.

Ich weiß einen kleinen Mann,
dem sind viele untertan:
der ist kaum drei Spannen lang.

Laurin war klein,
seine Kraft kam aus dem Gestein.

*König Laurin war der Herrscher über ein zahlreiches Zwergenvolk, das dort in den
Bergen wohnte. Seine besondere Freude und sein Stolz aber war der große Garten, in
dem unzählige edle Rosen blühten und dufteten. Wehe aber dem, der es gewagt hätte,
auch nur eine dieser Rosen zu pflücken: ihm hätte Laurin die linke Hand und den
rechten Fuß genommen! Dieselbe Strafe wäre auch dem widerfahren, der den Seidenfaden zerrissen hätte, der den ganzen Rosengarten anstatt eines Zaunes umspannte.*

„Ein König, der Laurin heißt,
der ist ein großer Herr,
er hat so große Stärke,
das habe ich an ihm erlebt:
er bestand alleine hundert Mann.
Möge es ihm niemals schlecht ergeh'n!
Das, was ich euch sage, das ist wahr.
Er hat zweiunddreißig Jahre
und noch länger hier
eine Wiese gepflegt,
ein schönes Gärtlein.
Darum ist ein Seidenfaden,
der bringt manchen Mann in Not,
daß er sein rotes Blut vergießt.
An dem Garten sind vier Pforten:
Wenn man die verschlossen findet,
so sah ich keinen so kühnen Mann,
daß er die Rosen nicht hätte stehen lassen müssen.
Die Pforten sind von Gold,
wer sie zerstören wollte,
und den Faden bricht,
dem hat er Rache angekündigt:
Er muß sich pfänden lassen
an Füßen und an Händen
– so besitzt er sein Land."

Wenn jemand den zerbricht,
wird Laurin dies an ihm rächen:
Er muß sein Schwert pfänden,
seinen rechten Fuß und die linke Hand.

Dieser Garten scheint ein Mischung aus germanischer Jenseitshalle und christlichem Paradies zu sein.

Die abgeschlagene Hand könnte eine Erinnerung an Tyrs abgebissene Hand sein und der abgeschlagene Fuß könnte seinen Ursprung in der Fuß/Schuh-Symbolik des Sonnengottes haben. Aber beides könnte auch ohne mythologische Vergangenheit nur als drastische Strafe gemeint sein.

Der Seidenfaden rings um einen „besonderen Ort" erinnert an den Seidenfaden rings um den Turnierplatz in dem Lied „Rosengarten", der Kriemhild gehört hat. Sowohl der Rosengarten des Laurin als auch der „Rosengarten" genannte Turnierplatz der Kriemhild könnten Umdeutungen des Hügelgrabes des Tyr sein – zumal Laurins Garten so wie Lokis Haus (Hügelgrab) vier Tore hat (siehe „4" in Band 47).

Im Kampfe vermochte es der Zwergenkönig mit jedermann, auch dem stärksten Recken, aufzunehmen. Denn er besaß nicht nur einen Zaubergürtel, der ihm die Kraft und Stärke von zwölf Männern verlieh, sondern auch eine geheimnisvolle Tarnkappe, die ihn unsichtbar machte, wenn er sie aufsetzte.

Diese beiden magischen Gegenstände sind der Kraftgürtel des Thor und der Unsichtbarkeits-Umhang des Alberich.

Als Laurin hörte, daß der König an der Etsch gedenke, seine schöne Tochter Similde zu verheiraten, und eine Maifahrt ausrufen ließ, zu der sich alle Freier einfinden sollten, da freute sich Laurin und beschloß, die Einladung des Königs an der Etsch anzunehmen und auch um Similde zu werben.

Doch Tag um Tag verstrich, ohne daß ein Bote des Königs an der Etsch zu Laurin kam, um auch ihm die Einladung zu der großen Maifahrt zu überbringen. Das verdroß den Zwergenkönig, und so beschloß er denn, an dieser Maifahrt nur im geheimen teilzunehmen – indem er sich nämlich durch seine Tarnkappe unsichtbar machte.

Auf einem großen Rasenplatz vor dem Schloß des Königs an der Etsch fanden die Kampfspiele statt, an denen sich die Freier um Similde zu beteiligen hatten. Wer sich in diesen Wettspielen am meisten im Fechten und Reiten bewährt haben würde und also zuletzt als Sieger hervorging, dem wollte der König an der Etsch Similde als Maibraut anvermählen.

Sieben Tage lang dauerten die Kampfspiele, dann waren endlich die beiden Recken ermittelt, die in einem abschließenden und alles entscheidenden Wettspiel um die Hand der schönen Similde kämpfen sollten. Es waren dies Hartwig, der in seinem Schilde eine Lilie führte, und Wittich, der eine Schlange als Erkennungszeichen hatte. Lange wogte der Kampf zwischen den beiden tapferen Recken hin und her, und es nahte schon der Sonnenuntergang, wo der Wettkampf beendet werden sollte. Doch ehe der König das Zeichen zum Aufhören geben und einen der beiden Recken zum Sieger erklären konnte, entstand auf einmal Lärm, und Stimmen schrien durcheinander: „Similde ist verschwunden! Similde ist geraubt worden!"

Aber als das Verschwinden der Königstochter bemerkt wurde, ritt Laurin mit Similde schon davon und konnte nicht mehr aufgehalten werden, zumal er seine Tarnkappe aufhatte und darum nicht nur er selbst, sondern auch sein Pferd und die geraubte Königstochter unsichtbar waren!

Das kam von Zauberlisten
der die Magd von dannen führte:
der hatte einen Nebel-Umhang an.

Der „Nebel-Umhang" ist identisch mit dem „Tarn-Cape".

Laurin hatte im geheimen den Kampfspielen beigewohnt, und das holde Wesen der
schönen Königstochter und ihr liebliches Antlitz hatten ihn je länger, desto mehr so
gefangen, daß er endlich beschloß, den Ausgang des Kampfes nicht abzuwarten, wo
Similde dem einen von beiden anvermählt würde, sondern die schöne Braut zu rauben
und sie in sein Felsenreich zu entführen.

Da sprach die reine Magd:
„Was bist Du denn so klein?
Sag mit Deinen Namen,
wie wirst Du genannt?"
Da sprach der schöne
König Laurin mit der Krone:
„Mein Name ist weit bekannt!"

Hartwig und Wittich aber beschlossen, diese Schmach nicht hinzunehmen und dem
Zwergenkönig Laurin – denn nur dieser konnte Similde geraubt haben, das wußte
man sogleich – die entführte Königstochter wieder abzunehmen.
Doch sie wußten wohl, daß dies ein schweres Unterfangen sein werde, besaß ja
Laurin einen Zwölfmännergürtel und eine Tarn- oder Nebelkappe und überdies viele
tausend Zwerge, die gewiß für ihren König zu kämpfen bereit waren.
Und so wandten sie sich an den großen und berühmten Fürsten Dietrich von Bern
und baten ihn um seine Hilfe. Dieser sagte zu, wie wohl sein alter Waffenmeister
Hildebrand ihn warnte und auf die geheimnisvollen Kräfte des Zwergenkönigs
hinwies.

Da sprach Meister Hildebrandt:
„Rechte Abenteuer seien ihm noch unbekannt
in den hohlen Bergen
in denen die Zwerge wohnen."

Der „hohle Berg" ist ursprünglich das Hügelgrab mit der (hohlen) Grabkammer in
seiner Mitte gewesen.

So machten sie sich denn auf die Reise nach der Felsenburg des Zwergenfürsten:

243

Dietrich von Bern, Hildebrand, Hartwig und Wittich, Wolfhart und noch andere tapfere Recken.

Als sie endlich vor dem herrlichen Rosengarten des Königs Laurin ankamen und die Fülle dieser Blütenpracht gewahrten, staunten Dietrich und seine Gefährten – und sie beschlossen, den zarten Seidenfaden nicht zu zerreißen und den König herbeizurufen, um mit ihm gütlich zu unterhandeln, daß er ihnen Similde herausgeben solle, die er geraubt hatte.

Doch Wittich, der Ritter mit der Schlange im Schilde, sprang, von Ungeduld gepackt, vorwärts, zerriß den Seidenfaden und zertrat die nächsten Rosen.

Da ritt schon König Laurin auf seinem Schimmelpferdchen daher, eine kleine goldene Krone auf dem Haupte und ein glänzendes Schwert in der Rechten, kam auf Wittich zu und forderte seine Hand und seinen Fuß.

Da kam dahin geritten
ein Zwerg nach ritterlicher Sitte;
er wurde Laurin genannt,
einen Speer führte er in seiner Hand,
umwunden mit Gold,
so wie ihn Fürsten führen sollten.
Sein Roß war so groß
gerade wie ein wildes Reh;
darauf ein goldnes Deckchen,
das gab im Wald einen lichten Schein.
Der Sattel an seinem Roß
gab einen wundersamen Schein.
Darum lag ein Gürtel,
das war voller Zauber,
durch dieses hatte er zwölf Männer Kraft.

Das Reh könnte einfach ein Bild sein, daß die Kleinheit des Laurin veranschaulichen soll, aber es könnte auch eine Erinnerung an das Hirsch-Opfertier des Tyr sein.

Auch bei dem Speer ist unsicher, ob er einfach eine normale Waffe oder Odins Speer Gungnir ist.

Die Nacht war nie ganz dunkel:
es leuchtete wie der Tag
von dem Stein,
der auf dem Helm war.
Auf ihm war eine goldene Krone
die gab einen wonnigen Schein,

durch sein Edelsteine und auch sein Gold,
so wie man es sich nur wünschen kann.
Krone und Helm gaben einen lichten Schein
und auf ihnen sangen Vögelein,
Nachtigall, Lerche und Zeisig,
in anmutiger Weise,
so lieblich, als ob sie lebten
und in dem Walde schwebten
– mir Listen war es erdacht
und mit Zauber vollbracht.

Der Ursprung dieses Leuchtens und des goldenen Helmes könnte Tyrs leuchtendes, goldenes Sonnenschwert, sein ebenfalls leuchtender Sonnenschild und sein Goldhelm sein, den später Odin übernommen hat.

Mit seinem Schwert bestand er manchen Streit,
in den Ländern weit und breit,
es war eine Spanne breit,
stählern ist seine Schneide,
sein Griff war rotgolden,
der Knauf ein Karfunkelstein,
Darunter leuchtet ein Johant,
ein Rubin und ein Diamant.

Mit dem Schwert steht wie es mit dem Schwert: Ist es einfach die Waffe eines Ritters oder Tyrs Schwert?

Doch Wittich höhnte nur, als er den kleinen Reiter sah, und sagte: „Komm nur her, Zwerglein, ich nehme Dich gleich bei den Füßen und werfe Dich an die Felsenwand!"
Aber ehe er sich's versah, hatte ihn Laurin, der den Zwölfmännergürtel trug, überwältigt und wollte ihm also gleich Hand und Fuß abhacken! Dies aber konnte Dietrich von Bern nicht zulassen und eilte darum auf Laurin zu, um ihn an der Ausführung dieser furchtbaren Strafe zu hindern.
Laurin aber stieß Dietrich weg. So nahmen die beiden Könige den Zweikampf auf – der kleine Fürst des Zwergenreiches und der hünenhafte Recke aus Bern!
Mit der ganzen Zwölfmännerkraft, die ihm sein Zaubergürtel verlieh, hieb der Zwergenkönig auf den Berner ein und verwundete ihn mehrmals. Dies reizte den starken Berner, und er begann auch Laurin mit seinen Schwertstreichen nicht mehr zu schonen.

So kämpften die beiden Könige eine Weile wacker miteinander, und die Begleiter Dietrichs staunten über die Kraft und Behendigkeit des kleinen Fürsten, der sich von Dietrich nicht überwinden lassen wollte.

Da aber setzte sich Laurin auf einmal die Tarnkappe auf und war nun unsichtbar geworden! Damit war er im Vorteil: Er traf seinen Gegner mit jedem Hiebe, Dietrich von Bern aber konnte nur mehr blindlings um sich schlagen.

Da rief Hildebrand, der alte Waffenmeister: „Zerreiß ihm den Gürtel!"

Dies aber war leichter gesagt als getan, denn Dietrich konnte ja den Zwergenkönig nicht sehen und also ergreifen.

Da kam Hildebrand der rettende Gedanke: „Achte auf die Bewegungen des Grases, dann wirst Du sehen, wo der Zwerg steht!"

Als Dietrich von Bern dies tat, konnte er sehen, wo Laurin gerade stand, er eilte auf ihn zu, packte ihn um die Mitte und zerbrach ihm den Gürtel. Dieser fiel zu Boden und Hildebrand nahm ihn an sich.

Nun war der Kampf rasch entschieden, und die Zwerge begannen zu heulen, als sie ihren König besiegt und in der Gewalt des Berners sahen, der ihm auch die Tarnkappe und alle Waffen abnahm.

Ehe aber Dietrich und seine Begleiter beschließen konnten, was mit dem besiegten Zwergenkönig zu geschehen habe, da öffnete sich im Felsen ein Tor, das vorher niemand bemerkt hatte, und Similde trat heraus mit einer Schar von Dienerinnen.

Sie dankte Dietrich und den anderen Herren für ihre Befreiung, bemerkte aber auch zugleich, daß Laurin sie immer gut behandelt und wie eine Königin geehrt habe. Die Herren sollten ihm darum nicht gram sein und ihn nicht weiter befehden, sondern mit ihm Frieden und Freundschaft schließen.

Diese Rede gefiel dem starken Dietrich, und er reichte Laurin die Hand zum Frieden. Laurin nahm die Hand an und lud Dietrich und alle seine Begleiter in sein unterirdisches Felsenschloß: „Ich will euch meine Schätze zeigen und euch wohl bewirten."

Die Recken nahmen die Einladung an und betraten den hohlen Berg. Wie staunten sie, als sie die reichen Schätze des Zwergenfürsten sahen! Endlich gelangten sie in einen großen Saal, wo sich Laurin mit seinen Gästen an einer reich geschmückten Tafel zum Mahle niederließ.

Das Gartl-Bergmassiv in Südtirol: die weiße, schneebedeckte Fläche unter dem rechten Gipfel soll der „Rosengarten" des Zwergenkönigs Laurin sein

Das Alpenglühen, also das Licht der untergehende Sonne auf den Felsen, wird als das Strahlens von Laurins Rosengarten gedeutet.

I 28. c) Zusammenfassung

Laurin (der „Lorbeer-bekränzte") ist ein weiterer Tyr-Zwerg, da er ein Zwergenkönig, also ein König der Unterwelt ist, und zudem einige Merkmale des Göttervaters Tyr wie das goldene Leuchten, das Schwert, die abgeschlagene Hand, den abgeschlagenen Fuß, und das Reh als Reittier hat.

Für diese Deutung spricht auch sein edles Verhalten in den frühen Varianten dieser Sage.

Auch Laurin besitzt einen Unsichtbarkeits-Umhang und große Schätze.

I 29.   Comandion in der germanischen Überlieferung

Dieser Zwerg erscheint in dem Lied „Demantin" über den gleichnamigen Helden.

I 29. c)   Der Name „Comandion"

In diesem Lied begegnet der Ritter Firganant dem Zwerg Comandian, dessen Name vermutlich „Kommandeur, Befehlshaber, Herrscher" bedeutet – ein passender Titel für einen Tyr-Zwerg.

I 29. b)   Demantin-Lied

Die Zwergen-Episode aus dem Demantin-Lied hat den folgenden Aufbau:

Auf seiner Fahrt kam Firganant zu dem Zwerge Comandion, der ihn wohl aufnahm, und in seine Burg Taiphan führte, wo ihn die Frau des Zwerges empfing. Weitere Frauen bedienten ihn beim Essen aufs beste.

Nach dem Essen zeigte ihm der Wirt seinen Saal, an dessen Wänden die Herren, die ohne jeden Makel sind, gemalt waren, und ebenso diejenigen mit Makeln – aber mit emporgekehrten Füßen. Als der ausgezeichnetste wurde ihm Demantin gewiesen. Sein eigenes Bild fand er dort ebenfalls – als zweites nach Demantin.

Am andern Morgen begleitete ihn der Zwerg nebst seiner Frau und stattlichem Gefolge.

Des Abends kamen sie auf eine Höhe, auf der ein zwei Meilen langes Feld war, das von Zelten bedeckt war. Der Zwerg hatte seinem Gaste zu Ehren dort ein Turnier seiner Leute veranstaltet, das er selbst eröffnete.

Am Abend folgten in einem Zelt Kurzweil und Tanz. Auf die Bitte Comandions tanzte Firganant mit der kleinen Königin. Am nächsten Morgen ritt man weiter und kam in das Land des Herzogs Florandamis. Hier verabschiedete sich der Zwerg mit den seinen von Firganant.

Innerhalb dieser Episode, in der vor allem sehr blumig der Reichtum des Zwerges beschrieben wird, finden sich einige Beschreibungen des Zwerges Comandion. Auch sie sind leider vor allem prunkvoll und scheinen kaum alte Motive zu enthalten.

Interessant ist vor allem das Motiv der Bilder der Ritter in dem Saal des Zwerges, da solche Bilder, die die innere Wahrheit der Menschen recht drastisch darstellen, am ehesten in das Jenseits passen. Dadurch wird die Halle des Comandian mit den Bildern der Ritter zu Odins Walhalla mit den Einherjern, die ihrerseits auf Tyrs Halle Gimli mit den gefallenen Kriegern zurückgeht.

Der fast verhungerte Ritter Firganant kommt an die Grenze des Zwergenreiches und trifft dort auf Comandian, der bereits auf ihn wartet:

Einen Zwerg fand er sitzen
auf einem Steine.
Der Mann war so klein,
er hätte hoch aufgerichtet
nicht bis zu seinem Gürtel gereicht.
Der Zwerg empfing den Helden also:
Er sprach: „Herr König, ich bin froh,
daß Ihr in mein Land gekommen seid!“ –
„Ihr habt mich nicht recht erkannt:
Wie könnte ich ein König sein?
Ich nähme Brot und Wein
für ein Kaiserreich!
Ich sage Dir fürwahr,
daß ist heute der vierte Tag,
an dem ich nichts zu Essen hab'.“
Da sprach der Zwerg: „Das werde ich Euch bieten –
ich habe Speise, die gut ist:
die will ich Dir gerne geben
und mit Dir fröhlich leben
zu dieser Abendstunde.“
Da setzte an seinen Mund
ein Horn, das blies er, daß es schallte
und über den ganzen Berg klang.
Nicht lange danach kam
ein Mann herbei,
er kam schnell herbeigeritten
und saß auf einem Pferdchen
und führte ein anderes an der Leine.

Auch dieser Tyr-Zwerg hilft dem Helden – so wie dies der generelle Charakter dieses Typs von Zwerg ist … immerhin ist Tyr und nach ihm Odin der Gott der Krieger gewesen.

Comandion wird in dem Text wie die beiden Zwerge Laurin und Elferich als ein „schöner Zwerg" beschrieben.

I 29. c) Zusammenfassung

Comandian („Befehlshaber") ist einer der vielen Tyr-Zwerge, die in den Mythen und Sagas den Helden helfen.

I 30. Zusammenfassung: Der Zwergenkönig

Da der Sonnengott-Göttervater Tyr an jedem Abend bzw. in jedem Herbst starb, war er auch ein „Gott in der Unterwelt" und konnte somit sowohl ein Riese als auch ein Zwerg sein. Da Tyr im Diesseits der Götterkönig gewesen ist, war er im Jenseits der Zwergenkönig oder der Alfenkönig – was letztlich dasselbe ist, da sowohl Alfen als auch Zwerge die Geister der Toten sind: einmal im sonnigen südlichen Himmel in Alfheim und einmal im dunklen unterirdischen Niflheim im Norden.

I 30. a) Die Eigenschaften des Zwergenkönigs

Die Zwergenkönige haben die folgende Merkmale:

- „Alberich" (Alfen-König") – Beiname des Tyr-Wieland, besitzt einen großen Schatz in einem hohlen Berg und den Unsichtbarkeits-Umhang;
- „Billing, Billung, Bilunc, Bild" („Schwert") – Umschreibung des Schwertgott-Göttervaters Tyr; er ist mit den meisten der Symbole des Tyr verbunden: dem Weltenbaum, dem Brunnen, dem Met, den Seelenvögeln, der leuchtenden Halle, dem Gold (Grabschatz), dem Hügelgrab, dem Unsichtbarkeits-Umhang, dem Horn und zwei Dieners (Alcis);
- „Elberich" („Alfen-König") – schöner und edler Zwergenkönig; besitzt einen Ring, durch den man die Totengeister sehen kann, ist der Vater eines Königs;
- „Andvari" („Antworter") – Zwerg in der Wasserunterwelt, der einen großen Schatz und den magischen Ring besitzt, „Antworter", d.h. „Rächer" ist ein häufiger Schwert-Name;
- „Gust" („Windböe") – vermutlich mit Andvari identisch;
- „Oinn" („Ängstlicher" oder „der Zweite") – ein Tyr-Zwerg, da er der Vater des Andvari ist;
- „Regin" („Herrscher") – ein schmiedekundiger Zwerg, der das Tyr-Schwert neuschmiedet;
- „Rögnir" (Herrscher") – vermutlich mit „Regin" identisch;
- „Hreidmar" („berühmte Wohnstatt" = „Jenseitshalle") – er hat drei Söhne (Repräsentanten der drei Stände) und zwei Töchter (entsprechen Frigg und Freya), ist mächtig und zauberkundig;
- „Niblung" („Unterwelt-Mann") – er hat drei Söhne (Repräsentanten der drei Stände), hütet den Nibelungenhort in einem „hohlen Berg" (Hügelgrab);
- „Eugel" („Auge") – er wohnt in dem Drachenberg-Hügelgrab, besitzt

einen „Nebel-Umhang", der seinen Träger unsichtbar macht, hat zwei Brüder (Repräsentanten der drei Stände), kann durch eine Zauberwurzel Tote erwecken, hilft dem Helden Siegfried;

- „Albewin" („Alfen-Freund") – er ist ein reicher Zwerg, ein Schmied und besitzt einen Unsichtbarkeits-Umhang;

- „Jamtaland-Zwerg" – ein Adler (Seelenvogel des Tyr) raubt seinen Sohn, wohnt in einem Hügelgrab mit Schätzen, besitzt ein Unverwundbarkeits-Hemd, einen Reichtums-Ring (entspricht Draupnir), einen Unsichtbarkeits-Stein (entspricht dem Nebel-Umhang) und einen dreieckigen Stein (entspricht dem Hrungnir-Herz), der Hagel, Sonnenschein und Feuer senden und alles Gewünschte herbeirufen kann;

- „Diurnir, Durnir, Durin" („Tyr") – er wohnt in seiner goldenen Unterweltshalle Sindri;

- „Thorin" („Mutiger") – Großvater der Menglöd-Freya;

- „Modsognir" („Begeisterter") – Zwergenkönig im Jenseits;

- „Thjodrerir" („Erwecker des Volkes") – Anspielung auf die morgendliche Sonnenhymne;

- „Lofar" („Hymnen-Sänger") – Anspielung auf die morgendliche Sonnenhymne;

- „Aurwang" („Licht-Land") – Benennung des Tyr nach seinem warmen und sonnigen Alfheim-Jenseits;

- „Dagfinnr" („Tages-Wanderer" = „Sonne") – Benennung nach dem Sonnengott-Göttervater Tyr;

- „Delling" („Strahlender, Morgensonne") – Benennung nach dem Sonnengott-Göttervater Tyr;

- „Draupnir" (der Ring „Tröpfler" = „Sonne") – Benennung nach dem Sonnengott-Göttervater Tyr;

- „Svaf" („Schläfer") – Tyr als Vater der Freya (Umdeutung der Freya von der Jenseitsmutter zur Göttervater-Tochter);

- „Thror" („Starker") – sein Name bezeichnete einen Zwerg, ein Schwert, einen Hirsch und einen Keiler, weshalb er ein Tyr-Zwerg sein muß;

- „Alwis" („All-Wissender") – eine Übertragung der Rätselkämpfe zwischen Odin und dem Tyr-Riesen auf Thor und den Tyr-Zwerg;

- „Botewart" („Kampf-Krieger") – er ist ein zur See fahrender Zwerg, was eine Erinnerung an die Sonne in der Himmelsbarke aus den skandinavischen Steinritzungen aus der Zeit von 1500-500 v.Chr. sein könnte;

- „Althiof" („All-Dieb") – evtl. eine Anspielung auf den endlosen Streit zwischen Tyr und Loki;

- „Goldemar" – ein reicher Zwergenkönig, er besitzt einen Unsichtbarkeits-Umhang; auch sein Pferd ist unsichtbar; er raubt eine Königstochter; in späteren Versionen kann er Harfe spielen, kennt die Sünden anderer Menschen, warnt den Burgherrn vor Gefahren und sorgt dafür, daß die Fässer und die Speisekammern niemals leer werden; als ein Küchenjunge ihn durch ein List zu sehen bekommt, verflucht er die Burg;

- „Laurin" („Lorbeer-bekränzter" = „König") – ein edler und schöner Zwergenkönig, der golden leuchtet, der einen Unsichtbarkeits-Umhang und ein Schwert besitzt und der wie Sonnengott-Göttervater Tyr bzw. der mit der abgeschlagenen Hand und dem abgeschlagenen Fuß assoziiert ist;

- „Comandian" („Befehlshaber") – er ist ein hilfreicher Zwergenanführer;

Zu diesen 29 Zwergen kommen noch fünf weitere Zwerge, die jedoch in Band 32 beschrieben werden, da ihre Deutung als Tyr-Zwerge unsicher ist:

- „Buri" („Sohn") – Großvater des Odin, Ahn aller Götter, mit der Kuh-Muttergöttin assoziiert;

- „Ginnar" („Magie-Adler") – Seelenvogel des Tyr;

- „Finnar" („Wander-Adler") – Seelenvogel des Tyr, das „Wandern" ist einen Anspielung auf den Sonnenlauf;

- „Gloi" („Glut") – Anspielung auf das Schmiedefeuer oder auf die Sonne;

- „Ai" („Urgroßvater") – vermutlich ein Name des Tyr als Vater aller Götter.

Der Tyr-Zwerg ist der Zwergenkönig, der Alfenkönig und der König der Unterwelt – was letztlich alles dasselbe ist. Er ist der All-Herrscher.

Am Morgen wird der schöne und edle Tyr-Zwerg zur wiedergeborenen Sonne und weckt als Hymnen-Sänger die Menschen. Er ist der Herr des Hrungnir-Herzens und der goldenen Jenseits-Halle.

Der Tyr-Zwerg ist der Schwertgott und der Adler-Seelenvogel des Tyr. Er besitzt den magischen Ring und den Unsichtbarkeits-Umhang. Auch sein Pferd kann unsichtbar sein.

Er hat zwei Söhne (Pferde-Zwillinge, Schmiede), drei weitere Söhne (die Repräsentanten der drei Stände) und zwei Töchter (ursprünglich der Diesseits- und Jenseits-Aspekt der Göttin). Manchmal erscheint die Jenseitsgöttin auch als geraubte Königstochter.

Er besitzt das Horn voll Met und die lebengebende Zauberwurzel. Der Tyr-Zwerg ist ein Schmied, der sein bei seinem Tod am Abend zerbrochenes Schwert in der nächtlichen bzw. winterlichen Unterwelt neuschmiedet. Ihm fehlt eine Hand, die er am Abend bei seinem Tod verloren hat.

Er hütet seinen Schatz in seinem hohlen Berg (Hügelgrab).

In späten Sagen kann er auch Harfe spielen, kennt die Sünden anderer Menschen, warnt den Burgherrn vor Gefahren und sorgt dafür, daß die Fässer und die Speisekammern niemals leer werden. Als ein Küchenjunge ihn durch ein List zu sehen bekommt, verflucht er die Burg.

29 von den insgesamt 107 bekannten Zwergen sind Tyr-Zwerge. Zusammen mit den 5 unsicheren Tyr-Zwergen wären es 34 Tyr-Zwerge, also ein Drittel aller bekannten Zwerge. Dazu kommen evtl. noch weitere von den übrigen 73 Zwerge, von denen in manchen Fällen nur ihr Name bekannt ist.

Der Zwergenkönig ist offenbar ein wichtiges Motiv gewesen – was bei dem ehemaligen Sonnengott-Göttervater Tyr als dem Herrn des Totenreichs auch zu erwarten ist.

I 30. b) Der „Stammbaum" des Zwergenkönigs

Die 29 sicheren Zwergenkönige lassen sich in einem Stammbaum zusammenfassen, der in etwa ihre Entstehungsgeschichte zeigt.

Alberich/Elberich tritt in den südgermanischen Ritter-Epen auf, aber er sein Name ist auch bei den Nordgermanen als Titel des Tyr in der Unterwelt (Wieland) bekannt.

Billing ist ein nordgermanischer Zwerg, der nach dem Tyr-Schwert benannt worden ist. Er taucht auch in der südgermanischen Dietrich-Sage auf.

Andvari ist ein nordgermanischer Tyr-Zwerg in der Wasserunterwelt, der sich noch wie in den alten Mythen vor 500 n.Chr. mit Loki streitet. Er ist mir Alberich identisch.

Gust ist mit Andvari identisch.

Oin ist entweder mit Andvari identisch oder er ist dessen Vater.

Hreidmar ist eine Variante von Andvari.

Regin ist ein Schmiede-Zwerg und der Sohn des Hreidmar, d.h. der wiedergeborene Tyr.

Rögnir ist eine Variante des Regin.

Niblung ist ein südgermanischer Zwergenkönig, der wie Alberich, Andvari, Hreidmar und Regin in der Völsungen-Saga und in dem zu ihr gehörenden Nibelungenlied erscheint.

Eugel ist ein südgermanischer Zwergenkönig aus der Siegfried-Saga, die ein Teil der Völsungen-Saga und des Nibelungenliedes ist.

Albewin ist ein südgermanischer Tyr-Zwerg, der vermutlich eine späte Variante von Alberich ist.

Der Jamtaland-Zwerg ist ein nordgermanischer Tyr-Zwerg, der für die Thorstein-Saga aus verschiedenen Zwergenkönigs-Motiven neu erschaffen worden ist.

Modsognir und sein Sohn Durin (Diurnir) sowie dessen Sohn Thorin sind drei Generationen des nordgermanischen Tyr-Zwerges.

Der nordgermanische Zwerg Thjodrerir ist Tyr als die Morgensonne, der die Sonnenaufgangs-Hymne singt.

Lofar ist mit Thjodrerir identisch.

Aurwang, Dagfinnr und Draupnir sind nordgermanische Sonnen-Zwerge, d.h. Tyr.

Delling ist ein nordgermanischer Zwerg, der die aufgehende Sonne, d.h. den wiedergeborenen Tyr verkörpert.

Der nordgermanische Zwerg Swaf ist der tote Tyr.

Der nordgermanische Zwerg Thror ist der starke Tyr.

Alwis ist eine sehr späte Zwergenkönig-Version aus den Thor-Mythen.

Boteward ist ein vermutlich nordgermanischer Zwergenkönig aus einer keltisch-christlichen Jenseitsreisen-Geschichte.

Althiof ist ein nordgermansicher Zwergenkönig.

Goldemar und Laurin sind zwei südgermanische Zwergenkönige aus dem Bereich der Dietrich-Sagen.

Comandion ist ein südgermanischer Zwergenkönig.

Der „Stammbaum" der Zwergenkönige			
Tyr in der Unterwelt = Zwergen-könig; Beiname: *Alberich*, *Billing*, *Niblung*	Nord-germanen	Sonnen-Zwerge	*Aurwang – Dagfinnr = Draupnir = Delling*
		aus dem Tyr-Kult (?)	*Thjodrerir = Lofar*
		Götter-Lieder, Zwergen-Listen	*Alberich = Billing* *Modsognir = Durin = Thorin* *Swaf, Thror, Althiof*
		Völsungen-Saga	*Alberich = Andvari = Gust = Oinn = Regin = Rögnir*
		andere Sagas	*Jamtaland-Zwerg*
		aus den Thor-Mythen	*Alwis*
		keltisch-christliche Saga	*Boteward*
	Süd-germanen	Nibelungen-Lied	*Niblung = Eugel*
		Ritter-Epen / Dietrich von Bern	*Billing = Goldemar = Laurin*
		Ritter-Epen / andere	*Elberich* (Alberich) *= Albewin* *Comandion*

Die beiden Namen „Alberich" und „Billing" sowie vermutlich auch „Niblung" sind alte Beinamen des Tyr als (Zwergen-)König in der Unterwelt.

255

II Der Zwergenkönig bei anderen Völkern

Zwerge gibt es vor allem bei den Germanen und bei den Kelten. Allerdings scheint das keltische „kleine Volk" keine Bärte zu tragen.

Während die Kelten auch einen Jenseitsschmied kennen („Leprechaun"), der dem Wieland entspricht und ebenfalls der Sonnengott-Göttervater in der Unterwelt ist, ist von ihnen kein „König des kleines Volkes" bekannt.

Es gibt vereinzelt auch in den Mythen anderer Völkern Zwerge wie z.B. bei den Bewohnern an der Ostküste von Sibirien oder bei den Ureinwohnern von Hawaii, aber sie werden Parallelentwicklungen sein, die auf der Vorstellung der wiedergeborene Ahnen als kleinen Kindern beruhen wird.

Für die Annahme eines gemeinsamen Ursprungs dieser Zwerge müßten mehr Zwerge oder zumindestens detailreichere Ähnlichkeiten vorhanden sein.

Der Zwergenkönig ist eine rein germanische Vorstellung. Das kleine Volk, also die Zwerge, sind anscheinend ein germanisch-keltisches Motiv.

Es wäre denkbar, daß beide Völker durch entsprechende Vorstellungen in den Mythen der Megalithanlagen-Bauer, die vor den Germanen und Kelten in Westeuropa gelebt haben, angeregt worden sind. Das ist jedoch nur eine sehr vage Vermutung.

III Die Biographie des Zwergenkönigs

Bis 500 n.Chr. ist der ehemalige Sonnengott-Göttervater Tyr der König der Toten im Jenseits gewesen. Vermutlich ist er als König der toten auch als zwergenkönig aufgefaßt worden, da die zwerge die totengeister gewesen sind.

Als Tyr um 500 n.Chr. durch Odin als Göttervater abgesetzt worden ist, wurde Odin zwar auch der Herr der toten Kriege rin walhalla, aber das Motiv des zwergenkönigs bestand weitgehend unverändert weiter – im Gegensatzz zu dem Motiv des Tyr als Riese im jenseits, das sehr stark umgedeutet worden ist.

Im Mittelalter wurde der zwergenkönig zu einem Helfer der kühnen Ritter, die eine (meist stark umgedeutete) Jenseitsreise unternahmen.

IV Das Aussehen des Zwergenkönigs

Aus den vielen Hinweisen auf das Aussehen des Zwergenkönigs läßt sich ein detailreiches und in sich schlüssiges Bild des Tyr-Zwerges skizzieren.

Es gibt nur sehr wenige Einzelheiten, die nicht ins Bild passen wie z.B. die Bosheit des Regin, die sich daraus ergibt, daß der Zwergenkönig in Bezug auf Sigurd-Siegfried die Rolle des Loki übernommen hat. Diese erst spät hinzugefügten Merkmale des Tyr-Zwerges sind im Folgenden fortgelassen worden.

- die wichtigsten Namen -

Sein eigentlicher Name ist „Tyr", d.h. der ehemalige Sonnengott-Göttervater in der Unterwelt. Er wird jedoch Alberich, Billung und Biblung genannt – diese drei Namen scheinen die ältesten Bezeichnungen für den Zwergenkönig zu sein. Sie bedeuten „Alfenkönig", „Schwert-Mann" und „Jenseits-Mann".

- Charakter -

Der Zwergenkönig ist weise, ernst und allwissend, und er ist ritterlich und ein fleißiger Arbeiter.

- Kenntnisse und Fertigkeiten -

Der Tyr-Zwerg kann in die Zukunft sehen, er ist magiekundig, er kennt die Runen, er kann Zauberlieder singen und ebenso die die morgendliche Sonnen-Anrufung. Er spricht viele Sprachen, er beherrscht das Tafl-Spiel, daß eines ein Tyr/Loki-Orakel gewesen ist, und er ist ein Meisterschmied.

- Gesicht -

Der Zwergenkönig wird mehrmals als „licht und schön" umschrieben. In manchen Texten ist er bartlos und in anderen trägt er einen Bart.

Aufgrund seines Charakters sollte er tiefe Augen haben, denen man anmerken kann, daß sie auch in das Verborgene schauen können.

Seine Weisheit zeigt sich in den Querfalten auf seiner Stirn; und seine Willenskraft zeigt sich in den senkrechten Stirnfalten, die von seiner Nasenwurzel aus aufsteigen.

- Gesichtsausdruck -

Aus den Schilderungen seines Charakters ergibt sich, daß er Tiefe, aber auch Willen hat, daß er das Jenseits kennt, aber trotzdem strahlt, und daß er sowohl stark als auch weise und hilfsbereit ist.

- Haar -

Als Sonnen-Zwerg sollte er goldenes Haar haben. Seine Haarfarbe wird jedoch nur ein einziges Mal in einer Schmähung des Regin erwähnt, wo sie als „grau" bezeichnet wird. Da der Zwergenkönig jedoch der ehemalige Sonnengott-Göttervater Tyr in der Unterwelt ist, ist die goldene Haarfarbe schlüssiger – sie paßt auch besser zu der Schilderung des Zwergenkönigs als „licht und schön".

- Körper -

Der Zwergenkönig ist so groß wie ein vier Jahre altes Kind – er reicht einem erwachsenen Mann nicht bis zum Gürtel.

Er wird „alt" genannt – in einer Sage ist er 500 Jahre alt. Als der ehemalige Sonnengott-Göttervater Tyr in der Unterwelt ist jedoch letztlich zeitlos.

Er ist sehr stark, mutig, kriegerisch und mächtig. Gleichzeitig ist er jedoch auch sehr geschickt.

Er soll eine weiße Kehle und eine sehr laute Stimme haben.

- Gestaltwandlungen -

Der Tyr-Zwerg ist ein Gestaltwandler: Er kann zu einem Hecht oder zu einem Otter werden. Aus den Tyr-Mythen, aber auch aus den Geschichten über den Zwergenkönig ergibt sich, daß er sich auch in einen Adler-Seelenvogel und in einen Drachen-Totengeist verwandeln kann.

- Kleidung -

Er trägt ein schönes und wertvolles Seiden-Gewand mit einer Borte aus Zobelfell, das mit Gold und Edelsteinen geschmückt ist. Dazu trägt er wundervollen Schmuck.

Diese Schilderungen seiner prachtvollen Kleidung stammen alle von den Südgermanen und sind vermutlich schon stark von der Königskleidung zur Zeit der Ritter geprägt worden. Es ist daher angebracht, die Kleidung des Zwergenkönigs ein kleines bißchen weniger pompös zu imaginieren.

- Krone -

Die Krone des Tyr-Zwerges ist aus Gold und mit Edelsteinen versehen. Entweder ist sie als Helm gearbeitet worden oder der Zwergenkönig trug sie über seinem Helm.

Dieser Helm ist der leuchtende Goldhelm des Tyr. In einer Schilderung befindet sich auf diesem Helm ein Edelstein, der selber leuchtet und der den Helm leuchten läßt. Letztlich ist dieser Helm die Sonne selber – er leuchtet so hell, daß es dort, wo der Zwergenkönig, d.h. der ehemalige Sonnengott-Göttervater Tyr im Jenseits ist, nie ganz Nacht werden kann.

In einer besonders prunkvolleren Schilderung dieses Helmes sitzen auf ihm singende Vögel – vermutlich die Seelenvögel der Toten im Jenseits, die den Zwergenkönig begleiten.

- Waffen -

Als Waffen trägt der Zwergenkönig dieselbe Waffen wie der ehemalige Göttervater Tyr: den eben beschriebenen leuchtenden Kronen-Goldhelm; das goldene, leuchtende Sonnenschwert, dessen Griff mit Edelsteinen besetzt ist; eine Rüstung aus Panzerringen sowie ein metallenes Beinkleid. Der goldene Sonnen-Schild des Tyr wird bei dem Zwergenkönig nirgendwo erwähnt.

Die Rüstung entspricht der Kleidung der Ritter – in den älteren, nordgermanischen Vorstellungen wird Tyr und daher auch der Tyr-Zwerg eine goldene Brünne getragen haben.

- magische Gegenstände -

Der wichtigste magische Gegenstand des Zwergenkönigs ist sein Sonnen-Ring, der die Sonne selber sowie deren Wiedergeburt symbolisiert. Dieser Ring heißt Draupnir oder Andvarinaut.

Er erschafft sich immer wieder neu – die Sonne bzw. Tyr zeugt sich mit der Jenseitsgöttin wieder, die ihn anschließend wiedergebiert. Aus dieser Symbolik entstand der Ring, von dem jede neunte Nacht acht gleiche Ringe abtropfen – er wurde schließlich zum Reichtums-Ring.

In manchen Versionen gibt dieser Ring seinem Träger, d.h. dem Zwergenkönig die Kraft von zwölf Männern.

Es ist unklar, ob dieser Ring ein Fingerring oder ein Armreif oder ein Halsreif ist – vermutlich trifft das letzte zu.

Der Zwergenkönig wird ihn sehr wahrscheinlich ständig tragen.

Das alte Motiv des Kraftgürtels, der seinem Träger die Kraft von zwölf Männern verlieht, ist ebenfalls im Besitz des Tyr-Zwerges (und nicht nur des Thor).

Der dritte wichtige magische Gegenstand des Zwergenkönigs ist sein Unsichtbarkeits-Umhang. Er wurde auch „Nebelkappe", d.h. „Jenseits-Umhang" genannt.

In einer Version macht dieser Umhang auch unverletzbar – so wie Sigurd durch das Drachenblut unverletzbar geworden ist.

In wieder einer anderen, aber recht jungen Version ist es ein schwarzer Stein, der die Unsichtbarkeit verleiht.

In noch einer anderen Version gibt es einen Ring, der einen Menschen dazu befähigt, die normalerweise unsichtbaren Geister zu sehen.

Zwei Varianten der Unverletzbarkeit, die der Umhang in einer Version verleiht, ist das Wappenkleid aus Drachenhaut und das Hemd, das seinen Träger unverwundbar macht und ihn nie ermüden läßt.

Als vierten magischen Gegenstand neben dem Sonnen-Ring, dem Stärke-Gürtel und dem Unsichtbarkeits-Umhang besitzt der Zwergenkönig auch das magische Horn.

Dieses Horn hat zwei Funktionen: zum einen wird aus ihm der Göttermet getrunken und zum anderen kann man mithilfe dieses Hornes entweder den Zwergenkönig zu sich rufen oder der Zwergenkönig kann mit ihm seine Zwergen-Krieger zu sich rufen.

Vermutlich trägt der Tyr-Zwerg dieses Horn an einem Riemen über seiner Schulter.

Mit dem Horn ist natürlich auch der Göttermet selber verbunden, den der Zwergenkönig aber wohl nicht ständig bei sich tragen wird.

Vermutlich trägt auch der Zwergenkönig die damals bei den Nordgermanen übliche Tasche an seinem Gürtel, in der er seine wichtigsten Gegenstände bei sich trug.

In diesem Gürtel befand sich die Heilwurzel, die eine Erweiterung des Göttermets ist: Der Göttermet erweckt vom Tod und die Heilwurzel erlöst von allen Krankheiten.

In der Tasche befindet sich weiterhin ein dreieckiger, dreifarbiger Stein („Hrungnir-

Herz"), der Hagel, Sonnenschein oder Feuer bringen kann und mit dessen Hilfe man einen jeden Gegenstand wieder zu sich zurückrufen kann.

Ein zweiter magischer Stein in der Tasche des Zwergenkönigs ist der „Sprachen-Stein", der einem Menschen, wenn er diesen Stein in den Mund nimmt, ermöglicht, alle Sprachen zu verstehen und zu sprechen.

Ein dritter magischer Stein, der jedoch nur bei Tyr und nicht bei dem Tyr-Zwerg erwähnt wird, ist der Sieg-Stein, der seinem Besitzer, wie der Name schon sagt, stets den Sieg verleiht.

- Reittier -

Über das Reittier des Zwergenkönigs besteht Uneinigkeit:
- der Sonnen-Streitwagen,
- ein unsichtbares Pferd (Erweiterung der Tarnkappen-Symbolik),
- ein schwarzes Roß (wie die vor dem Sonnen-Streitwagen in der Nacht),
- ein Schimmel (wie die vor dem Sonnen-Streitwagen am Tag),
- auf einem Wolf (wie Hel; eine Assoziation zu Tyr als Wolfskrieger?),
 - auf einem Reh mit einer goldener Decke und einem Sattel, die beide leuchteten (eine Assoziation zu dem Hirschopfer an Tyr?);
- und schließlich als Steuermann auf einem Schiff.
Von diesen Versionen scheinen der Streitwagen und das Schiff die ursprünglichsten Motive zu sein.

- Besitz -

Der Tyr-Zwerg wird immer wieder als sehr reicher König geschildert. Sein Gold ist der Grabschatz des Tyr, der wie die Sonne leuchtet.

- Heer -

Der Zwergenkönig verfügt über ein Heer von tausend wilden Zwergenkriegern – die „Nibelungen".

- Familie -

Über die Familie des Zwergenkönigs ist wenig bekannt – es gibt den alten Vater-

König und seine drei Söhne, von denen einer der Sohn-König ist. Manchmal hat er auch zwei Töchter, die der zweifachen Göttin entsprechen und auch von den Tyr-Riesen gut bekannt sind.

Siehe dazu auch die Familie des Tyr in Band 3 über „Tyr".

- Göttin -

Die entführte Frau, die von dem Zwergenkönig gefangengehalten wird, ist die Jenseitsgöttin in dem Hügelgrab des Toten, hier also in dem Hügelgrab des Tyr.

- Feind -

Der Feind des Zwergenkönigs ist Loki – der Sommergott Tyr und der Wintergott Loki führten einen endlosen Kampf gegeneinander, der die Jahreszeiten entstehen ließ. Im Sommer lag Loki in der Hel gefangen und im Winter war Tyr der Zwergenkönig, der die Unterwelt nicht verlassen konnte.

- Ort -

Der Zwergenkönig wohnt in einem Hügelgrab, das oft als „hohler Berg" umschrieben wird. Dieses Hügelgrab liegt im Jenseits auf der anderen Seite des (Jenseits-) Flusses. Dieses Motiv erscheint manchmal auch als Insel im Meer.

Die Grabkammer in dem Hügelgrab wurde auch als der Zwergenkönig Alberich in der Halle Alfheim dargestellt. Dieses Hügelgrab wurde auch „Drachenstein" oder „Drachenfels" genannt, weil Tyr in der Unterwelt auch die Gestalt eines Drachen annahm.

Ein anderes, neueres Bild für den Wohnort des Tyr-Zwerges und der Jenseitsgöttin ist der Rosengarten, der von einem ringsum an Haselstäbe gespannten Seidenfaden umgeben ist. Mit solchen Haselstäben und einer Schnur markierte man auch einen Thing-Platz oder einen Zweikampf-Platz. Dieser Platz stellte die Jenseits-Insel dar. Die vier goldenen Tore, die die Eingänge zu diesem Platz waren, finden sich auch als die vier Türen an dem Hügelgrab des Tyr und des Loki.

Bei diesem Hügelgrab stand auch der goldene Weltenbaum. Zwischen seinen Wurzeln entsprang die Nornen-Quelle.

V Hymne an den Zwergenkönig

Die folgenden Strophen sind keine überlieferten Texte, sondern Neuschöpfungen. Sie fassen alles, was über den Zwergenkönig bekannt ist, in lyrischer Form zusammen.

Diese Strophen können für Meditationen, Anrufungen, Invokationen, Rituale u.ä.. verwendet werden und entsprechend den eigenen Vorlieben gekürzt, ergänzt oder umgeschrieben werden.

Die Strophen sind von ihrer Form her sehr einfach gehalten und enthalten einen Stabreim sowie in den beiden letzten Zeilen jeder Strophe einen Endreim.

Jede Zeile hat fünf betonte Silben.

Jede Strophe beginnt mit einem Namen und einer Kenning des Zwergenkönigs, wobei sich der Name und die beiden Substantive der Kenning stabreimen.

Das Lied ist in vier Teile zu je acht Strophen aufgeteilt. Diese sehr symmetrische Strukturierung in vier Teile zu je acht Strophen zu je acht Versen entspricht den Sonnenzahlen: die „4" der Himmelsrichtungen und die „8", die die Vollkommenheit symbolisiert.

Die vier Teile des Liedes entsprechen den Himmelsrichtungen und werden von den vier Himmelsträger-Zwergen gesungen.

Das altgermanische Sonnensymybol

zwei frühgermanische Felsritzungen: viergeteilte Sonnenscheiben mit vier Innenpunkten und einem Zentralpunkt ca. 1400 v.Chr.

Sonnenrad, Dänemark

Sonnenrad, Schweden ca. 1400 v.Chr.

Sonnenscheibe; innen vier Punkte; außen 16 Punkte; Schweden, 1.400 v.Chr.

Hügelgrab von Kivik, Schweden, 1000 v.Chr.

Sonnenrad, Schweden, ca. 1400 v.Chr.

Sonnenrad, Schweden, ca. 1400 v.Chr.

Sonnenschiff, Schweden, 1400 v.Chr.

Sonnenwagen von Trundholm, Schweden, 1400 v.Chr. (Nachzeichnung)

V 1. Das Lied des Zwergenkönigs

V 1. a) Gesang des Austri[1]
- Sonnenaufgang im Osten -

Zwerge im Saal des Königs – höret mir zu!
Zugedecktes[2] soll geöffnet werden:
Zeit ist es, den Trank des Fjalar[3] zu trinken,
zum Segen aller die Hörner[4] zu erheben![5]

Alberich, Ase des Andwarinaut[6],
am Horizont öffnet Aurboda[7] das Tor:
Der Alfenkönig erscheint auf der anderen Seite
des alten Flusses, des Gjallar[8], des Wimur[9], des Meeres ...
Licht und schön leuchtet er golden,
leicht erhebt er sich im Morgenrot-Feuer;
Er steigt hinauf aus dem Heim der Zwerge,
er fährt zum Himmel: der König unter dem Berge.

---

1 Austri: der Himmelsträger-Zwerg im Osten
2 Zugedecktes: Der Ritual-Met im Kessel wurde vor dem Trinken mit einem (Sonnen-)Schild bedeckt.
3 Fjalar = einer der beiden Zwerge, die den Skaldenmet gebraut haben (Fjalar und Galar sind die Alcis-Söhne des Tyr); sein Trank = Skaldenmet = Dichtung; ihn trinken = inspiriert werden und Dichtung vortragen
4 Hörner = Trinkhörner (für den Segensspruch)
5 Die Skalden begannen ihr Lied sehr oft mit der Bitte um Ruhe und mit einer Umschreibung ihres Liedes mithilfe von Kenningarn.
6 Andvarinaut = Ring des Andvari
7 Aurboda („Lichtbotin") = Venus als Morgenstern; Jenseitsgöttin, die das Himmelstor öffnet (Gerdr)
8 Gjallar („Tosender") = Jenseitsfluß
9 Wimur („Strömender") = Jenseitsfluß

Durin, Diar des Draupnir[10] des hohen Himmels,
Du kennst die Runen auf dem Sonnenring;
Diurnir, Du gehst den Weg des Tagesfeuers[11],
Dein ist das Wissen über Dellings Tor[12];
Durnir, Du trägst den Ring der Nibelungen[13],
Der jeden Tag leuchtet an Ymirs weitem Schädel[14];
Diar[15], Du lenkst die wärmende Magie des Rings[16],
Dich trägt im Haselkreis[17] der Leiter des Things[18].

Thjodrerir, Töter des Trug-Asen[19], Sänger der Sonne[20],
vertraut ist Deine laute Stimme am Morgen!
Sing Dein altes Zauberlied[21] weithin schallend
Daß der Sonnenschild wieder strahlend erscheint!
Wecke die Menschen, stärke die Asen und Wanen,
Wärme die kalten Knochen des Ymir[22] in Midgard!
Der kühne Krieger[23] tritt durch Gerdrs Tor[24],
kommt aus Aurboda[25] wiedergeboren[26] hervor.

---

10 Diar = Tyr, Tyr-Priester; Draupnir = Sonnenring des Odin/Tyr; Diar des Draupnir = Tyr-Priester, Sonnenpriester, Sonnengott, Tyr-Zwerg
11 Tagesfeuer = Sonne
12 Delling = Morgensonne, wiedergeborene Sonne; deren Tor = Sonnenaufgangspunkt am Horizont im Osten („Aszendent")
13 Nibelungen = Nebel-Leute = Tote; deren Ring = Draupnir (Jenseitsreise-Symbol)
14 Ymir = Urriese; dessen Schädel = Himmel
15 Diar = Tyr-Priester
16 wärmend: Der Ring ist die Sonne und deren Magie ihr Licht, das das Leben ermöglicht.
17 Haselkreis: Der Bereich in dem die Richter beim Thing saßen, wurde mit Haselstäben gekennzeichnet.
18 Leiter des Things: Er trug während der Verhandlungen den Tempel-Ring an seinem Arm.
19 Trug-Ase = Loki, der die Asen überlistet und betrügt; er ist der Gegner des Tyr und daher auch des Zwergenkönigs, der Tyr in der nächtlichen bzw. winterlichen Unterwelt ist.
20 Sänger der Sonne = der Tyr-Priester, der in der Morgendämmerung die Sonne anruft
21 Zauberlied = Sonnen-Hymne
22 Ymir = Urriese; dessen Knochen = Felsen
23 kühner Krieger = Tyr = Sonne
24 Gerdr = Jenseitsgöttin, die die Sonne (wieder-)gebiert; ihr Tor = ihr Schoß
25 Aurboda („Licht-Botin") = Morgenstern-Venus
26 wiedergeboren: Genaugenommen ist nicht die Venus, sondern die Erdgöttin die Wiedergeburts-Mutter der Sonne.

Swaf, Schmied des scharfen Sonnenschwertes,
mit der schwindenden Nacht ist es vollbracht:
die Klinge leuchtet golden am klaren Himmel,
kein Schlafdorn[27] ist wie der flammende Tyrfing[28]!
Den Siegstein am Knauf des langen Schlangen-Schwertes[29],
sein Schwinger wird siegen – der wiedergeborene Swaf!
Flammen lodern an der funkelnden Schneide
Feuer lodert an dem Schatz aus dem Hügel der Heide[30].

Eugel, Erbe des Erdgoldes[31], Hüter des Hortes,
Eisern[32] ist das Tor zur Halle der Schätze:
Kessel und Kelche, Brünnen, Schilde und Schwerter,
kommen aus Deinen Grüften, wenn Du es willst.
Du trägst den Gürtel der Kraft des weisen Diar,
Der Dir magische Macht und Würde verleiht:
Die Kräfte von zwölf Männern gibt er Dir,
Den Segen von zwölf Asen bringt er Dir.

---

27 Schlaf = Tod; Schlafdorn = Schwert
28 Tyrfing („Tyr-Finger") = Schwert des Tyr
29 Schlangen-Schwert: In den Griff waren Drachen eingraviert und die Klinge wurde mit Schlangengift geätzt.
30 Heide = Ödland; Hügel der Heide = Hügelgrab; dessen Schatz = Grabschatz, hier: Schwert des Tyr bzw. des Tyr-Zwerges in dessen Hügelgrab
31 Erdgold = die Sonne in der Unterwelt, der Grabschatz in Tyrs Hügelgrab
32 eisern: Alles, was mit der Unterwelt zu tun hat wie das Gitter am Tor der Halle der Hel ist aus Eisen, da man Eisen lange Zeit nur von Meteoriten kannte, die man für abgebrochene Teile des Himmels hielt.

Delling, Diar des goldenen Drachenhelmes[33],
Du trägst den Großen[34], der jeden Tag gleißend leuchtet;
Die Kraft des Königs der Schlangen[35] ist in Dir,
Kostbar lodert das Feuer in Deinem Leib!
Nachts bist Du der Drache in Niflheim[36],
Nun wirst Du wieder der Regin[37] am Himmel.
Lenker des Schiffes des Lichtes[38] in den Wolken-Feldern[39],
Lenker des Wagens des Leuchtens[40] in den Sternen-Wäldern[41].

Goldemar, Großer in der dunklen Kammer des Grabes,
Geber des erweckenden Lichtes an jedem Morgen:
In der Halle der Hel[42] hinter der Brücke[43],
Im Heim der Menglöd[44] ist Freya Deine Geliebte[45],
ist Gunnlöd[46] Deine Wiedergeburts-Mutter,
sie gibt Dir Milch und Met zu Deinem Gedeihen.
Bärtiger, Alter[47] – Du bist der Segen von Asgard,
Bartloser, Junger[48] – Du bist die Freude von Midgard.

---

33 Drachenhelm: Dieser Helm, der auch „Ägir-Helm" genannt wurde, verwandelte seinen
   Träger (d.h. Tyr) in einen Drachen, d.h. in Tyr in der Unterwelt.
34 Großer = Drachenhelm = Sonne
35 König der Schlangen = hier die Kundalini (und nicht der Basilisk)
36 Niflheim („Nebelheim") = Jenseits
37 Regin = Herrscher, Gott
38 Licht = Sonne; deren Schiff = Sonnenbarke
39 Wolken-Felder = Himmel
40 Leuchten = Sonne; deren Wagen = Streitwagen des Sonnengottes
41 Sternen-Wälder = Himmel
42 Hel = Jenseitsgöttin; deren Halle = Jenseits
43 Brücke = Brücke über den Jenseitsfluß Gjallar
44 Menglöd = Freya; deren Heim = Jenseits
45 Geliebte = Jenseitsgöttin bei der Wiederzeugung
46 Gunnlöd = Freya
47 Bärtiger, Alter: Der Zwergenkönig ist uralt und daher bärtig.
48 Bartloser, Junger: Der Zwergenkönig, d.h. Tyr, wird am Morgen neu geboren und ist daher
   jung und bartlos.

Lofar, Liebster der Lofn[49], Sohn der Skadi[50],
leicht wird nun mein Herz, wenn ich Dich sehe!
Die weite Rindr[51] legt ihr Nachtgewand nieder,
die weise Jörd[52] kleidet sich in Grün und Braun.
Die goldgehörnten Stiere[53] recken ihr Haupt zum Himmel
Über Gefiun[54] erhebt sich der weiße Gott[55].
Die Sonne heilt Thiazi[56], die Wunden und Schmerz,
und öffnet Hels Tore, meine Augen, mein Herz.

Gesungen ist das ganze Lied des Austri,
Gehört wurden die vielen Verse des Ostens;
eingeschenkt wurde der Trank des großen Adlers[57],
getrunken wurde der Saft des grauen Hraesvelgr[58].

V 1. b)   Gesang des Sudri
- Sonne hoch am Himmel im Süden -

Erhebt die offenen Hände eurer Köpfe[59],
um das zu erhaschen, was mein Mund wirft[60]:
holt euch den Schatz aus Gunnlöds Halle[61] –
er erhebt sich in Fülle in meinem Herzen[62].

---

49 Lofn = Göttin der Liebe = Freya; deren Geliebter = Tyr als Zwergenkönig in der Unterwelt
50 Skadi = Erdgöttin; deren Sohn = die wiedergeborene Sonne (Tyr, Zwergenkönig)
51 Rindr = Erdgöttin
52 Jörd = Erdgöttin
53 goldgehörnte Stiere = Stiere aus dem Tyr-Kult
54 Gefiun = Erdgöttin
55 weißer Gott = Heimdall = Tyr = Sonne
56 Thiazi = Tyr als Riese in der Unterwelt, der am Morgen als Tyr wiedergeboren wird
57 Großer Adler = riesiger Adler-Seelenvogel des Tyr
58 Hraesvelgr („Leichenreißer") = riesiger Adler-Seelenvogel des Tyr
59 Hände des Kopfes = Ohren
60 das, was der Mund wirft = Worte
61 Gunnlöds Halle = Hügelgrab; der Schatz in ihm = Göttermet (Odin holte ihn von dort)
62 Gedanken und Worte enstehen (nicht nur) nach germanischer Auffassung im Herzen.

Feuer-Ase, Fürst der Felsenhallen[63],
Entfacher des Lichtes[64] im dunklen Niflheim:
Sonnen-Zwerg, strahlend ist Dein Gesicht[65],
schimmernd von Glanz sind Deine goldenen Zähne[66];
golden ist Dein Haar, weiß Deine Haut,
groß ist Deine Stärke, gewaltig Dein Ruhm.
Die mächtige Sonne am Mittag wird alles weihen!
Das Licht in der Mitte des Tages läßt alles gedeihen!

Comandion, Kühnster der Kämpfer, Herr der Heere,
Krieger-Fürst der wilden schwarzen Alfen[67];
mächtiger Meister der Äxte-tragenden Langbärte[68],
mutiger Schwinger des Schwertes[69] im Thing der Tränen[70].
Trefflicher Herr von tausend Nibelungen[71],
Träger des Sonnen-Ringes, des Horizont-Schlüssels[72].
Gewaltig wie ein Wolf[73] – Herr am Himmels-Zelt[74],
Groß wie ein Bär[75] – Herr der weiten Welt.

---

63 Felsenhallen = Hügelgräber
64 Niflheim = Unterwelt; das dort entfachte Licht = wiedergeborene Sonne
65 Gesicht des Sonnengottes/Sonnenzwerges = Sonne
66 Tyr-Heimdall hat goldene Zähne (eine Reduzierung des goldenen Gesichtes).
67 Schwarzalfen = Zwerge
68 Langbärte („Langobarden") = germanischer Stamm, hier: Zwerge
69 Schwinger des Schwertes = Krieger
70 Thing = Treffen, Gerichtsverhandlung; Thing der Tränen = Kampf
71 Nibelungen = Bewohner von Niflheim = Totengeister, Zwerge
72 Horizont-Schlüssel: Der Sonnen-Ring Draupnir ist ein Symbol der Wiedergeburt der
    Sonne und somit auch das, was am Morgen das Himmelstor am Horizont im Osten öffnet.
73 Wolf: Anspielung auf die Ulfhedinn (Wolfs-Ekstasekrieger)
74 Herr am Himmelszelt = Sonne
75 Bär: Anspielung auf die Berserker (Bär-Ekstasekrieger)

Albewin, Alter der Alfen, allwissender Ase,
alles siehst Du in Deinem Sonnenschiff[76];
Du sitzt in Deinem hohen Hügelgrab
auf Hlidskialf[77] und siehst das, was kommen wird.
Klein wie ein Kind von nur vier Jahren,
doch kühn und weise wie fünfhundert Winter.
Du weißt, was war, was noch verborgen ist,
Du kennst, was gestern war, was morgen ist.

Thror, Träger des Trankes[78], Gymas Gefährte[79],
Getreuer aller, die in Midgard leben;
Weiser Erdherr, Ase des endlosen Wandels[80],
Wanderer durch die beiden Welten[81];
Du sprichst die Zungen[82] aller Stämme und Völker,
gibst den Sprachen-Stein[83] denen, die Weisheit suchen.
Höre mich, mächtiger König in Muspelheim[84]!
Hilf mir, starker Herrscher in Niflheim[85]!

---

76 Sonnenschiff: Die Sonne fuhr in einem Schiff über den Himmel.

77 Hlidskialf = Sehersitz des Odin, hier der des Tyr-Albewin

78 Trank = Göttermet, der die Unsterblichkeit gibt

79 Gyma = Erdgöttin; ihr Gefährte = Sonnengott in der Unterwelt = Zwergenkönig

80 Wandel: Tod und Wiedergeburt der Sonne

81 die beiden Welten = Diesseits und Jenseits

82 Zungen = Sprachen

83 Sprachen-Stein: Wenn man ihn sich in den Mund steckt, versteht und spricht man alle Sprachen.

84 Muspelheim = lichtes Jenseits im Süden (Sonne am Mittag, Tyr als Sonnengott-Göttervater im Diesseits)

85 Niflheim = dunkles Jenseits im Norden (Sonne in der Nacht, Tyr als Zwergenkönig im Jenseits)

Schwarzalf[86], Schützer der vielen Seelenvögel,
Strahlend, wärmend, belebend ist Deine Kraft;
Höre alle, die das Herz des Lebens suchen,
Helfe allen, die den Weg nach innen gehen.
Leite sie die lange Reise zur Halle der Hel!
Laß sie ihre Seele in Surturs Sälen[87] sehen!
Führe sie, damit sie ihre Krone[88] finden,
Führe sie, damit sie ihre Wahrheit künden.

Wurm-Ase[89], wachsamer Walaskialfs-Wächter[90]
Weiser an der tiefen Nornen-Quelle[91]:
Du bist das endlos drehende Rad der Sonne[92],
Du bist der starke Vater der Könige[93];
Du krönst die Menschen, wenn sie zu Dir kommen,
Du schützt die Krieger, die Dir vertrauen:
Deine Worte erfüllen sie mit Klarheit,
Deine Wärme weckt ihre Wahrheit.

Aurwang, Alf des goldenen Ägir-Helmes[94],
Alle Bewohner Midgards kennen Dich,
Wenn Du hoch oben in Deinem Wagen[95] fährst,
Weithin über die blaue Himmels-See;
Zwei Schimmel[96] ziehen Dein Räder-Schiff[97]:
ihre Hufe, Zähne, Schweif und die Mähne sind golden.
Du erhebst Dich hoch über Rindrs Ränder[98],
Du bist des weiten Midgards Lebensspender.

---

86 Schwarzalf = Zwerg
87 Surtur = Tyr-Riese; seine Halle = Jenseits
88 Krone: Die Krone ist u.a. das Symbol der Eigenständigkeit, die man erlangt, wenn man
    seine eigene Seele gefunden hat: das Erwachen des Herzchakras und des Scheitelchakras.
    Man kann die damaligen Mysterien als „Jeder sein eigener König!" zusammenfassen.
89 Wurm = Drache; Drachen-Ase = Tyr(-zwerg) als Drache in der Unterwelt
90 Walaskialf („Toteninsel") = Jenseits; dessen Wächter = Tyr(-zwerg), Heimdall
91 Nornen-Quelle = Eingang in die Unterwelt
92 Sonnen-Rad: Die Sonne wurde von vielen Indogermanen als Rad angesehen.
93 Vater der Könige: Der angehende König reiste bei seiner Krönung zu Tyr in das Jenseits.
94 Ägir = Tyr als Riese in der Wasserunterwelt; sein Helm verwandelt ihn in einen Drachen
95 Wagen = der zweirädrige, zweispännige Streitwagen der Sonne
96 Schimmel = die beiden Rosse vor Tyrs Wagen waren seine beiden Söhne
97 Räder-Schiff = Streitwagen
98 Rindr = Erdgöttin; ihre Ränder = Horizont

Billing, Besitzer des braunen Brandungs-Rosses[99],
Berg-Bewohner[100], Hügel-Hüter[101], See-König[102]!
Du stehst am Steuer Deines großen Schiffes:
Seine Segel sind stets von guten Winden[103] gebläht,
Hoch ragt der Drachenkopf am Steven in die Höhe,
Heftig schäumt die Gischt am gebogenen Bug.
Durch die Wasser gleitet der Wellen-Stier[104],
Durch die Lüfte fliegt[105] das Wogen-Tier[106].

Gesungen ist das ganze Lied des Sudri,
Gehört wurden die vielen Verse des Südens;
Der Met wurde aus mildem Honig gebraut,
Der Mimir-Trank[107] wurde allen eingeschenkt.

V 1. c) Gesang des Westri
- Sonnenuntergang im Westen -

Hört mich, ihr alle in der Abend-Halle!
Horcht auf! Odrörir[108] wird verteilt!
Hebt eure Hörner! Leert Hars Gabe[109]!
Hoch geehrt sei der Hügelgrab-Trank[110]!

---

99 Brandungs-Roß = Schiff
100 Berg-Bewohner = Toter im Hügelgrab, hier der Zwergenkönig
101 Hügel-Hüter = Toter im Hügelgrab, hier der Zwergenkönig
102 See-König = Wikinger-Anführer, hier Tyr in der Wasserunterwelt = Zwergenkönig
103 gute Winde: Das Jenseitsreise-Schiff Skidbladnir hat stets günstigen Wind.
104 Wellen-Stier = Schiff
105 fliegen: Das Jenseitsreise-Schiff, d.h. die Sonnenbarke konnte durch Wasser und durch
    Luft fahren.
106 Wogen-Tier = Schiff
107 Mimir = Tyr-Riese; sein Trank = der Götter- und Skaldenmet
108 Odrörir („der in Ekstase versetzt") = Götter- und Skaldenmet
109 Har („Hoher") = Odin; seine Gabe = Skaldenmet = Dichtkunst
110 Hügelgrab-Trank = Götter- und Skaldenmet (Gunnlöd bewachte einst in dem Hügelgrab
    des Tyr den Göttermet, den Odin dann von ihr zu den Asen geholt hat.)

Rögnir, Ringer mit dem ruhmlosen Asen[111],
ruhelos ist Loki, bis er Dich besiegt.
Am Abend stirbst Du und im Herbst –
Alles wird dunkel – Du bist im Schattenreich:
Im Meer versunken, im Hügelgrab verborgen,
In Niflheim verbannt, auf der Insel gefangen.
Deine Klinge zerbricht in der heißen Kampfes-Wut
Dein Schwert versinkt in der kalten, tiefen Flut[112].

Gust, Gebieter jenseits des Gjallar-Flusses[113],
Gekrönter König auf Walaskialf[114] in der See:
Du bist auf der berühmten Toteninsel,
Du bist in dem Gold-gefüllten Hügelgrab.
Du schwimmst als schlanker Otter in der Strömung,
Du schwebst als starker Hecht in den klaren Wassern;
Du durchquerst als Robbe das Möwen-Heimatland[115],
Du durchpflügst als Wal Midgards Halsband[116].

Andwari, Anführer der Alfen, Ältester im Berg,
als Du Deinen Umhang angelegt hast,
bist Du für alle unsichtbar geworden,
bist Du gegen alles unverletzbar geworden –
Deine Nebelkappe[117] ist wie die Nacht,
Dein Wappenkleid ist wie eine Drachenhaut:
Dein Schutz, der Dich nie ermüden läßt,
Dein Schild, der Dich niemals verläßt.

---

111 ruhmloser Ase = Loki (Tyr und Lokis endloser, zyklischer Kampf verursachte die
  Jahreszeiten.)
112 Schwert: Tyrs Schwert zerbrach bei seinem abendlichen bzw. herbstlichen Kampf und
  wurde von ihm als Wieland in der Unterwelt neu geschmeidet. Alternativ versank sein
  Schwert im Meer.
113 Gjallr = Jenseitsfluß
114 Walaskialf („Toteninsel") = Jenseitsinsel
115 Möwen-Heimatland = Meer
116 Midgards Halsband = das, was Midgard umgibt = Meer
117 Nebelkappe = „Nebel-Cape" = Unsichtbarkeits-Umhang

Jung-Tyr[118], Jarl[119] des Jenseits, Herr der Hügel,
Jenseits des Wimur[120] bist Du angelangt;
Du kennst den kalten Weg über die Brücke[121],
Du kamst schon oft über sie zurück:
Du wagst es, Deinen Leib zu verlassen[122],
Du weißt, wie man als Seelenvogel fliegt.
Du bist im Verborgenen[123] gewesen,
Du bist Jahr für Jahr vom Tod genesen[124].

Swaf, Schützer mit dem Sonnenschild,
Streitwagen-Fahrer am hohen Himmel –
Dein Drachenhelm ist wie Feuer, wie Flammen,
Dein Ägir-Helm[125] ist wie Leuchten, wie Licht:
Die Wolken fliehen in weite Ferne vor Dir,
Die wabernden Nebel weichen vor Dir ...
Doch nun betrittst Du die Halle der Hel, Regin[126],
Doch nun stehst Du im Saal der Ran, Megin[127].

Alwis, Antworter auf alle Asen-Rätsel,
Ältester im Rat der weisen Zwerge:
Du siehst die Wurzeln aller erschaffenen Dinge,
Du spürst die Quelle der Taten aller Wesen.
Du hilfst dem Galdr-Sänger[128] hier in Midgard,
Du heilst die Seele und den Leib mit Licht,
Du lehrst die weise Frau die Kräuterkunde,
Du lehrst das Heilungs-Wissen für jede Wunde.

---

118 Jung-Tyr = wiedergeborener Tyr
119 Jarl = Graf
120 Wimur („Strömender") = Jenseitsfluß
121 Brücke: die Brücke über den Gjallar
122 den Leib verlassen = Astralreise
123 das Verborgene = Jenseits
124 vom Tod genesen = wiedergeboren werden
125 Ägir = Tyr als Riese in der Wasserunterwelt; sein Helm = Drachenhelm
126 Regin („Herrscher") = Gott
127 Megin („Mächtiger") = Gott
128 Galdr = Kultgesang, Zaubergesang; Galdr-Sänger = Priester, Heiler, Zauberer

Althiof, Atzungs-Bringer[129] des stolzen Adlers –
Asen kennen Dich, Ahnen hören Dich,
Wenn Du sie aus dem weiten Dunkel rufst,
Wenn Du sie aus ihren Hügeln singst.
Das Utiseta[130] ist Dein uraltes Wissen,
Das uns Unbekannte[131] ist Deine Weisheit.
Dein Horn bringt uns Heilung, Gaben,
Dein Horn ruft Seelen, Zwerge, Odins Raben[132].

Oinn, Oberster der Odrörir-Trinker,
Otter im Wasser, Bewohner des tosenden Wimur[133]:
Du wohnst jenseits der Brücke über den Wogen[134],
Die die Wächterin Modgud[135] allezeit hütet.
Ist sie die Männer-lockende Loreley?
Ist sie die auf die Lebenden lauernde Hel?
Sie ist die Walküre mit Walhallas Met[136],
die jedem Hilfe weist, die stets das Beste rät.

Gesungen ist das ganze Lied des Westri,
Gehört wurden die vielen Verse des Westens;
Heil wird, wer diesen Skaldenmet trinkt,
Weise wird, wer diesen Pfad[137] betritt.

---

129 Atzung = Nahrung
130 Utiseta („Draußen-Sitzen") = Herbeirufen der Ahnen
131 das uns Unbekannte = Jenseits
132 Odins Raben = sie stehen hier als Beispiel für zwei Seelenvögel
133 Wimur („Strömender") = Jenseitsfluß
134 Brücke über den Wogen = Brücke über den Jenseitsfluß
135 Modgud: Sie steht auf der Jenseitsbrücke und wird mit der Walküre identisch sein, die die
    Toten mit einem Horn voll Met empfängt.
136 Walhallas Met = Göttermet, der die Unsterblichkeit verleiht
137 Pfad = Jenseitsweg (Er macht weise, weil man auf ihm das Verborgene und die Ursachen
    aller Dinge und auch die Seelen und die Götter erkennen kann.)

V 1. d)   Gesang des Nordri

- Sonne in der Unterwelt im Norden -

Ich bitte die Alfen, die Asen, die Wanen, die Zwerge,
Die alten Riesen, dem Fluß des Bodn[138] zu lauschen:
Möge des dunklen Niflheims mächtige Weisheit
mein Trank-Geschenk aus Gunnlöds Saal[139] erfüllen!

Modsognir, Mächtiger unter dem weiten Midgard,
manchesmal sankst Du nieder nach Niflheim:
ein Drache[140] im Hügelgrab auf der dürren Heide,
eine drohende Schlange im hohen, hohlen Berg,
ein erfahrener Totengeist im Drachenfels,
der erhabene Zwergenkönig in Alfheim –
Gekrönter im dunklen Saal voller Gebein,
Gebieter in der finsteren Kammer[141] aus Stein.

Gust, Goldener im Grab am heiligen Ort,
Gänge, Gewölbe, Felsen sind Dein Heim.
Ein Rosengarten, Haselstäbe im Rund,
ringsum mit einem Seidenfaden umspannt:
der Thing-Platz, der Holm[142], die Insel der Tapferen,
mit Toren aus hellem Gold nach allen vier Winden[143] –
Das ist das Grab des Tyr und des Loki in der Tiefe.
man sagt, daß stets einer von ihnen wache und einer schliefe[144].

---

138 Bodn = eines der drei Gefäße, in denen Gunnlöd den Skaldenmet aufbewahrt hat; Fluß = Trank; Trank des Bodn = Skaldenmet = Dichtung

139 Gunnlöd = Hüterin der Skaldenmets = Jenseitsgöttin; ihr Saal = Hügelgrab; dessen Trank = Skaldenmet; Skaldenmet-Geschenk = das vorgetragene Lied des Nordi

140 Drache: Tyr wurde des Nachts in der Unterwelt zu einem Drachen (Totengeist).

141 Kammer = die aus Felsplatten errichtete Grabkammer im Hügelgrab

142 Holm = Insel, insbesondere eine Zweikampf-Insel (Das Urbild für diese Zweikämpfe ist der Kampf des Tyr-Heimdall mit Loki auf der Jenseitsinsel.)

143 vier Tore: Lokis Hügelgrab hat vier Tore, je eins in jede Himmelsrichtung. Dies ist recht sicher eine Nachahmung des viertorigen Hügelgrabes seines Gegners Tyr, das durch den Kreis und die vier Tore das „Kreuz im Kreis"-Symbol der Sonne abbildet.

144 wachen/schlafen: Tyr herrscht im Sommer („wachen") und Loki ist in der Hel gefangen („schlafen") – im Winter ist es umgekehrt.

Regin, Ruhmreicher des Ringes, Zwergenschmied,
Runenmeister, raune den Galdr[145] in die Esse!
Gold-Werker, fleißiger Wieland in Säwarstad[146],
Silber-Wirker, geschickter Tyr in Niflheim:
Hole mir Erze aus den tiefen Höhlen der Berge,
Hilf mir Lehrling des Feuer-Formens des Eisens,
Laß mich ein Meisterschmied werden im Stein!
Laß mich manche Bronze formen von goldenem Schein!

Laurin, Leuchtender mit dem flüssigen Labsal[147],
Lebenstrank-spendender König aller Toten:
Du bist der breitflüglige Adler-Seelenvogel,
Du bist die verborgene Sonne in der Halle der Hel.
Adler, Asgard-König[148] der Vögel der Unterwelt[149]:
am Horizont fachen Deine Schwingen den Wind[150].
Hilf uns, in der Nacht Flügel zu erhalten[151]!
Hilf uns, unser Leben in Wyrd[152] zu gestalten!

Niblung, Nachtkönig von Niflheim im Norden,
nimm die Binde von unseren Augen, damit wir sehen;
leite uns zu dem leuchtenden, goldenen Weltenbaum,
laß uns das Licht der Sonne in der Stille finden.
Deine tiefen Augen sehen in die Tiefe,
sehen das tief-Verborgene in uns allen:
Verwandle die finsteren Schatten in unserer Seele!
Forme den Herzens-Galdr[153] in unserer Kehle!

---

145 Galdr = Zaubergesang (hier bei der Herstellung von magischen Metall-Gegenständen)
146 Säwarstad („Meeresgöttin-Ort") = Insel, auf der Loki-Nidud Tyr-Wieland gefangen
gehalten hat
147 flüssiges Labsal = Göttermet, der den Toten die Wiedergeburt im Jenseits gibt
148 Asgard-König: Der Zwergenkönig ist als Tyr einst auch der König von Asgard gewesen.
149 Vögel der Unterwelt = die Seelenvögel der Toten
150 Wind: Der Adler-Seelenvogel des Tyr („Hraesvelgr") erschafft mit dem Schlagen seiner
Flügel am Horizont den Wind.
151 Flügel erhalten = ein Seelenvogel werden, eine Astralreise machen
152 Wyrd = die Norne Urd, das vorbestimmte Schicksal
153 Galdr = Zaubergesang; Herzens-Galdr = Lied der eigenen Seele (die in dem eigenen
Herzen wohnt – sozusagen das Sonnenlied der eigenen Seele)

Thorin, Thiazi[154] der Toteninsel im Meer,
Träger des Schwertes, des Schildes, des Helms!
Du hast den Stein, der Dir die Siege bringt,
der Hagel, Sonne und Feuer rufen kann,
der alle Dinge zu Dir heimkehren läßt:
das ist Hrungnirs Herz[155] – die Seele der Sonne!
Erwecke den Diar in uns allen, o Segner des Landes!
Erwecke Delling[156] in uns allen, o Halter des Bandes[157]!

Botewart, Beschützer der Berge, Hüter der Hallen,
Bringer von goldenen Schätzen und vielen Gaben,
Vater von drei Söhnen[158], König von Foldes Meer[159],
vernimm uns're Bitten, Gebieter im Gebirge:
gib Erz den Schmieden, genügend und in Fülle,
gewähre Gold denen, die Regins Kunst[160] erlernen.
Herr der glänzenden Horte, hilf uns, zu weihen!
Helfer der Edelstein-Hirten[161], laß uns gedeihen!

Hreidmar, Herr der hohen Hügelgräber,
halte Ausschau nach Loptr[162] dem Listigen!
Das Tafl[163] steht bereit, der Tag beginnt[164],
Dem Tapferen gelingt vieles, dem Feigen wenig:
Du bist der rote König, rot wie Blut,
Am breiten Rand der Insel[165] warten Lokis Krieger.
Gewinne rasch den Kampf, gelange zum Rand!
Dann reitet[166] wieder die Sonne über dem Land!

---

154 Thiazi = Tyr-Riese

155 Hrungnir = Tyr-Riese; sein Herz = Sonne, Seele (ein dreieckiger Stein)

156 Delling = Morgensonne

157 Band („bönd") = die „Nabelschnur", die den Menschen mit den Götter verbindet

158 drei Söhne = die Repräsentanten der drei Stände

159 Folde = Erdgöttin; ihr Meer = Erde, Land, Midgard

160 Regin = schmiedekundiger Zwerg; dessen Kunst = Schmiedehandwerk

161 Edelstein-Hirte = Besitzer/Bewahrer von Edelsteinen = Schmied

162 Loptr = Loki

163 Tafl = Orakel, das den Kampf zwischen Tyr und Loki inszeniert (der rote König in der Mitte versucht zum Rand zu gelangen; die weißen Angreifer versuchen ihn zu umringen)

164 der Tag beginnt = am Ende der Nacht, die dem Norden entspricht, wird die Sonne wiedergeboren, d.h. der Zwergenkönig wird wieder zu Tyr

165 Insel = Zweikampfplatz zwischen Tyr und Loki, hier das Tafl-Spielbrett

166 reiten = im Streitwagen fahren

Gesungen ist das ganze Lied des Nordri,
Gehört wurden die vielen Verse des Nordens;
Der Kreis des Kyrmir-Lichts[167] *ist nun vollendet,*
Die Kugel der Sonne geht endlos ihren Weg.

---

167 Kyrmir = Tyr-Riese; sein Licht = die Sonne

VI Traumreise zu dem Zwergenkönig

Bei einer Traumreise befindet man sich gleichzeitig im Wachzustand und im Traumzustand – so wie morgens direkt nach dem Aufwachen, wenn der Traum, aus dem heraus man aufgewacht ist, noch einen Augenblick lang in seiner Eigendynamik weiterläuft, oder wie bei einem Wachtraum, wenn man in der Eisenbahn sitzt und gedankenverlorenen aus dem Fenster schaut ohne wirklich etwas zu sehen und stattdessen nocheinmal Szenen aus dem letzten Urlaub nacherlebt.

Für eine solche Traumreise legt man sich in der Regel entspannt hin und konzentriert sich auf das Thema, zu dem man etwas wissen will. Zunächst einmal nimmt man dann alle Bilder und Worte und sonstigen Eindrücke an und schaut erst anschließend, was man dazu denkt oder welche Schlußfolgerungen man daraus ziehen will.

Mit etwas Übung kann man sich alle diese Bilder merken, aber es ist anfangs einfacher, wenn jemand dabei sitzt, dem man während der Traumreise erzählt, was man erlebt oder wenn man während der Reise das Erlebte in ein Mikrophon spricht und alles aufnimmt – diese letzte Methode ist am bequemsten …

„Zwergenkönig, ich möchte Dich gerne näher kennenlernen.“

…

Ich sehe etwas Dunkles … ich sehe einen Berg, von innen … ich sehe eine Halle … ich gehe dahin … eine ziemlich große Höhle … Halle … ja, Höhle … … … es sind alles Felsen … die Decke ist nicht bearbeitet, aber der Boden ist glatt … sie ist ziemlich glatt sogar … sie spiegelt nicht, aber sie ist ziemlich glatt gemeißelt oder geschliffen … in der Mitte steht … ein steinerner Tisch? … oder eine steinerne Tafel?

… … …

Dort stehe ich fast eine Minute lang und schaue, aber sehe nichts Neues und nichts passiert.

… … …

Hm … es stehen keine Stühle rings um den Tisch … und die Halle scheint auch sonst leer zu sein …

„Zwergenkönig, bist Du hier?“

… … …

Hm, ich kann eine Antwort spüren – so als würde ich merken, daß das Bewußtsein des Zwergenkönigs mich wahrnimmt, aber es kommen keine Worte.

… … …

„Gibt es etwas, was ich tun sollte, damit ich Dich wahrnehmen kann?“

„Ja – setz' Dich.“

Ich setze mich auf den Boden … so vier, fünf Meter vor diesem steinernen Tisch …

ich setze mich in den Schneidersitz ...

„Und jetzt?"

... ...

Ich soll etwas tun – es kam die Aufforderung „Bete!" – aber das stimmt nicht so ganz ... Meine Handflächen auf den Boden legen?

... ...

Ich lege meine Handflächen auf den Boden und richte mich auf den Zwergenkönig aus.

... ...

Ich spüre die Kälte des Steins ...

... ...

Ich spüre die Stille hier in dem Berg ...

... ...

Wieder warte ich fast eine Minute lang schweigend und nichts geschieht ...

... ...

Das ist so ein Gefühl, als würde ich mich selber in Stein verwandeln ...

... ...

Langes Schweigen ...

... ...

Seufzer ...

... ...

Im Grunde könnte ich hier ewig sitzen ...

... ...

Ist es das, was Zwerge tun? ... Einfach da sein ... schweigen ... nichts machen?

... ...

„Komm!"

„Wohin?"

„Zu mir."

... ...

Ich gehe innerlich an den Ort, an dem ich den Zwergenkönig spüren kann – am anderen Ende der Halle ... jenseits des steinernen Tisches ... da hatte ich vorher schon mal das Gefühl, das da noch was ist – etwas Goldenes ... da ist noch ein weiterer Gang ... da ist auch der Boden glatt und oben ist er gewölbt ...

Ich sitze jetzt vor diesem Gang ... und ich kann den Zwergenkönig ... undeutlich wahrnehmen ...

„Warum sehe ich Dich so undeutlich?"

...

„Sei geduldig."

...

Am deutlichsten kann ich seine Krone wahrnehmen. Sie ist golden und hat ungefähr acht Zacken. Und ich kann seine Größe erkennen – jetzt, wo ich auf dem Boden sitze, ist er fast so groß wie ich.

… … …

Sehr tiefer Seufzer …

…

Ich habe kurz ein Bild gesehen – da trug er barocke Kleidung … aber ich habe das Gefühl … doch, solche Bilder gibt es, aber die sind … ja, eben ziemlich neu – halt aus der Barockzeit …

… … …

„Zwergenkönig, ich möchte Dich gerne besser kennenlernen."

…

„Du bist doch dabei."

… … …

Noch ein Seufzer …

…

„Ich soll Dich berühren, um Dich besser wahrnehmen zu können?"
„Ja."

Das ist ein bißchen … ja, wie soll ich sagen … ich scheue mich ein bißchen, weil ich ihn ja eigentlich garnicht kenne … aber ich berühre ihn mit meiner rechten Hand an seiner linken Schulter …

… … …

Er scheint die Berührung ganz deutlich zu genießen … es passiert irgendwas mit ihm … … … ich lege beide Hände auf seine Schultern … … … Ich habe das Gefühl, daß ich ihn bei seinen Namen nennen soll.

„Alberich … Niblung … Bilunc … Thorin … Durin … Laurin …"

Ich habe bei jedem Namen das Gefühl, daß sich das Aussehen des Zwergenkönigs leicht verändert – aber nicht viel.

„Sind alle diese Zwerge … diese Zwergenkönige – sind die alle Du?"

…

„Die Unterschiede sind sehr klein. … Das bin ich."

…

„Warum kann ich Dich immer noch nicht deutlich sehen?"
„Nun sei doch mal endlich geduldig!"

…

„O.k. … Ich wundere mich einfach."
„Das kannst Du ja auch gerne machen."

… … …

„Stimmt es, daß Du der ehemalige Sonnengott-Göttervater Tyr in der Unterwelt bist?"
„Ja – Tyr in seinem nächtlichen oder winterlichen Hügelgrab. … Der König unter

dem Berge. ... Und ich bin genauso der Alfenkönig und der Riesenkönig. ... Auch die beiden sind Tyr in der Unterwelt."

... ...

„Gibt es etwas, was Du mir sagen oder zeigen möchtest?"
„Endlich stellst Du die Frage! Komm mit!"

...

Wir gehen durch den Gang ...

... ...

Da ist eine Kammer ... da ist ganz viel Gold ... und da ist ein Drache ... der ist ziemlich groß und der ist auch golden ... der strahlt eine große Hitze aus ... auch das ist Tyr in der Unterwelt.

... ...

„Das bin ich." sagt der Zwergenkönig. ... ... „Das ist meine Gestalt. ... Ich bin auch der Zwergenkönig ... oder der Riesenkönig ... oder der Alfenkönig ... aber das (der Drache) ist meine älteste Gestalt. ... ... Komm hinein."
„In den Drachen?"
„Ja."

...

Ich wechsle mit meinem Bewußtsein in den Drachen ... der Zwergenkönig ist auch da (in dem Drachen) ... Er ist ... also hauptsächlich ist das Bewußtsein des Drachen da ... Der Zwergenkönig ist wie eine Gestalt, die der Drache annehmen kann.

... ...

Es ist, als würde der Drache einfach aus Sonnenlicht bestehen.

...

„Das bin ich." sagt der Drache.

... ...

„Möchtest Du mir etwas zeigen oder sagen?"
„Spüre das Sonnenlicht."

... ...

Ich spüre das Sonnenlicht, die Wärme ... ... Ich nehme wahr, daß das Sonnenlicht in einer Höhle gefangen liegt ... Gefangen? ... Der Tyr-Drache fühlt sich nicht wie ein Gefangener an. ... Da ist keine Ablehnung von dem, wie es gerade ist.

...

Sehr, sehr großer Seufzer ...

...

„Geht es gerade darum, daß ich ganz persönlich etwas lerne?"
„Ja."

... ...

Ich kann das Sonnenlicht jetzt in mich hineinlassen ... und ich merke ... daß da eine Aufforderung ist, loszulassen ... alles loszulassen, was in meinem Leben ist ... ...

285

... meine Vorstellungen ... die Menschen, die mir lieb sind ...

„Auch meine Wünsche für mein Leben?"

„Ja."

... ...

Eine lange Pause ...

... ...

Ein tiefer Seufzer ...

... ...

„Wenn Du nicht stirbst, kannst Du nicht wiedergeboren werden. ... Und das ist das, was Du Dir für dieses Leben ausgesucht hast: ... Immer wieder zu sterben und wiedergeboren zu werden. ... Deshalb ist Dein Schutzgott Osiris[168]. ... Das ist Teil Deines Lebens."

„Jedesmal? In jedem Leben?"

„Nunja – schau Dir das an, was Du von Deinen früheren Leben kennst ... Ist es da nicht auch so gewesen?"

Sehr tiefer Seufzer ...

„Jetzt, wo Du mich so fragst – ja. ... Das ... war mir noch nicht so klar. ... Das heißt ... das geht so weiter? ... Puh!"

... ...

Seht tiefer Seufzer ...

...

„Das heißt, es ist weiterhin so, daß alles kommt und geht?"

... ...

„Ja. ... ... Du hast die Qualität der Zyklen für Deine Leben gewählt."

... ...

„Uff! ... Also – in diesem großen Bogen habe ich das noch nicht gesehen. ... Das heißt, da meine Seele wie ein Tropfen aus dem Meer des Osiris ist ... werde ich Leben für Leben ... Tod und Wiedergeburt erleben ... im Wesentlichen?"

...

„Ja."

...

„Puh!... Das finde ich jetzt ... ja ... nicht einfach. ... ... Und ... mit den Menschen?"

„Nun, Du hast doch schon drei getroffen, mit denen Du Dich verabredet hattest – das hast Du ja richtig erkannt."

...

---

168 Osiris ist der ägyptische Korngott und Totengott. Die Aussaat im Frühjahr ist seine Geburt, sein Wachstum im Sommer sein Leben, die Ernte im Herbst sein Tod und das Lagern des Saatguts im Winter sein Aufenthalt in der Unterwelt.

„Ja, ich fange an, unterscheiden zu können, ob ich mich mit jemandem verabredet habe oder ob ich jemanden schon von 'früher' her kenne – also mit dem das nicht die erste Verabredung ist – oder ob ich einfach so merke, ob eine Begegnung wichtig ist."

...

„Rede nicht so viel!"

...

„Puh!"

...

„Du hast Mühe damit, loszulassen."
„Ja. ... Bei Begegnungen von Seele zu Seele finde ich das ganz schön hart."

...

Sehr tiefer Seufzer ...

...

„Ich bin jetzt hier ... und ich dachte, ich lerne den Zwergenkönig kennen."

...

„Nun, der Zwergenkönig ist ein Drache ... und der Drache ist der Zyklus der Sonne ... Tags ist er die Sonne am Himmel als Sonne und Nachts ist er der Sonnendrache."

...

„Ja, das weiß ich von meinen Traumreisen zu den Drachen."

...

„Und was glaubst Du, warum Du Dich zu dieser Symbolik so hingezogen fühlst? Warum Du die so gründlich erforschen willst?"
„Puh ... "
„Ganz einfach, weil es auch Deine Dynamik ist."

...

„Oh, Mann!"
Das schüttelt mich jetzt innerlich ...

...

Seufzer ...

...

„Und ... ich kann die Menschen wiedertreffen?"

...

„Ja ... wenn das noch mal einen Sinn gibt."

...

„Aber ... "

...

Tiefer Seufzer ...

...

„Was ist denn hier der rote Faden oder das Ziel oder die Absicht?"

...

„Die Welt enthält Zyklen – das liegt in ihrem Wesen."

...

„Puh!"

...

„Dinge kreisen ... Dinge lösen sich auf und setzen sich wieder zusammen ..."

...

„Puh ..."

...

„Und zu diesem Teil gehörst Du – zu diesem Aspekt der Welt."
„Und worin liegt dann mein Glück oder meine Freude?"

...

„Nun, was tust Du denn die ganze Zeit?"
„Ich erforsche, wer ich bin und was Menschen sein können. ... Und ich helfe Menschen, ganz sie selber zu werden – und das dann zu leben. ... Und so lange es da etwas zu tun gibt, dauert die Begegnung – und wenn die Menschen da angekommen sind ... oder mit jemand anderem weitersuchen wollen ... weiterwachsen wollen ... dann geht es woanders weiter in meinem Leben ... dann trennen sich die Wege ... Und das finde ich nicht leicht. ... Eigentlich denke ich, es muß doch auch darin ... es muß doch auch eine Möglichkeit geben, auch so glücklich zu werden! ... Wie vorhin – einfach so leuchten wie der Sonnendrache ... Wie geht das? ... Wie kann ich so leuchten?"

...

Sehr tiefer Seufzer ...

... ...

Ein entspannendes Gähnen ...
Ich habe das Gefühl, daß die Antwort hier im Raum ist ... Auf einmal ist der Drache verschwunden ... und ich liege wieder in der Halle ... auf dem Boden ... zwischen dem Tisch und diesem Eingang ... Warum das? ... Der Boden ist kalt ...
„Zwergenkönig ... Ich dachte, ich würde Dich durch diese Traumreise besser verstehen, aber ... jetzt habt ihr offenbar vor, mich mir selber klarer zu machen. Aber warum liege ich jetzt hier?"
„Du bist Du."
„Ich bin ich. ... Ja."

...

„Und Du liegst in Deinem Leben regelmäßig im Grab."
„Das kann man wohl so sagen."
„Dann hat sich das Alte aufgelöst und es ist noch nichts Neues da. ... Kannst Du das akzeptieren?"

...

288

„Manchmal geht das, ja ... wenn das Alte im Schrecken geendet ist – was sehr selten ist. ... Aber wenn einfach das Gute mein Leben verläßt, die Menschen, die mir wichtig sind ... finde ich das nicht leicht."

Ich merke, wie sich mein Herzchakra ... nein, es ist die Verbindung zwischen Herzchakra und Wunschbaum – die krampft sich zusammen.

„Es gibt Zeiten, da willst Du etwas erschaffen, d.h. Dein Herzchakra über den Wunschbaum zum Sonnengeflecht strahlen lassen – aber es jetzt eine Zeit, in der sich alles nach innen richtet. ... Es ist Nacht und es ist Winter. ... Der Zwergenkönig liegt in seinem Hügelgrab. ... Tyr liegt in der Grabkammer. ... Der Riesenkönig sitzt in seiner Höhle. ... Und der Alfenkönig sitzt auf der Jenseitsinsel und schmiedet sein Schwert neu."

...

„Uuh ... Du lehrst mich den Tod annehmen – stimmt das?"

„Was erwartest Du von dem König der Toten denn anderes?"

...

„Oh, Mann – ihr da im Jenseits und ihr Götter ... ihr habt eine Logik, die macht einen einfach platt."

... ...

Großer Seufzer ...

„Heißt das, daß es ansteht, auch die Menschen, die mir in den letzten zwei Jahren wichtig waren und das auch noch immer sind, loszulassen?"

...

„Das mußt Du selber herausfinden."

... ...

Eine sehr lange Pause ...

... ...

Ich liege da auf dem kalten Steinboden und nichts passiert. Ich spüre noch immer diese Verkrampfung zwischen meinem Herzchakra und meinem Wunschbaum-Nebenchakra.

... ...

Tiefer Seufzer ...

„Du kannst zu nichts Altem zurückkehren. Du kannst nur die Hände für das Neue öffnen."

... ...

„Das heißt, jederzeit im Hier und jetzt sein – oder?"

„Ja, das ist nur eine andere Formulierung dafür – die Du aber ein bißchen besser verstehst."

„Ja, das stimmt. ... So hab' ich's noch nie formuliert, aber ... das leuchtet mir ein, ja. ... ... Und wie ist es möglich, daß ich mich auf das freue, was kommt? So wie mir das eine gute Freundin gesagt hat?"

...

„Du rennst schon wieder – mach' nicht den fünften Schritt vor dem ersten."

...

„Was ist der erste Schritt?"

„Das habe ich Dir gerade gesagt: Du kannst nicht zu dem Alten zurück, Du kannst nur die Hände für das Neue öffnen."

... ...

Sehr tiefer Seufzer ...

„Also gut ... Oh, Mann – irgendwie heißt das auch, mich selbst dauern loszulassen."

„Du brauchst Dich nicht selber festzuhalten, um Du zu bleiben! Was ist das für ein Unsinn?!"

...

„Hm ... ja ... ja ... Du hast eine entwaffnende Logik!"

...

„Ja ... das liegt daran, daß wir hier keine Psyche haben, sondern die Dinge sehen können, wie sie sind."

„Hm – schön formuliert. Götter haben keine Psyche – das ist wohl wahr, ne?"

... ...

Ein tiefes, entspannendes Gähnen ...

„Osiris ..."

„Ja?"

„Was steht an?"

„Sag' Ja zu mir."

...

Ich richte mich (in meinen inneren Bildern) *auf ... kreuze meine Arme vor meiner Brust ... und ich gehe in die Gestalt des Osiris hinein. ... Das ist jetzt fast dasselbe Licht wie in dem goldenen Drachen eben.*

...

Wieder ein entspannendes Gähnen ...

...

Ich sehe die weiße Krone auf meinem Kopf ... den Götterbart ... die beiden Udjat-Augen ... ich sehe den Hirtenstab und den Dreschflegel in meinen Händen ... ich bin in Mumienbinden gewickelt ... ich spüre die Sonne in meinem Herzchakra leuchten, da wo in den Mumien der Herz-Skarabäus liegt ... hier bin ich schon oft gewesen ... hier ist es gut ...

... ...

Osiris spricht mit langsamer und bedächtiger Stimme:

„Es wird kommen, was sich entfalten will.

Und das, was sich entfalten wird, entsteht aus dem Samen dessen, was bei dem Tod entstanden ist.

Deshalb trägt das, was neu geboren wird, die Essenz alles Vorherigen in sich.

Es ist kein Bruch. Es ist ein Pulsieren – ein Entfalten und ein Zusammenziehen.

Du brauchst den Tod nicht zu fürchten. Du brauchst auch das Loslassen nicht zu fürchten. Denn das, was Du bist, bleibt.

Und das, wozu Du Dich neu entfaltest, bist Du – ein neuer Entwurf von dem, was Du bist – bereichert durch das, was Du in Deinem vorherigen Zyklus erlebt hast.

Du wächst in jedem Zyklus, es kommt Neues hinzu, es wird reicher, Dein Same wird vielfältiger, gewinnt an Tiefe, an Leuchtkraft. Er wird klarer, reiner, heiler. Er wird immer mehr ein Ja zum Leben. Und ein Ja zur Verwandlung.

Und nach jedem Tod wird das, was neu entsteht, reicher und tiefer werden.

Die Sonne Deiner Seele geht nicht verloren.

Die Sonne ist in der Unterwelt ein Drache. Sie kehrt als Sonne zurück. Und sie scheint auf dieselbe Welt wie zuvor. Nichts geht verloren. Es ist nur ein neuer Tag. Die Dinge haben sich verwandelt. Sie haben sich in der Nacht geklärt. Das Neue hat sich sortiert, ist geheilt, ist zusammengefügt worden, hat neue Muster gebildet, hat an Tiefe gewonnen.

Der Tod ist keine Zerstörung – genauso, wie der Schlaf keine Zerstörung ist. "

...

„Ich kenne das, Osiris. Ich habe gemerkt, daß jedesmal, wenn die Freundschaft oder die Beziehung, die meine Seele berührt hat, geendet ist, wenn die Menschen gegangen sind – daß ich dann ein paar Jahre später wieder jemanden getroffen habe, mit dem die Verbindung noch intensiver war. ... Und Du meinst, daß ich tatsächlich darauf vertrauen kann, daß das so bleibt? "

„Du bist Dein roter Faden. Du bist nicht Deine Begegnungen. Du bist nicht dadurch Du, daß Du diese Begegnung hast.

Du erlebst Dich durch diese Begegnungen. Aber Deine Identität liegt in Dir. Und es kann viele Begegnungen geben, in denen Du Dich so intensiv erleben kannst. "

...

Tiefer Seufzer ...

„Und das Vertrauen darin ist dann die Bereitschaft zu sterben? "

„Ja – das ist das, was Deine Freundin mit dem Satz 'Ich freue mich auf das, was kommt.' gemeint hat. "

...

„Ja, ihr ist Goethes Gedicht mit dem 'stirb und werde' ganz wichtig. "

„Nun, Du bist ein Kind des Osiris. Du lebst auch das 'stirb und werde' – nur auf eine andere Art als sie. Und sie hat schon etwas verstanden, mit dem Du Dich schwer tust.

Vertraue in das Leben. Vertraue in Dich.

Und komm' wieder häufiger zu mir. Das wird Dir guttun. "

„Ja. Das merke ich."

... ...

Tiefer Seufzer ...

... ...

„Tja ... der Zwergenkönig ist der Totengott. Und Du, Osiris, bist auch der Totengott. ... Und ich hab's nicht gemerkt. ... Ich hab' die Verbindung nicht bemerkt. ... Mir ist aufgefallen, daß der Zwergenkönig mich irgendwie fasziniert, aber ich habe nicht erkannt, warum. Jetzt kann ich's sehen."

... ...

„Kannst Du sagen: 'Ich bin bereit für das, was kommt.'? "

...

„Puh ... Ich bin bereit für das, was kommt. ... puh ... aber ich bin noch immer durch meine Liebe mit den Menschen, die meine Seele berührt haben, verbunden."

„Das ist auch gut so. ... Aber werde nicht starr dadurch. ... Schaue, welcher Weg vor Dir liegt, welcher Vogel da zwitschert, wie sich die Wärme der Sonne anfühlt, welche Menschen Dir da begegnen."

...

Wieder ein tiefer Seufzer ...

...

„Es fällt mir nicht leicht, Osiris."

„Das ist o.k."

...

„Und es geht wirklich, daß ich mich irgendwann auf das freue, was kommt?"

„Ja."

„Was ist dafür nötig?"

Osiris lacht leise und freundlich vor sich hin ...

„Liebe Dich selber. ... Und stelle das in den Mittelpunkt."

... ...

„Ja, ich kann spüren ... daß das richtig ist. ... Magst Du mir noch etwas dazu sagen? Wie ich dahin gelange?"

„Tu's einfach."

...

„Ja ... gut ..."

...

„Ist diese Jenseitsreise ... diese Traumreise damit zuende?"

...

„Ja. die Traumreise ist zuende. ... Aber ich bin immer in Dir. Ich bin Deine Quelle. Das ist nicht zu ändern. Und Deine Verbindung mit dem Sonnendrachen und mit dem Zwergenkönig – die ist auch beständig."

...

292

Seufzer ...

...

„Also ... ich habe mal wieder wesentlich mehr gefunden, als wonach ich bewußt gesucht habe ... Vielen Dank!"

„Bitte."

„Bis bald!"

„Ja, bis bald."

„Danke."

Ich kehre nun zurück.

„Ho!"

VII Der Zwergenkönig heute

Die Fragen, die man zu dem Tod hat, kann man dem Zwergenkönig stellen, wenn man möchte – schließlich ist er der König der Toten. Daher gehören auch Familien-aufstellungen, die Reinkarnationstherapie und Astralreisen zu den Themen, bei denen man den Zwergenkönig mithilfe einer Bitte, eines Orakels oder durch eine Traumreise um Rat fragen kann.

Am effektivsten wird vermutlich die Traumreise sein, da man dabei in der Regel am meisten erfährt und fast immer auch Dinge erlebt oder erkennt, die einem vorher noch nicht klar gewesen sind – so wie auch ich selber bei der eben geschilderten Traum-reise.

In den meisten Religionen gibt es eine Gottheit, die dem Zwergenkönig, also dem „Göttervater in der Unterwelt", der dort der „König der Toten" ist, entspricht. Im Christentum ist dies Christus – er ist wie Tyr ein „sterbender Gott" und der „Herr der Toten" sowie ihr Vorbild für ein gutes Leben und für die Wiedergeburt im Jenseits („Auferstehung").

Man sollte die Gottheit, die man um Rat und Hilfe bittet, aus der Religion wählen, die einem am vertrautesten ist, bzw. sich an die Gottheit wenden, zu der man sich am meisten hingezogen fühlt.

Da das Thema „Tod" fast alle Menschen bewegt, wird auch der Zwergenkönig oder eine seiner Entsprechungen in anderen Religionen wie z.B. Hades bei den Griechen oder Yama bei den Indern für fast jeden Menschen eine Bedeutung haben.

Wirklich lebendig wird die Beziehung zu der „Toten-Gottheit" aber in der Regel erst dann werden, wenn man einen persönlichen Kontakt zu ihr findet, wofür eine Traumreise die einfachste und effektivste Methode ist.

Durch ein solches Verhältnis wird die betreffende Gottheit ein integrierter Bestand-teil des eigenen Lebens werden, die man nach bestimmten Erlebnissen immer wieder einmal „besuchen" wird, um mit ihr zu sprechen und sie evtl. um Hilfe zu bitten.

Verzeichnis der Themen

(die Zahl ist die Nummer des Bandes, in dem sich das Thema findet)

Eugel 7
Eule 40
Eyrgjafa 35
Faden 55
Fafnir (Zwerg) 32
Fährmann 49
Fala 35
Falkenkleid:
- der Freya 40
- der Frigg 40
Falke 40
Fallar 32
Farbauti 6
Farn 45
Farseti 6
Faulheit =>
Feuersitzen 55
Feima 35
Fenchel 45
Fenja 28
Fenrir 6
Fenrir 43
Fernhypnose 64
Ferse 63
Fessel 66
Fessel-Zauber 64
Feuer 55
Feuersitzen 55
Feuerzauber 64
Fialar 32
Fid 32
Fieberkraut 45
Fili 32
Fimafeng 39
Fimbulwinter 55
Finger 63
Finnalf 5
Finnar 32
Finnmark-Riese 34
Fiölkald 34
Fiölmor 39
Fiölnir 20

Fiölvör 35
Fiörgyn 20
Fiörgyn 23
Fisch 44
Fjölverkr 34
Fjötra 29
Flachs 45
Flegda 35
Fleur-de-lys 55
Fleggr 34
Fliege 40
Fluch 68
Flügel des Wieland 40
Flügelschuhe 67
Flugschuhe des Loki 40
Fluß 49
Freya 22
frühe Skaldenlieder 78
Freyr 15
Fried 29
Friedenszauber 6
Fridr 29
Frigg 21
Folde 20
Fonn 34
Forat 35
Forelle 44
Fornjotr 6
Forseti 19
Frägr 32
Franmar 37
Frar 32
Freki 43
Frosti 32
Frosti 34
Fruchtbarkeit 64
Fuchs 43
Frauenhaarfarn 45
Frühling 54

Frühlingstagund-
nachtgleiche 54
Fulla 29
Fullas Haarreif 60
Fullafle 34
Fundin 32
Fuß 63
Fylgia 50
Fynir 6
Fynir 34
Galar 32
Galarr 34
Galdr 64
Gallapfel 45
Gandalf 32
Ganglati 34
Ganglot 6
Gangr 34
Gangr 33
Gans 40
Gänsefuß 45
Garm 43
Gautan 39
Gautrek-Saga =>
Snotra
Geban 20
Geburts-Orakel 64
Gefäße 57
Gefion 20
Gefion-Geliebter 6
Gefiun 20
Gefjon 20
Geist 50
Geier 40
Geirahöd 31
Geiravör 31
Geirdriful 31
Geirönul 31
Geirröd 5
Geirrota 31
Geirskögul 31
Geitir 6

Geitla 35
Geitir 35
gelb 46
Geliebter der Gefion 6
Gerber-Schaber 67
Gerdr 28
Geri 43
Gespenst 50
Gestaltwandel =>
Verwandlung
Gesang 68
Gestilja 35
Getreide 45
Gewöhnlicher
Flachbärlapp 45
Geysa 35
Gialar 32
Gift 70
Gifur 43
Gigas 6
Gilling 6
Gillings Frau 28
Ginnar 32
Ginnungagap 49
Gjalp 35
Glamr 34
Glatundshundr 43
Glaumar 34
Glaumarr 34
Glaumr 6
Glenr 48
Glitni 5
Glöd 35
Gloi 32
Glück 64
Glückstrank 70
Glumra 35
Glymra 35
Gna 29
Gneip 35
Gnepja 35

Goi 34
Gold 55
Goldalter 55
Goldemar 7
golden 46
Goldhelm 66
Goldhörner von
Gallehus 57
Göll 31
Golnir 5
Göndul 31
Gorr 34
Görsemi 29
Götter 36
Götterdämmerung 55
Götterkampf 55
Göttermet 69
Götter-Tiere 44
Gottesurteil 64
Gurgelbiß 55
Grab 49
Grani 6
grau 46
Grendel 5
Grendels Mutter 35
Greppur 34
Grer 32
Grid 28
Grid 35
Grim 5
Grim 39
Grima 35
Grimhild 31
Grimling 5
Grimnir 5
Grim Struppig-Wange 79
Grip 35
Gripir 34
Grissa 35
Groa 28
Grottintanna 35

Grotunagard 52
grün 46
Gryla 35
Gudr 31
Gudrun 31
Gudmund 5
Gullnir 5
Gullveig 29
Guma 35
Gundelrebe 45
Gunn 31
Gunnlöd 28
Gunnthinga 31
Gürtel 60
Gusir 6
Gygr 35
Gylfaginning 77
Gyllir 5
Gyllir 34
Gyma 20
Gymir 5
Haarband 60
Haare 63
Habicht 40
Hafle 34
Hafli 5
Hafthi 39
Hagen 16
Hahn 40
Hala 35
Halfdan 39
Halfdan Brana-
Ziehsohn 79
Halfdan Eisteinson 79
Hamdir 39
Hamingja 50
Hammer 66
Hand 63
Handschuhe 60
Hanf 45
Hannar 32
Hantel-Symbol 55

Har 32
Hära 35
Hardbeen 6
Hardgreip 35
Hardgreipir 34
Hardverkr 34
Harek Eisenkopf 6
Harfe 57
Harz 45
Hase 44
Hasel 45
Hastingi 34
Hati 5
Hati 43
Hattatal 77
Haudr 20
Haugspori 32
Haym 34
Hecht 44
Hedin 39
Hedin und Högni 79
Hefring 35
Heid 35
Heiddraupnir 5
Heide 49
Heidrek 39
Heidungi 6
Heilige Hochzeit =>
Wiederzeugung 55
Heiliger Hain =
Weltenbaum 52
Heilung 64
Heilziest 45
Heimdall 8
Heimir 39
Heinir 34
Heith 35
Heithdraupnir 5
Hel 26
Helblindi 20
Helgi 39
Helgi Thorisson 79

Hel-Haut 49
Helidi 27
Hellebarde 66
Helreginn 5
Helm 66
Hengikefta 35
Hengiköpt 6
Hengjankapta 35
Hepti 32
Herbst 54
Herbsttagundnacht-
gleiche 54
Herche 20
Herdentiere 42
Herdentierfell 42
Herfjötur 31
Hergrim Halbtroll 5
Hergunnur 35
Heri 32
Herja 31
Herkir 6
Herkja 35
Hermodr 37
Hertha 28
Hervor => Heidrek
Hervor und Heidrek
=> Heidrek
Herz 63
Hexe 58
Hianka 31
Hidde 34
Hild 31
Hildolf 5
Hildolf 20
Himingläva 35
Himmel 52
Himmelsrichtungs-
Mandala 54
Himmelsträger-
Zwerge 32
Hirsch 42
Hjaltrimul 31

298

Keiler 42
Kenningar 75
Kerbel 45
Kessel 57
Keule 66
Kiebitz 40
Kili 32
Kisi 34
Kiste 57
Kjallandi 6
Kjallandi 35
Klaufi 34
Klee 45
Kleima 35
Knochen 67
Knoten 64
Kobolde 36
Kol der Bucklige 39
Kolfrosta 28
Kolga 35
Kopf 63
Kormoran 40
Korn 45
Körperteile 65
Köttr 34
Kraftgütel => Gürtel
Krähe 40
Kraka 31
Kranich 40
Kräuter 45
Kreppvör 35
Kriegerin 62
Kreuzblume 45
Kreuzkraut 45
Krönung 64
Kröte 44
Kuckuck 40
Kuril 6
Kult 55
Kundalini 64
Kwasir 20
Kyrmir 6

Lachanfall 64
Lachen 55
Lachs 44
Landgeister 36
Lauch 45
Laufey 26
Laurin 7
Laus 40
Leber 63
Leib 63
Leidi 34
Leifi 6
Leifnir 6
Leikn 35
Leimrute 66
Leiter 49
Leirvör 35
Leopard 43
Lerche 40
Lidskialf 20
Liebestrank 70
Liebeszauber 64
Lif 39
Lifthrasir 39
Litr 6
Litr 32
Ljod 29
Ljota 35
Lodin 6
Lodinfingra 35
Lodur 16
Lofar 7
Lofn 29
Lofnheid 35
Logi 34
Loki 16
Loni 32
Lopthoena 28
Lori 35
Loricus 6
Löwe 43
Löwenmäulchen 45

Luchs 43
Lutr 34
Lyngheid 35
Magni 19
Malseron 34
Mana 35
Managarm 43
Mannus 20
Mardalla 27
Marder 43
Margerdr 35
Margerthur 35
Mangold 45
Mantel 67
Mantel der Nanna 67
Marnar 29
Märzviole 45
Maske => Helm
Maus 44
Meer 49
Meer der Zeit 55
Meer-Menschen 36
Mehlbeere 45
Mehltau 45
Meili 9
Meise 40
Menglöd 22
Menja 28
Menschenopfer 64
Messer 66
Midgard 52
Midgardschlange 41
Midi 6
Midjungr 34
Midwitnir 6
Mimir 6
Mist 31
Mistel 45
Mistkäfer 40
Mittelpfeiler =>
Yggdrasil
Mittsommer 54

Miötwitnir 32
Mjoll 34
Modgudr 29
Modgudr 31
Modi 19
Modrädnir 32
Modsognir 7
Mögthrasir 6
Moin 32
Mökkurkjalfi 6
Molda 35
Mona 20
Mond 48
Mondul 32
Moosfrau von
Saalfeld 32
Moosleute von
Arntschgereute 32
Mörn 35
Möwe 40
Mühle 66
Mundilfari 6
Munin 40
Munnharpa 35
Münze 67
Muspel 6
Muspelheim =>
Feuer 52
Myrkrida 35
Myrkvid 49
Nabbi 32
Nacktheit 60
Nadel 55
Nägel 55
Naglfar 49
Nain 32
Nali 32
Namensgebung 64
Nanna 21
Nauma (Hel) 35
Nar 32
Narfi 6

Schaumkraut 45
Schierling 45
Schild 66
Schlafdorn 55
Schlangen 41
Schlangenauge 63
Schlangengrube 49
Schlangenzunge 63
Schleifstein =>
Wetzstein
Schmetterling 40
Schmied 4
Schmied 55
Schnecke 44
Schneeweiß-
Goldschöne 28
Schuh 63
Schutzgeist =>
Fylgja/Hamingja
Schutzzauber 64
Schwalbe 40
Schwan 40
Schwanenkleider der
Walküren 40
Schweden-Riese 6
Schwein 42
Schwert 66
Schwitzhütte 64
sechsköpfiger Riese 6
Seehund 44
Seekuh 44
Seelenvogel 40
Seelenvogel 50
Segen 68
Seher 60
Seherin 58
Seidelbast 45
Seidr 64
Sel 6
seltsamer dritter
Bruder 55
Sense 67

Siar 32
Sichel => Sense
sieben Schwestern 28
Siegfried 38
Sieglind 31
Siegstein 67
Sif 24
Sigdrifa 31
Sigurd 38
Sigi 39
Sigrlami 39
Sigrun 31
Sigyn 28
silbern 46
Simul 31
Sinmara 28
Sindri 32
Sinthgunt 29
Sivör 35
Sjuld 31
Skadi 20
Skafid 32
Skalden 61
Skaldatal 77
Skaldenlieder 78
Skaldinnen 61
Skalli 34
Skalmöld 31
Skadskaparmal 77
Skärir 5
Skeggiöld 31
Skidbladnir 49
Skimsli 5
Skirnir 37
Skirkjar 35
Skirwir 32
Skjalf 29
Skjalv 34
Skjellinefja 29
Skjöldr 39
Skögul 31
Sköll 43

Skorpion 40
Skrati 34
Skrymir 5
Skrimnir 5
Skuld 30
Slagfid 39
Sleggja 35
Snae 34
Snotra 29
Solbiart 5
Sohn der Freya 19
Sohn des Freyr 19
Solblindi 5
Sölfn 29
Sommer 54
Somr 5
Sonne 48
Sonnengöttin 48
Sonnenhymne 64
sonstige Magie 64
Sörli 39
Spatz 40
Specht 40
Speer 66
Sperber 40
sprechende Tiere 41
Sprichworte 74
Spindel 55
Spinnerin 55
Spiritus familiaris 36
Sprettingr 5
Stab 67
Starkad 6
Starkad 39
Stärketrank 70
Statue 57
Stein 64
Steine und Edelsteine
64
Steinigung 55
Stern 48
Sternbild 48

Sternbild 55
Stigandi 5
Storch 40
Storkvid 34
Stoverkr 34
Strahlen-Breitsame
45
Strudel 49
Struthan 34
Stumi 5
stumm 63
Süden 54
Südosten 54
Sudri 32
Südwesten 54
Surtur 6
Suttung 6
Svada 5
Svadi 5
Svaf 7
Svarangr 5
Svasudr 6
Svatr 6
Sveid 31
Sveipinfalda 35
Svidi 6
Svip 5
Svipul 31
Sivivör 31
Swaf 20
Swanhild 31
Swanwit 31
Swawa 31
Swior 32
Swipdag 20
Syn 29
Syr 29
Tafl 57
Tal 52
Tamfana 29
Tarn-Kappe 67
Tarn-Umhang 67

302